"一带一路"倡议下
中原文化建设与对外传播研究

董召锋 王 莉 吴佳宝 ◎ 著

吉林大学 出版社

图书在版编目（CIP）数据

"一带一路"倡议下中原文化建设与对外传播研究 /
董召锋，王莉，吴佳宝著 .—长春 ： 吉林大学出版社，
2018.10
ISBN 978-7-5692-3536-4

Ⅰ．①一… Ⅱ．①董… ②王… ③吴… Ⅲ．①地方文
化—文化事业—建设—研究—河南②地方文化—中外关系
—文化传播—研究—河南 Ⅳ．① G127.61

中国版本图书馆 CIP 数据核字 (2018) 第 235715 号

书　　名："一带一路"倡议下中原文化建设与对外传播研究
　　　　　 "YI DAI YI LU" CHANGYI XIA ZHONGYUAN WENHUA JIANSHE YU
　　　　　 DUIWAI CHUANBO YANJIU

作　　者：董召锋　王　莉　吴佳宝　著
策划编辑：邵宇彤
责任编辑：邵宇彤
责任校对：韩　松
装帧设计：优盛文化
出版发行：吉林大学出版社
社　　址：长春市人民大街 4059 号
邮政编码：130021
发行电话：0431-89580028/29/21
网　　址：http://www.jlup.com.cn
电子邮箱：jdcbs@jlu.edu.cn
印　　刷：定州启航印刷有限公司
开　　本：710mm×1000mm　　1/16
印　　张：13
字　　数：204 千字
版　　次：2019 年 1 月第 1 版
印　　次：2019 年 1 月第 1 次
书　　号：ISBN 978-7-5692-3536-4
定　　价：51.00 元

前　言

进入 21 世纪，在以和平、发展、合作、共赢为主题的新时代，面对复苏乏力的全球经济形势、纷繁复杂的国际和地区局面，传承和弘扬丝绸之路精神更显重要和珍贵。2013 年 9 月和 10 月，习近平主席在出访中亚和东南亚国家期间，先后提出共建"丝绸之路经济带"和"21 世纪海上丝绸之路"（简称"一带一路"）的重大倡议，得到国际社会的高度关注。"一带一路"倡议是在古代丝绸之路基础上创造性形成的、全方位推进中国与欧亚非各国各领域务实合作的一种开放、包容、均衡、普惠的新型多边跨区域经济合作架构，其致力欧亚非大陆及附近海洋的互联互通、维护全球自由贸易体系和开放型世界经济，旨在促进经济要素有序自由流动、资源高效配置和市场深度融合，推动欧亚非各国实现经济政策协调，开展更大范围、更高水平、更深层次的区域合作，共同打造政治互信、经济融合、文化包容、互联互通、互利共赢的欧亚非利益共同体、命运共同体和责任共同体，实现欧亚非各国共同发展、共同繁荣。共建"一带一路"，顺应世界多极化、经济全球化、文化多样化、社会信息化的时代潮流，符合国际社会的根本利益，彰显人类社会共同理想和美好追求，将为世界和平与发展增添新的正能量。

"一带一路"倡议是党中央根据全球形势变化和我国发展面临的新形势、新任务，统筹国内、国外两个大局做出的重大倡议决策，是我国首次在国际社会提出的宏大区域合作倡议，是我国实施新一轮扩大开放的重要举措，是国际合作及全球治理新模式的积极探索。"一带一路"倡议一经提出，便引发了国际社会的高度关注和强烈反响，并获得了相关国家及国际组织的积极支持和参与。但不容忽视的是，目前国际社会和"一带一路"域内外国家对"一带一路"倡议仍存在诸多疑虑和误解，在"一带一路"推进过程中也始终夹杂着质疑和反对的声音，这将严重制约和影响"一带一路"建设的进程和成效。可以说，疑虑与不信任已成为"一带一路"建设面临的最大挑战，而如何获得广泛的国际认同与深厚的社会民意基础，将成为"一带一路"倡议成败的关键。面对国际社会和"一带一路"域内外国家对"一带一路"倡议的疑虑、误解和责难，公共外交作为一种改变一国国家形象定位、培养国际公众对一国的好感、对该国国家利益的理解及对其政策的支持的外交努力，应该发挥其在"一带一路"建设中的推动作用。因此，有必要调动国内各类政府行为体与非政府行为体围绕"一带一路"建设积极开展和实施以传播丝路文化、传递丝路友谊、讲好丝路故事、弘扬丝路精神为内涵的"一带一路"公共外交，通过多种手段和途径向"一带一路"域内外国家公众全面、准确、鲜活地展示、宣传和传播"一带一路"倡议，以增进"一带一路"域内外国家对"一带一路"倡议及中国的理解、信任和支持，为"一带一路"建设营造良好的国际舆论氛围与外部环境、奠定坚实的社会基础和民意基础以及赢得更多的参与者、建设者和支持者。

中原文化博大精深、源远流长。中原地区是中国人类出现和开发最早的地区之一。考古发现证明，人类较早在河南出现。约50万年前，河南境内已有人类"原始群"，其中"南召人"是较早的直立人，与"北京人"生活的时代相当。距今10万年前的"卢氏人"，被公认为是中国较早的智人。8~10万年前的"许昌人"，是东亚古人类演化和中国现代人类起源的重要例证。从夏朝到北宋的3 000多年，先后共有20多个朝代的200多位帝王在这里建都。河南一直处于全国的政治中心，代表着中国经济发展的最高水平，孕育和产生的众多思想学说、科技文明和文学艺术，成为炎黄子孙寻根谒祖的心灵故地，成了中国传统优秀文化的灵魂，深刻影响着中华民族精神的形成。传承创新中原文化，不仅对打造富强河南、文明河南、平安河南、美丽河南发挥着重大作用，而且有利于加快中原经济区建设，从而早日实现"两个一百年"奋斗目标和中华民族伟大复兴的中国梦。

推动中原文化大发展和大繁荣，要求我们在文化发展上必须实现大创新、大开放、大团结。把河南这样一个文化资源大省转变为文化强省，绝不可能一蹴而就，必须坚定不移地走创新之路，走跨越式发展之路。这就要求我们要把文化强省建设看作一个系统工程，在传承中原文化的同时，加大对先进文化、创业文化、创新文化、和谐文化的研究，在深化改革、拉动消费、培养人才、依托科技、打造品牌、创新政策等方面实现"联动"，推动河南文化实现"跨越式发展"。在文化建设中坚持文化创新，我们要认真总结文化建设的经验和教训，健全工作机制，改进领导方式，以更加符合文化发展规律、艺术发展规律的方式领导文化工作，不断提高文化建设的能力和水平。要深化文化体制改革，完善扶持公益性文化事业、发展文化产业、鼓励文化创新的政策，营造有利于出精品、出人才、出效益的环境。

目　录

目录

第一章　"一带一路"倡议的基本表述 ························· 1

　　第一节　"一带一路"倡议的提出背景 ······················ 1

　　第二节　"一带一路"倡议的时代内涵 ······················ 4

　　第三节　"一带一路"国家倡议目标的阐释 ··················· 6

　　第四节　"一带一路"倡议的意义与影响 ····················· 13

第二章　中原文化的内涵和价值 ································ 18

　　第一节　中原文化的概念和特点 ·························· 18

　　第二节　中原文化的形成与发展 ·························· 26

　　第三节　中原文化遗产的当代价值 ························ 30

　　第四节　中原文化的地位及影响 ·························· 34

第三章　中原文化的主要艺术载体 ······················· 39

　　第一节　中原文化中的诗词与散文 ························ 39

　　第二节　中原文化中的书画艺术 ·························· 56

　　第三节　中原文化中的戏曲艺术 ·························· 64

　　第四节　中原文化中的民间艺术 ·························· 68

第四章　"一带一路"倡议下中原建筑文化的建设 ·········· 72

　　第一节　中原地域建筑的特征分析 ························ 72

　　第二节　中原乡土建筑与文化景观 ························ 84

第三节 中原公共建筑与文化传承 ·································· 100

第四节 中原地域建筑文化的保护和再生 ·················· 119

第五章 "一带一路"倡议下中原服饰文化的建设与发展 ·· 129

第一节 中原文化地域汉族服饰图案特点的演变 ·········· 129

第二节 中原文化地域汉族服饰图案的主题和艺术表达 ···· 146

第三节 中原文化地域汉族服饰图案工艺及保护传承 ······ 158

第六章 "一带一路"背景下中原文化的发展与传承 ······ 160

第一节 中原文化的传承现状与困境 ······················ 160

第二节 中原文化与电视纪录片的互动 ···················· 167

第三节 电视纪录片提升中原文化软实力的探索实践 ······ 171

第七章 "一带一路"倡议下中原文化建设与对外传播的重要性 ·· 175

第一节 中国文化软实力建设存在的不足与面临的挑战 ···· 175

第二节 中国文化对外传播中受众分析不足的表现和原因 ·· 180

第三节 文化软实力在当代社会发展中的地位日益凸显 ···· 185

第八章 "一带一路"倡议下中原文化建设与对外传播策略 ·· 188

第一节 加强中原文化的内容创新和教育传承 ············ 188

第二节 创新中原文化的传播途径 ························ 190

第三节 受众接收机制下的中原文化对外传播策略 ········ 192

参考文献 ·· 199

第一章 "一带一路"倡议的基本表述

第一节 "一带一路"倡议的提出背景

国与国之间的友好交往关键在于人民友谊是否深厚，而建立深厚的人民友谊，重要的是民心相通。建设"一带一路"倡议保护了人民在合作中的基础性作用。如果人们的思想想要一致，就必须进行公共外交。公共外交的目的是要触及人民的心灵。目前，国际社会和国内外对"一带一路"倡议普遍看好，大多数国家也肯定和支持"一带一路"倡议。但是，"一带一路"倡议也伴随着怀疑和反对。因此，我们必须推进"一带一路"的建设，围绕着"一带一路"共同建设向"一带一路"域内外所有国家展开和实施"一带一路"公共外交。

2013年9月和10月，习近平在访问中亚和东南亚时提出建立"丝绸之路经济带"和"21世纪海上丝绸之路"，这是国际社会关心和感兴趣的一项重大举措，各国都做出积极响应。"一带一路"的倡议是基于古代丝绸之路的创作形式，从多角度推动中国、欧亚和非洲国家在各个领域的务实合作，旨在建立政治互信、文化包容、互惠互利的共赢欧亚非利益共同体、责任共同体和命运共同体，使欧洲、亚洲和非洲国家实现共同发展和共同繁荣。2015年3月，国家发展和改革委员会、外交部、商务部联合发布了《推动共建丝绸之路经济带和21世纪海上丝绸之路的愿景与行动》。建设"一带一路"并承诺附近的海洋互联互通，维护全球自由贸易体系和世界开放型经济，有秩序地促进经济因素的自由流动，有效配置资源和深度整合市场，促进各国实现更广泛、更深入的区域合作，共同打造普惠公开、包容、平等的区域经济合作。作为一个新的区域间合作框架，"一带一路"提出"开放、包容、共同赢利"的倡议。这是中国与欧亚非国家共同合作，共同开展业务，建立共享的开放合作计划。目前，"一带一路"包括 66 个国家（除中国外）和 4 条线路（表 1-1）。值得注意的是，"一带一路"的倡议举措已经打开，随着"一带一路"的建设，将会有更多国家成为"一带一路"的参与者和建设者。

表 1-1 "一带一路"倡议涉及的国家与主要线路

涉及的国家（中国除外）	俄罗斯、蒙古及中亚 5 国	俄罗斯、蒙古、哈萨克斯坦、塔吉克斯坦、吉尔吉斯斯坦、乌兹别克斯坦、土库曼斯坦
	独联体其他 5 国及格鲁吉亚	白俄罗斯、乌克兰、阿塞拜疆、摩尔多瓦、亚美尼亚、格鲁吉亚
	西亚北非 16 国	伊朗、叙利亚、约旦、以色列、伊拉克、黎巴嫩、巴勒斯坦、埃及、土耳其、沙特阿拉伯、阿联酋、阿曼、科威特、卡塔尔、巴林、也门
	东南亚 11 国	印度尼西亚、柬埔寨、东帝汶、马来西亚、菲律宾、新加坡、泰国、文莱、越南、老挝、缅甸
	南亚 8 国	尼泊尔、不丹、阿富汗、巴基斯坦、印度、孟加拉国、斯里兰卡、马尔代夫
	中东欧及南欧 18 国	希腊、塞浦路斯、波兰、黑山、马其顿、波黑、阿尔巴尼亚、立陶宛、拉脱维亚、爱沙尼亚、捷克、斯洛伐克、匈牙利、斯洛文尼亚、克罗地亚、罗马尼亚、保加利亚、塞尔维亚
主要线路	北线	北京—俄罗斯—德国—北欧
	中线	北京—郑州—西安—兰州—乌鲁木齐—阿富汗—哈萨克斯坦—匈牙利—巴黎
	南线	泉州—福州—广州—海口—北海—河内—吉隆坡—雅加达—科伦坡—加尔各答—内罗毕—雅典—威尼斯
	中心线	连云港—郑州—西安—兰州—新疆—中亚—欧洲

资料来源：根据相关公开资料整理所得（截至 2017 年 5 月）

"一带一路"倡议具有深刻的时代背景。首先，中国需要扩大对外开放，建立开放的新经济体系。在改革开放三十多年中，中国对外开放取得显著成绩。2013 年，中国的经济总额成为世界第二，取代了原本是世界第二大经济体的日本。2013 年，中国的进出口贸易总额超过 4 万亿美元，取代美国成为贸易交易最大的国家。但由于地理位置、自然环境、资源遗产、基础设施等因素的影响，中国的开放模式呈现"东部发展快,西部发展慢;海洋力量强大,陆地力量弱小"的现状。另外,中国经济经过多年的高速增长,累积了大量优质产能。根据国际货币基金组织(IMF)的计算,中国的工业产能利用率小于等于65%,而欧洲和美国外贸市场已经饱和,很难消化过剩的内部高品质生产能力。在地区内部发展不平衡和传统出口市场饱和的情况下,中国迫切需要进一步加强对外开放,开拓新的出口市场。面对新的经济形势,中国将建立新的开放经济体系、提升开放水平作为中国整体发展倡议的重要组成部分。2013年11月,中共十八届三中全会提出:"为适应经济全球化的新形势,要内部和外部相互促进开放,引进和引出更好地结合,推动国际和国内因素的自由流动、有效的资源配置和深度市场一体化以及促进公开改革,创建一个新的开放型经济。因此,建设'一带一路'有利于促进中西部地区经济发展和对外开放,促进中国经济的发展和产业结构转型升级,促进中国经济与世界经济体系的深度融合和一体化,并形成对外全面开放的典范。"

其次,"一带一路"倡议是中国扩大地缘,空间和维护国家安全所需要的。中国的经济快速增长和全球地缘政治格局的巨大变化,引发了世界主要国家和中国周边国家新一轮地缘倡议的调整。除地缘政治环境恶化外,中国国民经济和边境安全形势也不容乐观。中国的经济中心和工业设施主要集中在东部沿海地区,进口和出口货物以及国外的石油和矿产资源也主要依赖沿海运输,这决定了中国的经济发展过度依赖海路通道。随着美国、日本和东南亚几个国家对中国进行挤压,中国东部沿海和海洋贸易渠道的压力大幅增加。与此同时,西部边界长期受暴力与恐怖势力、民族分裂势力、"三大极端宗教势力"及走私、武装贩毒等跨国犯罪活动的干涉和影响。面对复杂的地缘政治环境和外部安全压力,中国需要创造性地采取地缘政治倡议,创造出可持续发展和安全的国土道路,营造和平友好的安全圈。在此背景下,建设"一带一路"将有助于深化与欧洲、亚洲和非洲各个国家的合作,特别是与邻国在政治、经济和安全领域的务实合作,加强政治互信和友好交流,保护和减缓国土及海洋安全的压力,为中国扩大地缘倡议空间,创造和平和可持续发展的地缘政治环境,为保护国家经济和边界安全创造了有利条件。

最后,"一带一路"是中国加强与欧洲、亚洲、非洲和世界各地互利合作和文化交流的需要。经历40年的改革开放之后,中国已经成为全球经济体和全球治理体系中的重要成员。中国的发展与进步离不开世界,世界的繁荣与稳定离不开中国。在多极化的世界形势下,经济全球化、文化多元化的发展更加深入,国际金融危机深层次的影响令全球经济疲软无力,不同文明之间的交流越来越苛刻,发展问题在世界各地仍然是一个大问题。如何进一步推动全球经济发展的活力，深度发掘国家之间的合作潜能，以寻找经济发展的新领域和增长点，并加强不同文明之间的交流，已成为世界各国发展遇到的重大问题。在此背景下，倡导"一带一路"的提案符合欧洲、亚洲和非洲多国的共同需要，且能加强互利合作。它不但提供了外国投资和中国企业"走出去"的有利条件，而且在同一时间给欧洲、亚洲和非洲各个国家经济发展带来了历史机遇。"一带一路"连接两个最发达、最活跃地区——亚太和欧洲经济圈，因此中间地区的广大内陆国经济发展潜力很大。据世界银行统计，1990 年到 2013 年，"一带一路"沿线的 60 多个国家和地区的全球贸易和外国直接投资增长速度分别为 13.1%和 16.5%，均高于全球平均水平。在过去的十几年里，中国在沿着丝绸之路经济带国家的直接投资从 1.8 亿增加至 56 亿，同比增长 54%。另外，"一带一路"是人类文化交流和相互承认的历史趋势。相互交流的多样性和发展道路的多元化将推动人类文明的有效整合和集成秩序。所以，"一带一路"的建设将有助于亚欧经济增长，深化中国和欧洲、亚洲和非洲及世界各国之间的互相合作，使不同文明之间相互交流，建立起最具容纳精神的经济和文化走廊。

第二节 "一带一路"倡议的时代内涵

尽管"一带一路"倡议借鉴了"丝绸之路"的历史符号，但与"丝绸之路"相比，它还是一个新定义。特别是"一带一路"作为一种新型的区域经济合作框架，它是中国不同区域协调与经济发展的平台，区域与世界经济一体化合作平台，欧洲、亚洲和非洲利益、命运和责任共同体，全球公共产品供应平台和新的地缘政治经济、文明交流和文化观融合形成的平台。

第一，中国地域经济协作和发展空间。"一带一路"倡议得到了中国各省市的热烈欢迎。每个省市都基于自己的优势提出参与"一带一路"的规划和构想，采取了更为积极和开放的方针。例如，陕西提出要开创"一带一路"和桥梁领导者的新起点，甘肃提出要打造"一带一路"的黄金部分，宁夏提出建立"一带一路"倡议中心，青海拟在西部建立一个"西部带"，改善经济模式，新疆提出建造"一带一路"建设中心地带，四川提出建设"一带一路"交通要道，福建经济枢纽拟建设"一带一路"互联互通中心，江苏提出打造"一带一路"交织点，浙江提出建立开创性的经济贸易区和贸易物流中转区，广东提出要打造"一带一路"倡议中心、经济贸易合作中心。

"一带一路"倡议将改变中国的工业设计现状和基础设施布局,将中西部地区、东部沿海地区和沿途国家联系起来,加快国际经济一体化、技术和人力资源的自由流动。国家区域经济规划将加强东西部的合作与协作,促进各地区协调发展、共同发展。这将为全面建设一个良好社会,实现中华民族伟大复兴的梦想奠定坚实的基础。

第二,区域和全球经济一体化的协作平台。"一带一路"包括 60 多个国家,涉及的总人数为 44 亿,生产总值约 21 万亿美元,具有很大的发展前景。作为区域间共同协作的一种新模式,"一带一路"正在实现中国的发展,其长期目标之一就是逐渐推进欧洲、亚洲和非洲大陆及美国和大洋洲的经济一体化与全球经济融合。2014年 12 月,习近平在中共中央政治局委员会第十九次会议上发表讲话:"我们需要加强高层次的设计,并逐步建立一个周边国家与地区发展网络,成为辐射'一带一路',面向全球的自由贸易区,此外我们将积极与'一带一路'沿线国家和地区建立自由贸易区。"与此同时,中国还将持续扩大对"一带一路"沿线国家的外商投资总额。预计到 2025 年,中国在"一带一路"倡议下的投资金额将达 1.6 万亿美元,占中国对国外投资的 70%。通过建立自由贸易区全球网络和扩大外商投资,"一带一路"将使中国与沿线各国合作的更加密切,整合优势更有效。"一带一路"还将在区域和全球经济一体化中发挥更大的作用。

第三,建立一个欧亚非利益、命运和责任共同体。"一带一路"沿线的大多数国家和地区都是发展中国家和新兴的经济体制,各国都面临着经济发展、改善民生、保持稳定的重任。倡议利益是相似的,倡议概念是共同的。建设"一带一路"的愿景和目标是与实现欧洲、亚洲和非洲各个国家之间的共同发展与友好合作的目的是一致的。三个共同体是相互关联的,彼此侧重点不同。利益共同体主张各国经济的共同利益。命运共同体强调不同国家的融合,责任共同体通过建立一个利益共同体和实现各国间相互关系的共同责任来强调所有国家的和平与稳定。"一带一路"将在建设互联互通的过程中开辟新的经济增长空间,创造新的经济增长点,增强政治互信,睦邻友好和友谊,实现沿线各国之间的全方位、高层次、深层次的友好合作,进而实现欧亚非各国的政治互信、经济一体化和文化融合。

第四,全球治理计划和全球公共产品的供应平台。目前,全球各地经济发展不均衡,存在较大的南北差距。"一带一路"沿线的很多国家正在经历缓慢的经济发展和基础设施改善,但现有的全球治理平台和金融发展机构无法有效促进相关国家的经济发展,不能满足其经济建设的财政需要。十八届五中全会提出,我国奉行互利共赢、开放进取的倡议,发展更高水平的开放型经济,积极参与治理全球经济和公共产品供应，以提升中国在全球经济治理中的话语权。为此，中国作为一个主要责任国，提出了"一带一路"倡议，以此来促进全球经济的复苏和均衡发展。中国在亚洲建立了基础设施投资银行，并投资了 400 亿美元的创建基金，主要用于给"一带一路"沿线国家的基础设施、资源开发和工业合作等相关项目提供投资和财政支持。

"一带一路"倡议侧重于建设交通基础设施和建立融资平台，这是中国向全球提供的全新公共产品和全球治理计划。中国外交部长王毅指出，"一带一路"倡议的提议和实行，标志着中国由参与者向全球公共物品提供者的国际形象转变。通过"一带一路"倡议将公共产品出口，将加速区域经济治理和全球一体化的进程，缩小区域发展之间的差距，并使沿途的国家和人民受益。

第五，世界地缘政治经济与文明交流将整合成新模式平台。"一带一路"是一条共同发展、共同繁荣的合作与胜利之路，也是一条和平与友谊的道路。它将为构建全球地缘政治经济与文明融合的新模式发挥积极作用。一方面，"一带一路"与以往传统的"依附—被依附"模式不同，也不同于西方崛起过程中所采取的霸权发展的殖民方式。这是对新的国际合作和全球治理方式的积极探索。正如习近平指出的那样，推动"一带一路"倡议需要诚心诚意地对待沿途地区的发展，我们必须尽最大的努力确保他们的利益。在互利互惠的原则基础上，让沿途国家受益，尊重各国共同的发展机遇。另一方面，"一带一路"不仅能实现世界各地的商品和货运基础设施的互联和交换，还需要在欧洲、亚洲和非洲国家之间的发展中发挥作用。它保护文明，吸引他国文明，共存共荣，共生共荣，这是人类文明进步和发展的有益做法。

第三节　"一带一路"国家倡议目标的阐释

"一带一路"公共外交是向"一带一路"域内外国家传播"一带一路"声音、讲好"一带一路"故事、让"一带一路"域内外各国"共走丝绸路、共筑丝路梦"的公共外交。因此，"一带一路"的公共外交包含四大倡议。一是"丝绸之路文化的传播"，即丝绸之路文化的更新、创新和传播，古丝绸文明与现代文明的结合、丝绸之路文化和"一带一路"的结合将促进丝绸之路文化与世界其他国家的文化交流与繁荣。二是"丝绸之路传播友谊"，这是促进丝绸之路沿线国家友好交流和来往，促进境内外国家友谊的良好机会。三是"谈丝绸之路历史"，也就是说，我们必须客观地介绍一个现实的、客观的、古色古香的丝绸之路和现代丝绸之路，让国内外人民能够了解这段历史，与国内外人民分享道路历史，分享丝绸之路纪念馆，展示世界丝绸之路的历史。四是"弘扬丝绸之路"精神，即继续推进丝绸之路的历史。在促进和平、合作、开放、包容、相互学习、互利互惠的"一带一路"倡议的支持下，发扬丝绸之路精神。

一、传播丝路文化

古代丝绸之路具有狭义和广义之分。狭义的丝绸之路是指从中国古代的长安出发，经中部亚洲通往南部亚洲、西部亚洲及欧洲、北非的贸易要道。广义的丝绸之路是指所有经古代中国出发的各条中西贸易道路，包括经中亚至欧洲、北非的"沙漠丝绸之路"（即狭义的丝绸之路），经蒙古至中亚、俄罗斯的"草原丝绸之路"，经中国南海、印度洋、红海、地中海至欧洲的"海上丝绸之路"，从四川、云南出发，经缅甸至印度的"南方丝绸之路"。"丝绸之路"（The Silk Road）这一概念最早由德国地理学家李希霍芬（F.V.Richthofen）于 1887 年在其名著《中国——亲身旅行的成果和以之为根据的研究》中提出，是指"从公元前 114 年到公元 127 年间，连接中国与印度之间以及中国与中亚阿姆河与锡尔河之间的河中，以丝绸之路交易为媒介的西域与中国之间的交通线路"。这一概念提出后，很快得到了中西方学者的认可和支持。1910 年，德国东方学家阿尔巴特·赫尔曼在《中国与叙利亚间的古代丝绸之路》一书中提出，"我们应该把这个名称——丝绸之路的含义进一步延长并通向遥远的西方叙利亚"。虽然李希霍芬和赫尔曼对古代丝绸之路提出了经典定义，但并不能较为全面地概括出古代丝绸之路的含义。随着对古代丝绸之路认识的不断深化，学术界倾向于将古代丝绸之路定义为从中国黄河、长江流域出发，经中亚、西亚、印度连接北非和欧洲的以丝绸贸易为主要媒介的文化交流之路。学术界一般认为，古代丝绸之路开通于西汉使者张骞出使西域来回两次之后。公元前 139 年（建元二年），汉武帝派张骞出使西域联合大月氏（初居于河西走廊西部的游牧民族）抗击匈奴。虽然张骞的政治目的并未达到，但获得了大量的西域资料，汉夷文化交往随之频繁。公元前 119 年（汉武帝元狩四年），张骞第二次出使西域乌孙（今伊犁河、楚河流域）、大宛（今中亚费尔干纳盆地）、康居（今巴尔喀什湖和咸海之间）、大夏（今阿富汗北部）等国，进一步加强了与西域各国间的友好往来。从此，中国通往西域的贸易往来和文化交流线路建立起来，史称"凿空"。《史记索隐》载："案谓西域险厄，本无道路，今凿空而通之也。"唐代诗人杜甫在《秦州杂诗·闻道寻源使》一诗中也赞扬了张骞出使西域的历史功绩："闻道寻源使，从此天路回。牵牛去几许？宛马至今来。"

隋唐时期，陆上丝路之路达到了鼎盛阶段，中西贸易和文化交流都得到空前发展。五代十国、宋、辽、金政权分裂割据时期，陆上丝绸之路开始走向衰落，海上丝绸之路与南方丝绸之路得到迅速发展。到了明清时期，陆上丝绸之路虽然并未中断，但其重要性已远不如陆上和海上丝绸之路与南方丝绸之路。古代丝绸之路不仅是一条横贯东西、连接欧亚的商贸之路，更是一条东西方文化交流、文明对话之路。自古代丝绸之路开通之后，丝绸就成为中国与中亚、南亚、欧洲贸易往来的主要商品。丝绸在罗马帝国"其价值高于黄金"，而且还成为拜占庭帝国"内外政策制定的重要影响因素"。除丝绸之外，茶、粮食、铁器、漆器、瓷器也是古代丝绸之路上中国远销西方的重要商品，西方的玉器、金银器、玻璃器、毛织品、珍宝、香料、牲畜（马匹、牛、骆驼等）、农作物（葡萄、菠萝、甘蔗、苜蓿、胡桃、胡麻等）也经古代丝绸之路进入中国。古代丝绸之路发展和繁盛的东西方贸易在推动东西方以及丝路沿线经济发展、物质繁荣的同时，还推动着东西方文化、文明间的交流、融合与发展。中国的文字、儒学、律法、科技不仅影响了周边国家而且辐射到更远的地区，特别是造纸术、印刷术、丝织技术、制瓷技术、火药、指南针等科学技术相继由陆上丝绸之路和海上丝绸之路传入西方，对西方文明和世界文化的发展起到了巨大的促进作用。与此同时，西方的文学、艺术、宗教、风俗也沿着古代丝绸之路传入中国，对中国的社会生活和文化都产生了重大影响。西方的舞乐，如龟兹乐、西凉乐、拂林舞、柘枝舞、胡旋舞、胡腾舞等深受中国内地喜爱，"胡声""胡乐"甚至在魏晋南北朝和隋唐时期成为官方礼乐而被广泛用于国家庆典、祭祀和宴会。西方的宗教，如佛教、景教、摩尼教、伊斯兰教等对中国的影响则更为深远，丝路沿线至今保留着众多与宗教相关的石窟、壁画、文物、古籍、古迹、遗址，其中尤以佛教最为突出。魏晋南北朝时期，佛教在中国内地广为传播，并形成了长安、凉州、庐山三个传播中心，到了唐代佛教各宗派竞相开发，迎来了其历史上的一个辉煌时期，中国的儒学、道教、绘画、雕塑等传统文化都深受其影响。

西方各国各民族风俗习惯也深刻地影响了中国内地的社会风俗。西方各国各民族的商人、使节、工匠、僧侣在中国内地居住、生活和交往，使胡服、胡食、胡风在中国内地盛行，以至于唐代的宫室、服饰、饮食、娱乐都具有浓厚的西域色彩。总而言之，这些沿古代丝绸之路所传播、衍生和发展的文化逐步形成了特有的"丝路文化"，成为今天欧亚非各国的宝贵历史资源。"一带一路"倡议以古代丝绸之路为历史依托，旨在新时期实现欧亚非各国的共同发展与共同繁荣。"一带一路"公共外交作为"一带一路"倡议的助推器，其内涵就是复兴丝路文化、创新丝路文化、传播丝绸之路文化，将古代丝绸之路的文明与现代丝绸之路的文明相融合，将丝绸之路文化与"一带一路"建设相结合，推动世界丝绸之路文化和其他文化交流共享，共同繁荣。

二、传递丝路友谊

古代丝绸之路的畅通繁荣促进了东西方之间的经贸往来、政治交往与文化交流，同时使中国与丝路沿线各国各民族建立了相互理解、相互信任的丝路友谊。千百年来，伴随着千里丝路上经贸往来、文化交流的频繁，丝路沿线各国各民族之间相互融合、和谐共处，谱写出千古传诵的友好篇章。古代丝绸之路开通后，西汉与西域的贸易兴盛起来，双方的使者和商队往来频繁，"西北外国使，更来更去"，西汉"使者相望于道，诸使外国一辈大者数百，少者百馀人。汉率一岁中使多者十馀，少者五六辈"。在相互交往过程中，西汉与西域各国之间建立起深厚的友谊。《史记·大宛列传》载："骞为人强力，宽大信人，蛮夷爱之。"张骞宽容、大度、诚信、友好的待人处事方式获得了西域各国人民的好感和信任，以至于西汉以后的使者都以"博望侯"的名义出使西域，"其后使往者皆称博望侯，以为质与外国，外国由此信之"。后来，西汉使者出使安息（今伊朗地区）时，受到安息王的热情欢迎，安息及其他各国使者也都跟随西汉使者赴长安拜见西汉天子，并且西汉军队在抗击匈奴时也得到了西域各国的普遍拥护和支持。"安息王令将二万骑迎于东界。东界去王都数千里。行比至，过数十城，人民相属甚多。汉使还，而后发使随汉使来观汉广大，以大鸟卵及犁轩善眩人献于汉。及宛西小国驩潜、大益，宛东姑师、扦罙、苏薤之属，皆随汉使献见天子。"（西汉军队）"所至小国莫不迎，出食给军"。此外，大秦国（泛指古代罗马帝国）也沿着海上丝绸之路与东汉展开了友好往来。《后汉书·西域传》载："至桓帝延熹九年，大秦王安敦遣使自日南缴外献象牙、犀牛、瑇瑁，始乃一通焉。"隋唐时期，古代丝绸之路达到鼎盛时期，陆路可通往印度、西亚、欧洲及北非，海路可达波斯湾，中国与丝路沿线各国的友好交往和民族融合超过以往各代。隋大业三年（公元607年），隋炀帝派众多使者出使南海国家，与赤土（今苏门答腊岛一带）、真腊（今柬埔寨一带）、婆利（今印度尼西亚加里曼丹岛或巴厘岛）、丹丹（今马来西亚马来东北部）、盘盘（今泰国南万伦湾沿岸一带）等南海国家建立了友好关系，此后这些国家纷纷向隋朝"遣使朝贡"。其中，隋使臣常骏等人出使赤土国时受到隆重接待，赤土王还派王子跟隋使回访。《隋书·列传》载："至于赤土之界。其王遣婆罗门鸠摩罗，以舶三百艘来迎，吹蠡击鼓乐隋使，进金锁以缆船……寻遣那邪迦随贡方物，并献金芙蓉冠、龙脑香，以铸金为多罗叶，隐起成文以为表，金函封之，令婆罗门以香花奏

蠡鼓而送之。"公元 7 世纪中叶，唐朝派使臣达奚弘通再访赤土国
（今阿拉伯半岛南部），途经 36 国。《西南海诸藩行记》载："唐上元中，
弘通以大理司直使海外，自赤土至虔那，几经三十六国，略载其事。"唐朝中期，骠国（今缅甸
一带）王子访问中国，其歌舞团的演出轰动长安。对于唐朝与丝路沿线各国的往来盛
况，韩愈记述道："唐受命为天子，凡四方万国，不问海内外，无大小，咸臣顺于朝。
时节贡水土百物，大者特来，小者附集。"除了大力开展对外友好往来，唐朝政府还
在政策上给予支持，外国商人来中国交易，允许其在中国长时间居住、当官和通婚。
长安聚集了大量日本人、朝鲜人、突厥人、回鹘人、吐火罗人、粟特人、大食人、印
度人和波斯人，外来居民及其后裔占到长安 100 万总人口的 5% 左右，长安成为当
时各国各民族聚居、往来的国际大都会，各民族之间交往密切、交流频繁。宋元时
期，丝路沿线各国的友好交往和民族融合得到进一步加强。与南宋通商的国家有五十
多个，南宋与高丽、日本、交趾（今越南北部）等国往来密切，与东南亚、阿拉伯各
国的经济交流也比较频繁。公元 1279 年，忽必烈派使臣与马八尔（印度科罗曼德海
岸）、俱兰（南印奎隆）等南亚国家交好，进而疏通了印度洋及其以西航道。海上丝
绸之路西线疏通后，元朝与东南亚、西亚、北非、东非及地中海等许多国家建立了友
好关系，高丽、日本、占城（今中南半岛东南部）、古里地闷（今帝汶岛）、伊尔汗
国、祖法尔（今阿曼佐法尔）、摩加迪沙（今索马里）等国都与元朝交往密切。随着
蒙古帝国的西征，一些中亚、西亚民族逐步与汉族或其他民族相互融合，甚至形成新
的民族。到了明朝，国内外环境的变化已不适于陆上丝绸之路的发展，但海上丝绸之
路得到空前发展，中国与丝路沿线各国之间的友好关系随之得到了巩固和发展。明
洪武二年（1369 年），朱元璋派使臣与爪哇、暹罗、占城、真腊、三佛齐等国交好，
并宣布朝鲜、日本、大琉球、小琉球、苏门答腊、爪哇、暹罗、占城、百花、真腊、
三佛齐等 15 国为不征之国。为增进与丝路沿线各国的和平友谊，明成祖派郑和率庞
大船队自公元 1405 年至 1433 年 28 年间七下西洋，东起琉球、菲律宾，西至莫桑比
克海峡和南非海岸，共出使 35 个亚非国家和地区。郑和七下西洋密切了明朝与亚非
各国间的政治、经济、文化往来，促进了东西方海外贸易的发展和繁盛，增进了相互
间的了解与友谊，实现了和平友好的目的，在整个古代丝绸之路发展史、中国远航史
和世界航海史中都具有举足轻重的地位。总的来说，古代丝绸之路作为当时世界上最
主要的商贸和文化交流通道之一，有力地推动了中国与丝路沿线各国各民族之间的友
好交流与往来，东西方各国各民族在相互交流、相互融合中建立起深厚的丝路友谊。
如今，"一带一路"倡议为加强中国与"一带一路"域内外国家的各领域合作，增进

相互之间的友好往来提供了重大机遇。而继承和发展古代丝绸之路所建立起的历史友谊、深化中国与"一带一路"域内外国家间的相互理解与信任对"一带一路"的建设也至关重要。因此，"一带一路"公共外交的一个重要内涵就是传达国家之间的古代丝绸之路的友好往来，推动"一带一路"区域的其他国家和人民之间关系的发展。

三、讲好丝路故事

从叙事角度看，历史和当今世界的变化发展都是故事。"讲故事"就是真实、客观地解读与传播历史和当今世界的变化发展，以增进外界对自己的认知、了解和理解。有着两千多年历史的古代丝绸之路留下了很多可歌可泣的丝路故事，而继承了古代丝绸之路内在精神气质并被赋予新的时代内涵的"一带一路"正在发生着新的丝路故事。面对国际社会和"一带一路"域内外国家对"一带一路"倡议的疑虑和误解，开展"一带一路"公共外交，就是要讲述丝绸之路的历史，就是要虚心地创造一条真实、客观的现代丝绸之路，我们需要与国内外公众分享世界丝绸之路的历史。首先，讲好古代丝路故事，就是要发掘古代丝绸之路历史资源，激发"一带一路"域内外国家的情感共识。经历千年的古代丝绸之路是座"故事富矿"，世界各国各民族为开拓和发展丝绸之路，在相互交往和交流过程中产生了很多可歌可泣的传统友谊故事。开通西域的张骞、投笔从戎的班超、西行求佛的玄奘、入唐留学的崔志远、游历丝路的马可·波罗、七下西洋的郑和，都为古代丝绸之路的开辟和推动，以及中国文化与西方文化的交流做出了重大贡献。"一带一路"的公共外交要讲好古代丝路故事，就需要发掘和开发丝绸之路历史资源，通过历史、文学、艺术等多种表现形式来激发"一带一路"域内外相关国家对古代丝绸之路的情感共识，进而引发其对"一带一路"倡议的强烈共鸣。例如，中国 2008 年创作的大型历史舞剧《碧海丝路》以汉代海上丝绸之路历史为背景，讲述了男女主人公在海上丝绸之路航行过程中的爱情故事，不仅再现了古代海上丝绸之路的历史场景，还展现了古代丝绸之路文化和中国与东南亚各国的交往经历及友谊。《碧海丝路》在国内首演，后赴韩国、马来西亚、斯里兰卡等国演出，在东南亚国家中产生了广泛影响。其次，讲好现代丝路故事，就是要真实、客观、生动、形象地讲述"一带一路"建设过程中发生的事情，增强"一带一路"区域内外国家人民对"一带一路"倡议的认识和熟知。"一带一路"公共外交要讲好现代丝路故事，就要讲清楚"一带一路"倡议秉持的和平属性、创造的共同机遇与带来的文明互鉴，讲清楚"一带一路"倡议如何有利于域内外国家、有利于世界，及在"一带一路"建设发生的故事中展现的丝路新风貌、新机遇、新友谊。在对外报道和对外传播中，要更加注重从"一带一路"建设的寻常生活中讲述好现代丝路故事。例如，新华社在一篇"一带一路"报道中讲述了德国净水壶 14 天"火车旅行"到重庆的故事："一列载有 1 万件德国产净水壶的渝新欧国际班列，从德国杜伊斯堡出发，途经波兰、白俄罗斯、俄罗斯、哈萨克斯坦，历经 14 天的旅程驶入重庆铁路口岸。时间比海运缩短近一个月，价格只有空运的四分之一。"《中国青年报》在一篇关于"一带一路"的报道中讲述了中国铁建在尼日利亚的友好合作故事："在尼日利亚本地，人们都在以中国钢铁建设的工作为荣，他们更热爱穿着有中国铁建标识的工作装。现在在尼日利亚很多地方，遇到突发大水、教堂倒塌、应急的工程问题，人们首先想到的就是中国的铁建。中国铁建的曹保刚还被尼日利亚两个州同时授予'最高酋长衔'。"最后，讲好世界丝路的历史故事，要与"一带一路"区域内外相关的国家公众一起找寻丝路历史记忆，共同讲述中外各方共建、共享的"一带一路"故事。历史上，古代丝绸之路不是中国一国的经贸、文化交往通道，而是由古代丝绸之路沿线各国各民族共同开拓和发展起来的，沿线各国各民族都有着古代丝绸之路的共同记忆。现在，"一带一路"倡议是中国提出的，但机遇是世界的，其有赖于中外各方的共商、共建、共享。"一带一路"公共外交要讲好世界丝路故事，就要邀请、联合"一带一路"域内外相关国家，尤其是新闻媒体、社会精英和意见领袖来共同寻找丝路历史记忆，强化"一带一路"共商、共建、共享意识，变中国的丝路故事为世界的丝路故事，变中国讲丝路故事为世界讲丝路故事。

四、弘扬丝路精神

古代丝绸之路作为东西方经贸、文化交流交往大通道，不同民族、不同种族、不同宗教、不同文化在此相互交流融合，丝路沿线各国各民族在长期相处过程中逐渐形成了和平共赢、开放包容、互学互鉴、互利发展的丝路精神。"一带一路"是承接古今、连接中外的和平共赢之路，在当前"一带一路"建设深入推动、各种矛盾问题渐渐显现的背景下，展开和实施"一带一路"公共外交就要弘扬丝路精神，就是向"一带一路"域内外各个国家人民提倡古代丝绸之路所记载的、丝绸之路故事所体现的、"一带一路"倡议所提倡的和平合作、开放包容、互学互鉴、互利共赢的丝路主旨，点明丝路精神所包含的时代价值和意义所在。和平合作，就是通过坦诚对话、深入沟通、平等交流的方式来深化国家间的友好合作，而非威逼利诱、剥削胁迫或诉诸武力。古今丝绸之路都是和平友谊之路，都旨在促进丝路沿线各国各民族之间的友好往来与持久和平。弘扬和平合作的丝路精神，就是要倡导和平与平等对话，反对霸权与强权，顺应各国和平共赢发展的共同愿望，深化各国友好交往和相互信任的现实基础。开放包容，就是以海纳百川的胸怀和气度兼收并蓄、博采众长。无论是古代丝绸之路还是今天的"一带一路"倡议，二者都涵盖了欧亚非广大地区。在这样广阔的地理范围内，不同国家、不同民族、不同地域在历史故事、宗教宗旨、风俗习惯、社会制度、发展道路等方面都存在着很大的不同。"履不必同，期于适足；治不必同，期于利民。"弘扬开放包容的丝路精神，就是要承认和接纳不同国家民族间的差异，尊重各国的文化传统、社会制度和发展道路，努力求同存异、和谐共处。互学互鉴，就是尊重人类文明多样性和世界各国发展道路多样化，相互学习借鉴、共同发展进步。文明多样性是人类社会的基本特征，人类文明没有高低优劣之分，不同国家和民族都有自己独特的文明，丝绸之路上儒家文明、基督文明、伊斯兰文明等平等交流和相互学习借鉴，才使人类文明得以发展、进步和繁荣。由于历史文化和现实国情的不同，世界各国所选择的发展道路也不尽相同。弘扬互学互鉴的丝路精神，就是要尊重差异、理解个性、摒弃偏见、打破隔阂，相互学习、相互借鉴，共同促进人类文明的发展繁荣以及世界各国的和谐共处。互利共赢，就是要兼顾各方利益和诉求，共享机遇、共迎挑战、共谋福祉，使不同文化传统、发展水平和社会制度的国家都能通过互利互惠的合作受益。互利合作、共同发展既是连接古代丝绸之路沿线各国各民族的利益纽带，也是推动"一带一路"建设的持久动力。习近平指出，"'一带一路'建设不应该着眼于我国自身的发展，而是要以我国的经济发展为契机，让其他国家搭上我国发展的列车，帮助他们实现发展的目标。我们要关注与发展自身利益，还应考虑和照顾其他国家利益，把我国的发展同沿线国家的发展结合起来，把中国梦同沿线各国人民的梦想相结合起来。""我们要让自己生活好，也要让别人生活好。"传播互利共赢的丝路精神，就是要抛弃"你输我赢"的思维，树立"一荣俱荣、一损俱损"的共赢理念，使世界各国在共同发展中获得裨益和助力。

第四节 "一带一路"倡议的意义与影响

一、中国实施"一带一路"倡议公共外交的意义

当前，国际社会对"一带一路"倡议的认识和点评是积极的，"一带一路"沿途的大多数国家也肯定并支持这一倡议，但也存在很多怀疑和误会。一些海外媒体在报

道"一带一路"倡议时，表现出较为消极的倾向，还进行扭曲和挑衅的报道和解读；一些"一带一路"国家也担心中国推动"一带一路"倡议将对国内经济发展、国家主权和国防安全产生负面影响，因此对"一带一路"倡议采取质疑或观望态度。域外国家，特别是实力较大的国家出于经济利益的考虑，对"一带一路"实行控制和禁止。毫无疑问，疑虑、顾忌和不信任已成为该倡议推进的最大的挑战。如何获得广泛的国际认同和公众社会舆论的支持将成为"一带一路"倡议取得成功的关键。

第一，"一带一路"公共外交的发展和实施将有助于为"一带一路"倡议创造比较好的环境。目前，国外舆论关于"一带一路"倡议的一些不现实、不客观，甚至挑衅和扭曲的报道，深刻地影响了国际社会和各国对"一带一路"倡议的认识。通过实施"一带一路"公共外交，"一带一路"倡议能够得到充分、准确、生动的展现、推广和传播。这些负面报道和解读在理论和实践上都可以反驳，引导国际社会和国内外公众真正了解和理解"一带一路"倡议。

第二，"一带一路"公共外交的发展和实施将有助于加强"一带一路"的舆论环境。民间交流能够有效消除国际社会和国内外对"一带一路"倡议的质疑，激发公众对"一带一路"倡议的兴趣，为"一带一路"建设的舆论环境奠定了坚实的基础。

第三，贯彻"一带一路"公共外交有助于缓解中国崛起的困难。在中国迅速崛起的背景下，中国面临着日益严峻的困境。中国提出的任何发展倡议或外交倡议都很容易被视为隐藏强大的地缘政治经济意图。通过实施"一带一路"公共外交，我们可以向国际社会和"一带一路"国家提供全面准确的解释，介绍"一带一路"的真实情况和意图，并深化国际社会对"一带一路"倡议的认识。全国公众理解、相信和支持"一带一路"倡议和中国的内外政策，显示了中国的开放包容、合作与和平力量，缓解了中国日益严峻的困境。

总之，"一带一路"建设对全面建设小康社会，实现中华民族伟大复兴的中国梦，维护全球自由，具有重大意义。在这个过程中，公共外交应充分发挥其促进作用，营造良好的"一带一路"国际氛围，打好坚实可靠的舆论基础，推动"一带一路"倡议。

二、中国实施"一带一路"倡议公共外交的影响

"一带一路"倡议引起了国际社会的关注和强烈反响。国际媒体对"一带一路"倡议的有关问题进行了讨论，确定并评估了"一带一路"倡议的积极和消极方面。这显示了期望和怀疑、赞成和排斥的交错复杂状态。

（一）国际舆论对"一带一路"倡议的认知与评价

"一带一路"倡议一提出便成了海外媒体和国际智库的焦点。据专业数据统计，2013 年 9 月至 2015 年 2 月，海外媒体报道了有关"一带一路"的 2 500 多篇英文文章和 1 000 多篇中文文章。其中，路透社、法新社、菲律宾通讯社、哈萨克国际通讯社、美国《华尔街日报》《赫芬顿邮报》、日本的《外交学者》、新加坡《联合早报》、海外新加坡《海峡时报》、印度《印度时报》和马来西亚《南洋商报》等对"一带一路"倡议进行了广泛报道和评论。外交政策的转变和创新不仅有利于增加中国的国际影响力，而且对全球的繁荣、和平与稳定也产生了重大影响。譬如，《联合早报》文章指出，中国通过亲、诚、惠、荣外围外交和"一带一路"倡议，建立了中国的陆地合作伙伴关系体系，表明中国有信心深刻改变全球结构和秩序。美国《赫芬顿邮报》网站发表文章称，"一带一路"倡议将成为未来 10 年中国发展的象征，将为欧亚国家构筑历史性机遇。英国路透社表示，中国提出的"一带一路"倡议满足了沿线国家的共同需求，为沿线国家开辟了合作开放的新途径。"一带一路"计划不仅是一项雄心勃勃的倡议，也是一个展览和一幅全景图。它出现在一个组织概念中，具有不同的目的、动向和项目。

但是，有些海外媒体对"一带一路"构想进行了否定、歪曲、挑战性的报告和解释，他们提出"一带一路"不是机会而是威胁，给"一带一路"方案扣上"政治权力主义""新殖民地主义"的帽子。

（二）域内国家对"一带一路"倡议的认知与反应

当前，"一带一路"发展策略由中国提出，域内国家有不同的感知和反应。首先，俄罗斯、白俄罗斯、哈萨克斯坦等一些独联体国家积极支持"一带一路"的发展，推进国家及地区开发倡议和"一带一路"构想主动对接。2014 年，俄罗斯在《中俄关于全面倡议协作伙伴关系新阶段的联合声明》中提出了对"一带一路"构想的支持。中国驻俄罗斯大使馆的杰尼索夫表示，"俄罗斯支持'一带一路'并希望得到中国作为欧洲经济联盟成员国的支持，特别是在寻求整合工作的欧洲经济联盟内部"。哈萨克斯坦总统纳扎尔巴耶夫称，积极与中国开展经贸合作，加强在产能、能源、科技等领域的合作。卢卡申科说，白俄罗斯是"一带一路"提案的重要支柱，中国与白石工业园区合作项目是"一带一路"的宣传重点项目。其次，塞尔维亚、匈牙利、波兰等东欧国家也积极响应"一带一路"的建议。2014 年，第三届中国—东欧国家首脑会议由中方牵头，与东欧 16 个国家开展合作。塞尔维亚驻华大使馆米兰·巴切维奇说："塞尔维亚将继续充当中欧之间的桥梁。"最后，包括巴基斯坦、印度尼西亚、泰国在内的东南亚国家积极参与"一带一路"建设。2013年,随着中巴两国互联互通的不断加强,在巴玛共同修建了经济走廊,促进了两国的共同发展。2015年,印尼、泰国和中国在泰签署了《关于在雅加达部署1万人的框架高速铁路合作协议》。

(三)域外国家对"一带一路"倡议的认知与反应

在全球化深入发展和合作不断加深的今天,"一带一路"作为一项涉及欧亚非大陆60多个国家的宏大战略倡议,不仅直接关乎域内国家的切身利益,而且也将对域外国家产生重大影响。域外国家对待"一带一路"倡议的认知和反应会直接影响"一带一路"的建设。总体来说,域外国家对"一带一路"倡议的战略意图表示怀疑,担心是中国进行对外扩张、挑战国际秩序的外交工具。因而对"一带一路"倡议持谨慎、观望,甚至反对态度。

域外国家对待"一带一路"倡议的态度也大致可分为两类。一类是美国、日本等国。这些国家与中国存在明显的地缘政治和现实利益冲突,虽然没有公开地对"一带一路"倡议表示排斥和反对,但总体上对"一带一路"倡议采取怀疑、不参与、抵触、阻挠的立场。美国认为,"一带一路"倡议具有多重战略意图。一是通过"一带一路"建设来拓展新的海外消费市场,缓解由经济增速放缓导致的经济下行压力。二是通过"一带一路"建设来拓展新的能源供给地和运输通道,以实现能源供给和运输的多元化,确保能源供给的长期安全。三是通过"一带一路"建设将势力范围和战略影响力从陆上推进至欧亚大陆,从海上推进至印度洋和波斯湾,实现中国海陆权与全球地缘政治格局的再平衡。四是通过"一带一路"建设和亚洲基础设施投资银行来反对和对抗美国亚太再平衡战略和跨太平洋伙伴关系协定,与美国争夺规则制定权,挑战美国全球地位和现有国际秩序。美国认为,"一带一路"倡议是一个具有外交、安全和军事意义的经济项目,将对美国的战略利益产生一系列消极影响。因此,美国采取了多种措施对"一带一路"进行阻挠和干扰:一是拒绝参与亚投行,并向韩国、澳大利亚、印度尼西亚等盟国施阻,防止其加入亚投行;二是利用海洋领土和资源争端等现实利益冲突来挑唆中国与东南亚相关国家关系,影响东南亚相关国家对"一带一路"的态度;三是强化亚太联盟体系、加强亚太军事存在,联合日本、印度、菲律宾等国干扰"一带一路"建设;四是加紧推进跨太平洋伙伴关系协定,积极拉拢中国台湾地区及越南、马来西亚等国消解"一带一路"影响。此外,作为中国的战略竞争者,日本也对"一带一路"倡议持消极看法。日本认为,"一带一路"将主要从经济、政治两个方面对日本产生消极影响。在经济上,"一带一路"将加剧中国与日本在海外投资、国际金融、高科技基础设施建设等领域的竞争，削弱日本在亚太地区乃至全球的经济影响力；在政治上，"一带一路"将提升中国战略影响力，改变地区乃至全球地缘政治格局，挤压日本的战略空间并牵制日本的发展。对此，日本千方百计地对"一带一路"进行抵触和遏制。

另一类是韩国、澳大利亚、新西兰、法国、英国、德国、意大利等国。这些国家在一定程度上表现出对"一带一路"的参与兴趣和意愿，但鉴于对"一带一路"倡议的疑虑及美国的干涉和施压，因而采取有所保留的态度。韩国与"一带一路"建设密切相关，随着中韩经贸关系的不断深化，韩国国内普遍认为参与"一带一路"建设有助于韩国经济的可持续增长。此外，澳大利亚、新西兰也对"一带一路"倡议表现出一定的参与兴趣。在"第二次中澳战略经济对话"中，"一带一路"和国际产能合作等议题成为澳大利亚工商界的关注热点。

第二章 中原文化的内涵和价值

第一节 中原文化的概念和特点

一、中原文化的概念

中原文化作为一种地域文化，不仅具有一般地域文化的共有特征，而且有着自身独特的含义和独具个性的特征。在中国古代，中原地区长期是中国政治、经济、文化的核心区域，其区域文化形态与国家文化形态难以区分。也就是说，中原文化与中国文化几乎是重叠的，这无疑为我们界定中原文化的概念带来了一定的困难。

在中国早期的典籍中，"中原"一词并不是指特定的地理区域，如《诗经·小雅·吉日》中记有"瞻彼中原，其祁孔有"。这里的"中原"是指"原野之里"，而不指"中国中部"或黄河中下游地区。在汉之前，作为中原文化发源地的河洛一带，长期处于中国政治、文化中心的位置，而提到"中原"的典籍又多出自该地区，所以涵盖了称此地为"中"的可能性。魏晋以后，"中原"一词的含义逐渐与今天相同。

《辞源》中将"中原"一词解释为："狭义的中原指今河南地区。"广义上讲，中原是指黄河中下游或整个黄河流域。当代中原文化研究者指出，"中原是一个以河南为主体的相对地域概念"。第一个概念是指一个总的概念，包括整个黄河中下游。第二个概念是指黄河中游，包括陕西、山西、河南、安徽、湖北甚至山东的一小部分。第三个概念仅指河南省。

中原文化是指河南各历史时期的文物、建筑和遗址、历史文化名城、历史文化保护区、风景名胜区等物质文化遗产和传统戏剧、舞蹈、音乐、文学、艺术、技术、民俗文化等非物质文化遗产。

在这里，为什么把中原文化的地域限制在狭义的河南省，而把文化的内涵匹配为广义的呢？

首先，由于广义的中原范围较大，涉及今天黄河中下游的河南省、山东省、河北省、山西省、陕西省等省份的部分地区，而这些省份又都形成了具有一定特色的、被当今社会所认可的地域文化，如齐鲁文化、燕赵文化等。这些区域文化积淀所形成的历史文化遗产，与河南省内的文化遗产虽然有一定联系，但有很大的不同。若把广义的中原地区的文化都视为中原文化，那么中原文化的特征就不明显了。同时，以河南省为中心的区域是广义中原的中心地带，也是我国华夏历史文明圈的核心区域，再加上三面环山，相对了自成一体的地理特征，从而形成了独具特色的地域文化底蕴，也形成了富有浓郁中原色彩的历史文化。

其次，河南省是中华民族文化的发祥地之一。8000 年前由新石器时代的"裴李岗文化"到后来的"仰韶文化""龙山文化"，在漫长的历史中，河南省积累了丰富的文化遗迹、丰富的素材和无形的文化遗产。据统计，河南现已查明的有价值的不可移动文物 3 万余处，国有文物收藏单位收藏的各类可移动文物 140 多万件，规模位居全国首位。悠久灿烂的历史文化不仅造就了众多的物质文化遗迹，同时孕育了丰厚的非物质文化遗产。河南是戏剧大省，有豫剧、曲剧、越调三大剧种，还有蒲剧、坠剧、宛梆等 20 多个小剧种活跃在城乡舞台上，深受广大人民群众欢迎。河南是民族民间文化大省，全省有全国文化先进县 18 个，全国民间艺术之乡 16 个，省级文化先进县 33 个，河南省民间艺术之乡 69 个，省级民族民间文化保护工程保护项目 46 个。美术、音乐、舞蹈、戏曲、杂技、文学等各类民间文化艺术，都有着丰富的历史文化内涵。特别是少林功夫、太极拳、马街书会、朱仙镇木版年画等，在全国乃至世界都有着很高的知名度。在河南的广大地域至今还遗留和传承着许多古老的民间习俗和乡土工艺，被专家和学者们称为"活化石""活文物"。例如，淮阳的"人祖庙会""泥泥狗"，宣和风筝、唐三彩、汝瓷、钧瓷、皮影艺术等。省内重点风景名胜区共 25 处，其中国家级的有鸡公山、嵩山、龙门、王屋山和云台山 5 处，省级的有石人山、环翠峪、黄河游览区等 20 处，自然保护区 23 处，这些都为中原的崛起提供了有利条件。

因此，面对种类繁多的文化，如果我们用狭义的眼光来界定河南的文化资源，就不可能全面深入地探讨中原文化的文化积淀，也不能彰显厚重河南和文化河南的魅力，凸显不出中原在我国文明发展史中的历史地位，从而不利于河南由文化资源大省向文化强省迈进，不利于在建设中原经济区的进程中发挥其排头兵的作用。

在理解中原文化概念时，还必须注意以下几点。

首先，中原文化这一概念并不是一成不变的，它在不同时代，随着社会政治文化的发展而不断丰富和扩展着自己的内涵。换言之，中原文化这一概念在不同时代往往是不同的，不能对它做僵化的理解。譬如，从"原野之中"到"中华之中"，从地理之"中"到文化之"中"，意义上有着质的不同。

其次，中原文化虽然产生于中原地区，但并不意味着仅局限于中原地区。一方面，在中国历史上，原本居住在中原地区的居民，因为战乱和饥荒等原因而一次次南迁，如客家人等。他们在南迁过程中，不可避免地把中原文化带到新的栖居地，并在异地扎根和成长。另一方面，生活在北方的少数民族，如羌、氐、鲜卑、突厥、沙陀、契丹、女真、蒙古、满等，一次次迁居甚至入主中原，难免会用自己的文化来抑制中原文化，所以从边外迁入中原地区的移民所拥有的文化并不能看成是传统意义上的真正的中原文化。这两方面的原因，难免造成文化中原与地理中原的错位，也就是中原地区与中原文化的错位。

再次，中原文化与河洛文化不能混为一谈。毫无疑问，河洛地区是中原地区的一部分，地域范围有重叠的地方，而且北宋以前的中原文化基本集中在河洛地区，那时的中原文化可以看作河洛文化。同时，中原文化不只来源于河洛地区，从文化精神上看，河洛文化完全可以看作中原文化的精华和中心。从整个文化存续过程来看，中原文化的地域范围显然要比河洛文化的地域范围广大得多，而且自洛阳失去政治中心地位以后，中原文化的中心就不在河洛地区了，河洛文化在宋代以后的衰落很明显。河洛文化的衰落并不意味着中原文化的衰落，中原文化的精神影响在宋代之后依然存在。从广义上看，中原文化已经容纳了河洛文化，河洛文化可看作中原文化的一部分。

最后，中原文化与中国文化有很大的重叠性。中原不仅是中国之中，中原文化也是中国文化的起点和核心。从远古时候开始，中原地区就以其独特的地理条件而催生了以农耕文明为核心的华夏文明，这正是整个中华文明的源头。在漫长的历史进程中，中原文化以其强大的辐射力不断向四方传播，它所缔造的各种文化形式对整个中国文化的发展起了积极的推动作用，并在某种程度上代表着中国传统文化。同时，中原文化所保有的基本精神直接催生和培育了中华民族的基本精神。

二、中原文化的构成

文化的构成可以有各种不同的表述，就中原文化的内部结构而言，我们可以从下列几个层次来说明。

（一）中原物态文化

中原物态文化是指中原地区的物质生产活动方式及其产品的结合，是可观看和可触知的具有物质实体的文化事物。中原物态文化种类繁多，大致包括如下几类。

（1）原始社会的各类遗址，如以许昌灵井文化遗址、仰韶文化遗址、龙山文化遗址、二里头文化遗址为代表的原始社会各类遗址。

（2）古王城遗址，如淮阳平粮台古城遗址、郑州商城遗址、安阳殷都遗址、隋唐洛阳城遗址、开封龙亭等。

（3）封建衙署及其建筑遗址，如南阳府衙、内乡县衙、叶县县衙等。

（4）宗教寺庙建筑及遗址，如洛阳白马寺、登封少林寺、开封祐国寺塔（俗称"铁塔"）、开封大相国寺、登封中岳庙、开封延庆观、洛阳龙门石窟等。

（5）古代会馆与书院，如洛阳的潞泽会馆与山陕会馆、社旗的山陕会馆、开封的山陕甘会馆、登封的嵩阳书院、商丘的应天书院等。

（6）各类陵墓遗址，包括帝王陵墓、官吏陵墓、名人陵墓、民间陵墓等，如淮阳的太昊陵、灵宝的铸鼎原黄帝陵、三门峡市区北面的虢国墓、新乡市的潞简王陵墓、郏县的三苏坟、洛阳龙门的白园（白居易墓）、南阳的张仲景墓、伊川的二程墓、洛阳邙山极为壮观的陵墓群等。

（7）城墙建筑遗址与科学活动遗址，如商丘归德府城墙、登封观星台。

（8）作为生产和生活资料而保留下来的陶器和瓷器，如开封官瓷、汝州汝瓷、禹州钧瓷。

总之，中原地区丰富多彩的物态文化，最直接见证了中原文明乃至中国文明的历史进程。

（二）中原制度文化

中原制度文化是指古代中原地区的人们在社会历史实践中构筑的各种社会行为规范的总称。中原地区长期作为古代中国政治、经济与文化的核心区域，有着极为丰富的制度文化，包括政治统御思想、帝制建设、各类典章制度的设立等。先秦时期繁荣于中原的儒家、道家、法家、墨家等学术流派，都有丰富而深刻的治国行政和制度建设思想，如《礼记·乐记》中的"致礼乐之道，举而错之，天下无难矣"，这些思想对后来中原乃至整个中国的政治实践产生了巨大影响。长期作为帝都所在的中原地区，更有大量的制度文化遗存得以保留，主要包括各种典籍中的制度建设思想、反映制度建设实践的各种文物资料、帝都遗址及州县衙府遗址等。

（三）中原行为文化

中原行为文化是中原人在人际交往中约定俗成的以礼俗、民俗、风俗等形态所规范出来的行为模式，涵盖了民俗文化、姓氏文化、节令文化、武术文化、传说文化等。按民俗文化来说，有崇尚敬业、勤奋进取的生产劳动民俗，笃尚诗书、尊崇礼义的日常生活民俗，注重缘分、志同道合的社会组织民俗，珍时伤日、感悟人生的岁时节日民俗，"六礼"（纳采、问名、纳吉、纳征、请期、亲迎）赅备、淳雅有序的人生仪礼民俗，闲散自由、丰富多彩的游艺民俗，崇尚俗信、注重祭祀的民间观念，朴实生动、流传广泛的民间文学。中原民俗定制是历史和平原文化最自然有效的表现方法，也是中原学者文化世俗化的必然结果。这种民俗自定义活动具有许多明显特征，如丰富多彩的域文化特性，注重历史传承和发展创新的变文化特性，与生产方式密切相关的农文化特性，与都邑文化密切相关的王文化特性和士文化特性，与儒道文化密切相关的礼文化特性和家文化特性。这些特点突出表现了中原文化的特有品质及精神内涵，同时是中原地区民间伦理、民间想象、民间记忆的特点和标志。

（四）中原心态文化

中原的精神文化是由古代中原人们孕育出来的精神文化和社会意识，是中原文化的核心内容之一。涵盖了中原思想文化、伦理文化、宗教文化、审美文化、艺术文化等多个层面。从最早出现的具有巫术文化色彩的原始意念开始，中原心态文化历经原始心态文化、奴隶制心态文化和封建制心态文化等不同发展阶段，长期影响着整个中华民族的精神世界，并对整个中华民族精神的形成与发展产生了核心性的影响。

三、中原文化的特点

中原文化在自身的发展过程中逐渐形成了一系列特点，并以此区别于其他地域文化，这些特点也是中原文化的个性所在。

（一）根源性

中原文化作为中国文化的来源之一，它构筑了中国国民文化的初期模式。灵宝西坡遗址、新密新寨遗址、登封王城岗遗址、郑州大师姑遗址、偃师二里头遗址的发掘完全显示了中原文化的重要性。其中，五个考古工程，即巩义花地嘴夏代城址、荥阳大师姑古城址、新密市新寨城址、登封王城岗城址和南洼遗址等五个考古项目，都被列入中华文明探源项目工程。

（二）核心性

中原文化是中国传统文化的重要部分，代表了中国历史文明的主流方向，具有支配性。

李济曾经说过："在文化上，应该认为黄河流域的居民早在新石器时代就已有很高的成就。"因为古代中原地区是华夏文明的核心，所以即使经历了漫长历史，但仍有保留至今的历史遗存。

例如，淮阳太昊伏羲祭典成为首批国家非物质文化遗产，其他与帝王有关的省级非物质文化遗产，如桐柏盘古神话、禹州大禹传说、西平王莽撵刘秀传说、灵宝黄帝传说、濮阳帝舜传说等也被列为非物质文化遗产，说明中原地区在古代文化中的中心地位。再如，我国第一部诗歌总集《诗经》，100多篇作品皆属于河南境内，占据了总篇目的1/3以上。《诗经·国风》中保存了大量的中原民间歌曲，这些民歌大多坦荡率真、清新豪放，对后世文学的发展产生了积极的影响，奠定了中国文学艺术的基本精神。

从总体上看，中原文化是中国文化体系的主体和支柱。在与其他文化的不断融合与交流中，中原文化的外延也在不断扩大，从而形成了中华文化。"大同""和谐"等中原文化的核心理念已成为中华文化的核心理念，而"诚""耻""爱""忠"等中原文化的核心价值则成为中华民族的核心价值；中原文化的主要民俗活动，如婚丧嫁娶、年节等，都已成为中华民族的民俗活动。长期以来，中原文化以其文化理想引领着东方文明的进程。自古以来，中原文化的文化理想甚至影响了西方文化，绽放出灿烂的文化魅力。中原文化在精神层面上构建的文化理想已成为全人类共同的文明成果，它体现了大同的文化精神、天人合一的理想境界和中庸的辩证思维，对全民素质的提高和世界文明的进步仍然发挥着积极的主导作用。

历史学家李先登在《关于中国古代文明起源的若干问题》一文中指出："中国古代文明起源的特点是中原地区首先进入文明，是中国古代文明的核心。随着历史的发展，中国古代文明的中心部分以中原为中心逐渐扩大，周边地区不断汇入中国古代文明区域，周边地区的优秀文化因素不断被吸收到中国古代文明中，使中国古代文明不断发展。中原地区地处中国大领土的核心位置，地处古北九州，故称中州。"这种地域核心使其与八方联系，辐射全球，形成了文化核心地位。同时，这种交通优势也具有人口优势，这也是保证中原文明核心的基本条件。正因为中原地区是中华文明的核心，所以尽管有着悠久的历史，但仍有大量以文明为核心的历史遗迹留存至今。以最早的夏文化为例，有专家认为，河南偃师的二里头文化是商代以前的夏文化。虽然夏文化与同期文化在其他地区也有许多发掘，但这些文化与二里头文化的发达程度比相差甚远。再次，对中原的艺术遗产来说，有大量中原民歌出现在《诗经·国风》中，虽朱熹等人指责其为"淫声"，但大部分诗歌实际上是坦荡率真之词，并对中国文学艺术的发展产生了积极的影响，对中国文学艺术精神的建设具有不可忽视的积极意义。

（三）丰富性

阮炜先生说："形成真正的规模。"一个文明有了生存和发展的基本能力，就有可能在发展过程中逐步形成真正的规模。形成了真正的规模，一个文明就能实现文化的精致化和深刻化，就能更合理、更有效地利用其人力、物力资源，就能把大量的个人主观能动性和才智紧密地整合成一个大规模的经济、政治、文化的能量实体。只有形成真正的规模，文明的国度才能实现广泛而深刻的精神和物质积累，才能实现从信仰形态、思维方式、政治经济到文学艺术、风俗习惯等方面的积累。中原地区作为中华文明的重要发祥地，离不开优越的地理环境和社会环境。在不同的历史时期，齐鲁、荆楚、巴蜀历史文化与中原历史文化的交流与融合，在一定程度上促进了中原文化的形成与发展，这也是中原文化具有丰富性和多样性的原因之一。

从旧石器时代晚期开始，河南文化发展的链条基本上从未间断，它是一部连续不断的中华文明编年史。"盘古开天""女娲造人""三皇五帝""河图洛书"等神话传说都是中原文化的重要内容。从某种意义上说，以河南为代表的中原文化已经成为中华民族的"根"和"源"，同时创造了浓厚的中原文化。秦汉以来，中原文化不仅是岭南文化、闽台文化、客家文化、潮汕文化的源头，而且通过陆路交通向东西方广泛传播，影响了朝鲜和日本的古代文明，开辟了绵延数千年的丝绸之路。班超出使西域，玄奘西天取经，鉴真东渡扶桑等史料记载了中原文明传播的壮丽画面。北宋以来，中原文化凭借当时最发达的航海技术，远播南亚和非洲各国，也为世界文明的海上传播开辟了一个新纪元。

中原文化的丰富性主要有两个方面的含义：都处于有利地位。一是就整个中原文化区而言，中原文化及其遗存在规模、数量、多样性等方面处于优势地位。例如，河南省位于中原地区的核心地带，拥有全国 1/8 的文物古迹。二是就单一类型的文化及其在中原地区的遗存而言，它在规模、数量和种类上都处于有利地位。例如，河南偃师二里头文化已被多次发掘，发掘面积 3 500 平方米，出土文物近 5 000 件，材料各异。龙山、二里头、商代的文化遗存十分丰富，出土文物绚丽多彩，仅彩绘图案就有数十种，如奇异的太阳图案、月亮图案、星座图案等。中原文化遗产的丰富性与中原文明的规模效应是一致的。在中国各地的古文明发掘过程中，没有一个地区的文明史和文化遗产可以达到或超过中原地区的丰富程度和规模。通常，在文明发展史上，如果一个文明具有积极的价值因素，那么它就可能具有良好的发展前景，而这种文明的积极价值因素必然与自然环境、人口、地域规模乃至政治经济条件有关，这将对文明积累的丰富性产生重要影响，进而直接制约着文明的发展水平和生命力。中原地区文化遗产丰富多彩，具有强大的生命力。

总之，中原文化在历史上具有丰富的内涵和深远的影响。以裴立刚文化遗址、仰韶文化遗址和河南龙山文化遗址为代表的史前文化，以夏、商、周文化为代表的中原传统文化，都是值得我们保护和继承的。

（四）人文性

中原文化作为中华民族的祖先文化之一，其深厚的人文关怀精神不言而喻，而中原大量的文物则淋漓尽致地表达了中原文化的人文气质。例如，淮阳的太昊陵是中华文化的始祖，是太昊伏羲的都城和安息之地。它是根据八卦图和数理原理建造的，其庞大而完美的建筑艺术对中原古代人文精神做出了最好的诠释。中原文化遗存所体现的人文精神有其鲜明的特点。首先，中原文化的人文关怀是建立在对自然的亲和之上的，其一般语境是中国传统文化中的天人合一观。在这一理念下，它是以中原为核心的人与自然和谐共生的思想。这使它与西方人文主义传统有很大的不同。就道家文化而言，西方人文主义传统更多地建立在"人定胜天"的思想基础上，而道家文化则将人的终极价值与"自然法"，特别是庄子哲学的基础相结合，将人的价值融入自然交通的大众化和升华之中。其次，中原文化的人文关怀是以人与神的统一为基础的，不同于文艺复兴和启蒙运动后西方人文主义的反神性色彩。例如，中原古代文化中有一种强烈的皇帝意识。传说中的三皇五帝和女娲等，大多数是亦人亦神的形象。再次，中原文化的人文关怀是建立在人与社会和谐融合共生的基础上的，这与整个中国文化对伦理气质的重视是一脉相承的。

（五）散播性

中原文化是起源于中原的文化，但不能理解为中原地区的文化；它的辐射使它广泛分布在中原以外的许多地区。古代中原文化虽然以中原地区为中心，但在文化迁移的过程中不断向四面八方传播，成为中华民族的精神凝练，是中华民族精神文明的见证。与此同时，由于战争等原因，古代中原人被生活所逼而向外迁徙。在迁徙过程中，中原文化向四面八方传播，形成了中原文化遗产的散播性特征。中原文化高度发且具有核心性，它不断向全国各地传播自己的文明成果，在全国各地生根、发展，这使具有中原文化特色的历史遗迹在全国范围内广泛分布。八闽文化、潮汕文化、岭南文化、荆楚文化和西域文化都受到了中原文化的影响，尤其是受到了作为中原文化核心形态的河洛文化的影响。如今，全国各地，特别是南方，仍有大量以洛阳、洛河、洛水和中原文化名人和典故命名的物质文化和非物质文化遗存。尤其是现在遍布世界各地的客家人，作为中原人的后代，到处传播河洛文化。就客家方言而言，客家人有"宁卖祖宗田，不忘祖宗言"的说法。

从总体上看，中原文化在整个中华文明体系建设中发挥了独特的作用。元代思想政治制度的建设、汉字和商业文明的始建、重大科学技术的发明和中医的发现，都打上了中原文化的烙印。《易经》《道德经》对宇宙、社会、生活等方面的独特发现，极大地影响了中国人的民族性格和文化心理。黄帝置百官和李斯推崇的郡县制，确立了中国几千年封建社会的基本制度模式。张仲景的《伤寒杂病论》和张衡的浑天仪等，在中国乃至世界历史上都占有举足轻重的地位。

第二节　中原文化的形成与发展

中原文化是以农业文明为基础的大陆文化，其产生和发展与中原特殊的地理条件密切相关。中原文化是与农业文明联系在一起的，在漫长的历史发展过程中，长期主导着中国文化的发展方向。明清以后，随着中原政治经济核心地位的丧失和江南城市经济的繁荣，中原文化的发展和更新相对缓慢，但其基本精神对中国文化有着持续的影响。

一、农耕文明对中原文化精神的哺育

中原文化的最初形成，与中原地区特殊的地理特征、气候条件有着密不可分的关系。古代中原地区有大量的冲积平原，土地肥沃、气候湿润，这些都有利于农业文明的发展，而中原文化正是在高度发达的农业文明中孕育出来的。譬如，从气候条件上说，中原地区宜人的气候条件，再加上黄河流域特殊的地理环境，造就了中原地区广大居民独特的劳作方式——农耕经济，并以此而区别于北方的游牧经济和沿海的渔猎

经济。而这种劳作经济方式最终导致了中原文化的诞生。《史记·五帝本纪》载，黄帝"治五气，艺五种，抚万民，度四方"，说明人文始祖黄帝就善于根据中原地区的气候条件来耕种五谷、开荒拓地、造福四方。宋罗泌《路史·疏仡记·黄帝》又称：黄帝命羲和占日，尚仪占月，车区占风，隶首定数，伶伦造律，大桡正甲子。即廉据日月风气，定数造律，导引文明。正是人文始祖这种因地制宜、审时度势、导引文明的行为，才为中原文化崇尚吃苦耐劳和勤俭奉献、注重温柔敦厚与和而不流等民族精神奠定了基础，并深刻地影响了中原文化和以其为主要因子的中华民族精神在后世的延续发展。与黄帝一样，中原地区的另一位首领炎帝神农氏对中原乃至中国农业文明也做出了巨大的贡献，如他发明了农业工具，提高了人们征服自然的能力；他还教会了人们开展种植业，开创了人们更加实用和可靠的生存方式；在燧人氏发明火的基础上，教百姓烧制饭菜，开创了熟食时代，提高了人们的生存能力；教会了人们与农业生产密切相关的手工织布业，使人们不仅吃得饱，而且穿得暖，提高了人们的总体生活水平；他遍尝百草，发明医药和针灸之术，提高了人们抵御疾病的能力；他发明琴瑟之类的乐器，丰富了人们的精神生活等。中原文化作为中华民族的源流文化，是中华民族精神的集中表达，所以在中原文化中包含着中华民族个性的基本特征。中原文化本质上是一种以农业文明为核心的文化，这种农业文明对中华民族精神个性的形成产生了重要影响，如中华民族精神里的中和精神、仁爱精神、情义精神、忠恕精神、重功精神、勤俭精神、廉洁精神、自强精神等，几乎无一不与中原农业文明的影响有关。受特定的农业生产方式的影响，中原文化对待自然和人文的基本态度是在天、人相分基础上的天人和合，这与中华民族崇尚的天人合一精神也是一致的。中原文化的精神作为中华民族精神的影响因子之一，在整体上呈现出一种和谐、辩证的色彩，主要表现为深沉中的浪漫、坚实中的生动、厚重中的飘逸、劲健中的妩媚、粗放中的谨细等。中原文化有着尚事重工的致用精神，主要包括以精神导向为主旨的文化致用和以物质开掘为主旨的事功致用两个方面。以上这些中原文化精神对中华民族精神个性的形成起到了培育导引、促进提升、创新发展等多重作用。

二、中原文化形成与发展的历史线索

从历史线索上看，早在新石器时代，中原文化的核心区域就已出现。例如，密布于嵩山地区的裴李岗文化和豫北的磁山诸文化，反映了新石器时代早期的文化面貌。这些文化遗址形制已很完整，从生产工具上看，裴李岗遗址的出土石器多数已从打制石器转化为磨制石器，反映了中原地区古老的农业文明。新石器时代中期出现的仰韶文化是当时中原文化的典型形态，其中已有城址出现，而这一时期最引人注目的却是制陶技术的发明，特别是彩陶技术的发展达到了很高水平，是中原文化渐趋成熟的标志。新石器时代晚期的龙山文化把新石器时代的中原文化推向了高峰，城址增多，各种农业生产和日常生活工具更加丰富。在龙山文化遗址中已发现了青铜工具，表明了当时生产工具的进步和社会文明的提高。

到了夏、商、周三代，中原文化全面展开，在政权控制的前提下，达到了高度的文明和繁荣。夏代的二里头文化，殷商的甲骨文和金文的出现，西周青铜器的繁荣，周代礼仪制度的建立与完备，周文王拘而演的《周易》，都使中原文化的核心地位不断得到强化。

春秋战国时代是中国文化的轴心时代，也是中原文化的轴心时代。这一时期的政治战乱和国家分裂推动了文化的繁荣，出现了诸子百家争鸣的局面，中原地区作为百家学说的交汇之地，出现了前所未有的高度繁荣，道家、儒家、法家、墨家、纵横家、杂家等重要学术派别或在这里产生和壮大，或在这里传播和发展。出现了老子、庄子、墨子、韩非、苏秦等一大批中原思想家。在这一时期，中原文化的思想基础得以确立，人文根基得以强固，政治、哲学、艺术、法律、伦理、名辩等不同领域都取得了巨大的思想成果。中原文化在自身繁荣和深化的同时，对整个中华文化起到了奠基和导引作用。

秦汉时期，政治上高度统一，封建政治文化得以全面确立，其中中原思想家贾谊鉴于秦朝的暴政，积极推动西汉政治制度的建设，为中原政治文化和制度文化的稳固和发展做出了巨大贡献，其最突出的思想就是推行民本政治。秦汉时期中原地区的艺术和科技也取得了一定的成就，其中李斯和贾谊都在政论散文上有不小的成就。张衡既是著名的诗赋文人，也是优秀的科学家，他亲手制作了候风仪、地动仪和浑天仪，其中地动仪被认为是世界上最早用于测量地震方位的仪器。东汉末年人蔡邕则在书法、音乐和文学方面都有突出的贡献。

魏晋时代是中国文化也是中原文化的思想大解放时代，文化自省成为时代潮流。魏晋玄学的思想源流、基本义理、重要命题和代表人物都与中原文化有着密不可分的关系，其首倡者何晏、王弼均为中原思想家，而其谈论的对象，即所谓的"三玄"（《周易》《老子》和《庄子》）也都是中原文化典籍。与玄学思潮相呼应的"竹林七贤"主要活动于洛阳和山阳（今焦作市东）一带，其中的阮籍、山涛、阮咸、向秀都是中原人士，他们不拘礼法、超然潇洒的生活和创作态度，带动了中国文化的自省。魏晋时期道教和佛教都得到了长足的发展，并成为中原文化新的思想资源，丰富了人们的精神生活。在这种思想背景下，谢灵运的山水诗、宗炳的山水画及其理论、毛惠远的花鸟画、成公绥的书法及其理论等，则代表了当时中原艺术文化的成就。

晋代文化主要依托老庄哲学，所以儒家文化相对式微。到了隋唐时期，儒家文化重新受到统治者的重视，儒家思想和在晋代战乱中走向衰落的中原礼仪文化得以全面恢复和发展。儒、道、释三教在中原地区互渗共融，合流共振，对隋唐盛世的社会稳定和社会繁荣起到了积极作用。唐代诗歌艺术高度发达，中原地区出现了许多著名的诗人，如杜甫、白居易、韩愈、刘禹锡、李贺、元稹、李商隐、岑参、李颀、元结等。隋唐书画艺术也达到了很高的水平，中原地区的吴道子、孙过庭、褚遂良等人都是当时的名家，对中国书画艺术的繁荣发展起到了积极作用。

北宋一代，统治者采取了相对宽松的文化政策，中原文化不断兴盛并达到了高度繁荣，这是中原文化的鼎盛时期。由于统治者倡导私学，书院文化兴起。北宋四大书院中有两个在中原地区，即应天书院和嵩阳书院，后者是北宋儒学重要的传播场所，许多大儒学家如范仲淹、司马光、朱熹等都曾在此讲学。宋代中原文化最大的思想成果则是理学的产生，这是一种旨在将儒学义理化的思想运动，其中中原思想家程颢、程颐为其重要的奠基人。宋代中原艺术文化也有很大成就，如岳飞的词，郭熙、李唐的山水画等。在北宋时期，以宋都汴梁为核心，各种市井文化形式全面繁荣，从《清明上河图》中便可观其盛况。

北宋以后，随着南宋王朝政治和文化中心的南移，中原文化开始呈现衰落趋势，发展和更新相对缓慢。金元以后，中原文化虽然发展缓慢，但所包含的优秀品质得到了有效保留和传递，如统治者对中原人诚信忠君的品性的肯定等。而在蒙古统治者的观念中，中原依然是其帝国统治的核心之一。《元史·王约传》载集贤大学士王约语云："高丽去京师四千里，地瘠民贫，夷俗杂尚，非中原比，万一梗化，疲力治之，非幸事也，不知守祖宗旧制。"在对蒙古帝国治下的高丽与中原的比较中，其更看重中原的优越地位。同时，在元朝统治者那里，中原文化的政治伦理观念依然是用于征服异族的重要手段。一些统治者甚至强调："今吾生中原，读书国学，而可不知大义乎？"可以说，元代胡人出于政治统治的需要，汲取中原文化的很多政治道德观念，而胡人的汉化，也为衰落中的中原文化注入了一些新的活力。

明清时期，随着中原政治经济核心地位的丧失，中原文化的衰落是不可阻挡的，但由于长久的积淀之力，中原文化依然是统治阶级不可忽视的思想源泉，中原文化的正统位置也时常被统治者提及。例如，《明史·靳学颜列传》云："中原者，边鄙之根本也。"再如，从语言上看，《明史·乐韶凤列传》云："帝（朱元璋）以旧韵出江左，多失正，命与廷臣参考中原雅音正之。"说明中原地区虽然不再是中国政治、经济中心，但中原文化在整个中国文化中的地位却依然被看重。清朝时期，统治者虽竭力想把以中原文化为价值核心的汉文化纳入自身的价值体系，但并未改变中原制度文化和精神文化对社会发展的重要影响。

新中国成立以后，中原文化开始复兴，一方面继承了优秀的历史传统，另一方面又吸收了新的时代内容。

第三节　中原文化遗产的当代价值

中原文化以其先进性、核心性、包容性等特点，曾经为中国文化的整体发展及中国社会文明的演进做出过巨大贡献，在当代我国社会文明建设中，仍然具有其积极意义。挖掘中原文化遗产的当代价值，阐明中原文化遗产的现实意义，不仅是保持中原文化历史连续性的基本要求，而且也是推动中原文化崛起和丰富、发展中华民族精神的重要环节。前文中把中原文化的内部结构分为五个层次，下面将从文化遗产的角度分别论述中原物质文化遗产与中原非物质文化遗产及其意义。

一、中原物质文化遗产及其意义

所谓中原物质文化遗产，实际上是以中原地区遗留下来的物质形式为标志的文化遗产，是指中原人民在与自然斗争中所使用的一切物质手段。它包括生产工具、科学技术及其应用、生活资料、精神生活的物质条件等。中原物质文化遗产具有丰富性、先进性、及时性、技术性、审美性等诸多独特之处。中原物质文化遗产具有较强的现实意义。

（一）确证古代中原文明的历史基础

各种中原物质文化遗产直观、形象地展示了古代中原地区的社会经济发展水平和科学技术成就，因而成为确证古代中原文明最重要的历史基础。例如，登封告成周公祠后院，有始建于元代至元十三年（1276）的登封嵩山观星台，被誉为"中国现存最早的天文台"，还被称为"儒、道、佛三教包围的科学阵地"。它不仅在中原天文史、建筑史上，同时在中华民族科技发展史上，乃至世界科技史上都有很高的价值。再如，位于嵩山南麓的太室山脚下的中岳庙，既是古代祭祀岳神的场所，也是中国古代重要的道教宫观建筑之一。这些都是中原古代文明最好的历史见证。

（二）传达中原文化精神的良好途径

心理学研究表明，人们对外界信息的接受主要是通过视觉的形式来实现的，而物质文化遗产绝大多数都具有视觉化的特征。中原物质文化遗产的视觉化特征，使其在确证中原文化精神方面具有特殊的意义。可以说，从视觉观照达到超视觉的精神体验，是人们对待物质文化遗产的普遍态度。譬如，面对大量的古代建筑和事物造型，我们必然能从视觉直观的角度体验到中原文化遗产的历史内涵。首先，中原物质文化遗产是古人留给我们的具体可感、有形有色的东西，其中相当大一部分浓缩了某个时代的精华，它证明了古代社会某个时期的社会文明程度。其次，中原物质文化遗产能最清晰地展示出古代中原人的聪明才智和创造精神。再次，中原物质文化遗产能通过活脱脱的物质材料表达出某个时代的思想意识和精神风貌，因而能展示出中原文化精神乃至整个中华民族精神的特质。这对我们今天创造更大的社会物质财富和精神财富无疑能够起到积极的推动作用。

（三）进行爱国主义教育、增强民族自豪感的最佳教材

河南省目前已发现的新石器时代遗址就多达一千多处，说明早在原始社会晚期，中原大地就已高度繁荣。对这些中原物质文化遗产的认识和保护，可以增强人们的历史认同感和民族自豪感，因而有利于凝结社会文化力量，对开展爱国主义教育和历史文明教育同样有着积极的意义。首先，许多能够见证华夏悠久历史文明的物质遗产，如濮阳华夏第一龙、仰韶文化遗址及其出土文物、郑州商城遗址及其出土文物、安阳殷墟遗址特别是妇好墓遗址及其出土文物等，能够增强广大青少年对华夏文明的直观认识，强化其爱国主义情结。其次，许多保存相对完好或加以修缮的古代科技成果，如周公测景台遗址及众多保存在各类博物馆的古代科技产品，能强化广大青少年的民族自信心和民族自豪感。再次，大量以物质形式得以保存的中原古代文化艺术作品，能针对广大青少年开展艺术文化教育，达到陶冶性情、提升境界的作用。最后，广泛分布于中原各地的古代名人遗址，如辉县邵雍祠与伊川邵雍墓、汤阴岳飞庙、巩义杜甫故里、洛阳龙门白居易墓园、南阳张衡墓与医圣（张仲景）祠、许昌汉神医华公（华佗）墓、沁阳朱载堉墓、郏县三苏（苏洵、苏轼、苏辙）坟、焦作许衡墓等，能为广大青少年提供道德、科技、审美方面的垂范教育，有助于他们品格的提升和进取意识的加强。

（四）丰富现代人精神生活的厚重素材

作为器物文化得以保存的洛阳唐三彩、禹州钧瓷等物质文化遗产，生动地展示了中原文化乃至整个中华民族文化独特的艺术感悟力和审美创造精神，因而成为丰富

现代人精神生活的厚重素材。例如，洛阳唐三彩造型丰富、色彩明丽，无疑是中华陶瓷的精华和中华艺术的瑰宝。再如，南阳汉画像石，以数量众多、内容丰富、题材广泛、风格粗放而著称，又以浑朴幽深的文化内涵和夺人心魄的艺术感染力吸引着当代人的视线。鲁迅先生曾说："惟汉代艺术，博大沉雄。"各种栩栩如生、雄气奔放的砖石画像，对现代人而言，同样具有非凡的艺术感染力。

（五）开发旅游资源、振兴地方经济的有效手段

由于中原物质文化遗产具有直观、形象性的特征，所以往往成为人们旅游观光的对象。例如，位于龙门西山中段的洛阳龙门奉先寺摩崖造像，举世闻名，引人向往。再如，古代的三楚菊潭之地——现今的内乡县，保存有最完整的清代县级官署，素有"天下第一衙"之称。这些物质文化遗产，不仅给人们带来了巨大的精神享受，而且为当地带来了丰厚的经济收入。

二、中原非物质文化遗产及其意义

所谓非物质文化遗产，按照联合国教科文组织的标准名称，是指各民族人民世代相传的各种传统文化表现形式和承载空间。它涉及各民族的可继承物质文化遗产，即所谓"有形遗产"，大致相当于我们通常所说的精神遗产。中华民族有着丰富的精神文化资源，特别是古代中原地区。中原各民族作为中华民族的摇篮，在漫长的历史发展过程中积累了极为丰富的精神文化资源，如文学艺术遗产、审美文化遗产和伦理文化遗产。我们必须重视吸收中原文化中蕴含的积极因素，识别和扬弃中原文化中不好的精神遗产，把中原文化作为振兴中华民族精神、塑造新人格、构建和谐社会的重要手段。中原地区的非物质文化遗产（精神遗产）内容丰富，它涵盖了教科文组织《非物质文化遗产保护公约》所涉及的几乎所有内容，包括口头传说和表达方式，如古代帝王传说、神话传说、宗教传说等，还有曲艺、戏曲、民间舞蹈等表演艺术；太昊陵祭祖仪式、马杰书社、重九（重阳）节等社会习俗、仪式和节日。关于自然和宇宙的知识和实践，如八卦文化等。传统的手工技艺，如杜康的酿酒技艺、钧瓷技艺和玉雕技艺等。中原地区非物质文化遗产具有悠久性、地域性、民间性、丰富性、特色性、人文性和发展性等特点。中原地区非物质文化遗产代表了中国非物质文化遗产的基本成果，加强中原非物质文化遗产的保护，在一定程度上也是为了保护整个中华民族的非物质文化遗产，其基本意义如下。

（一）见证中华民族精神的光荣历史与维护我国文化身份的基本依据

中原留下的丰富的非物质文化遗产，包括文艺、风俗、工艺等，在不同时期不同程度地凝聚了中原文化发展的时代精神，见证了中华民族精神的光辉历史。例如，中原史籍中记载的古代神话传说大禹治水、愚公移山等，反映了在古代历史阶段，中国人民就具有自强不息的奋斗精神。再如，丰富多彩的音乐、戏曲、杂技、说唱等，显示了中原文化丰富的内涵和博大精深的文化境界。因此，丰富的中原非物质文化遗产是中华民族精神的最好见证。同时，这些丰富的非物质文化遗产也以其鲜明的个性特征确立和维护着中华民族的文化身份，客观上成为维护中国文化主权的基本依据。

（二）传承民族精神的途径

中原地区丰富的非物质文化遗产最能体现中华民族精神的精髓。通过这些丰富的非物质文化遗产，我们可以清楚地看到这些民族精神从远古原始时代传承至今，不断促进中华民族的繁荣，是传承中华民族精神的有效途径。中原非物质文化遗产中的花木兰传奇、舜帝传奇、文化空间等诸多内容，被列为首批国家非物质文化遗产名录，生动地体现了中华民族勤劳、创新、保家卫国的民族精神，并且通过豫剧、曲剧等非物质文化形式，深深印在中原乃至全国人民的心中，成为新时期激励人们奋发图强、艰苦创业的精神动力。

（三）连接民族情感的纽带与维系国家统一的基础

中原地区丰富的非物质文化遗产是中华儿女的共同财富。历史上，它与其他地区的非物质文化遗产一起培育了中华民族的伟大精神，深深植根于所有中国人后裔的集体意识之中。特别是在不同时期，随着中原人的迁徙，它向四面八方传播，其中包括大量移居海外的中华儿女，秉承着这些非物质文化遗产所保留的民族精神。今天，这种民族精神再次成为联结民族感情的纽带，成为维护民族团结的基础。如豫剧、少林功夫等，受到港澳台地区和海外华人的广泛欢迎，成为世界各国人民喜爱的对象。通过这些文化形式开展的交流活动，增进了各地人民之间的友谊，加深了民族感情，成为维护国家统一的基础和动力。

（四）落实"五位一体"建设与构建和谐社会的要求

积极推进中原非物质文化遗产保护，利用这些文化资源开展爱国主义教育，有利于促进中原乃至全国和谐文化的建设，可以丰富人们的精神文化生活，促进和谐人际关系的形成，为构建社会主义和谐社会创造良好的文化环境。非物质文化遗产注重提升人们的精神境界，需要不断注入新的活力。它需要与时代精神紧密结合，在"五位一体"建设理念的指导下，让中原非物质文化遗产资源"苏醒"和"活"起来。近年来，中原地区为此做出了很大努力。清明上河园的建设、风中少林的创作及一批与时代精神相结合的戏剧节目的推出，对凝聚民族情感、促进民族团结、振奋民族精神、构建社会主义和谐社会起到了积极的指导作用。

（五）国际社会文明对话的必然要求

世界和平需要不同文明之间的对话，非物质文化遗产是国际社会不同文明之间对话的最佳途径。杜维明在《文明的冲突与对话》一书中说："古典儒学展现出了人的多样性。人是一种情感动物，天地万物人为贵，因为他是最有灵性和情感的。这种情感可以通过人与人之间的共鸣来表现。人们可以共鸣，也可以与自然、生物和无生命的事物产生共鸣。即使是无限遥远的星球也与我们有情感上的联系。这种情感在中国传统思想中是诗教和乐教，使人成为审美动物。"中原地区许多非物质文化遗产以感性、艺术性、审美性的形式呈现，为国际社会文明对话提供了有效途径。多年来，一大批海外人士在中原地区留学考察，一是出于对中原传统文化的热爱，二是出于对世界各国文化交流的热爱，促进整个人类社会的和平发展。随着世界一体化进程的加快，正如杜维明先生所说，世界已经变得像蜘蛛网一样，全球互动日益明显。在这种情况下，国际社会文明变得越来越重要，在很大程度上代表着中华民族历史的中原地区丰富的非物质文化遗产，便成为国际社会文明对话的必然要求。

第四节　中原文化的地位及影响

据研究显示，华夏文明被中原文化引领着走向和中华文化一样的发展方向。比如，都城文化，青铜文化，甲骨文化，儒、道、法、佛等元典思想文化，无不以河南为圆心向外发散；老庄哲学、汉代经学、魏晋玄学、宋明理学、佛教文化、易学文化都孕育于中原。北宋之前的中华民族的主流文化是中原文化，通过文化的整合与交流，中原地区的物质财富、精神遗产和制度规范彻底突破地域的局限，成为中国历史文明的支柱和重要的组成部分。周边的三晋文化、燕赵文化、齐鲁文化、吴越文化、荆楚文化和关中文化都受到了它的强烈影响，并衍生出客家文化、闽台文化和岭南文化。因此，中原文化是中国历史文明的主要部分，在中国及全世界都有着重要的地位。

一、中原文化促成了中国文明的形成

古代中原地区凭借优越的自然条件，很早就有了先进的生产方式。而在这里繁

衍生息的华夏民族所缔造的华夏文明，后来也成了中国文明的核心与主体。大量的考古资料表明，早在新石器时代，这里就有了极为先进的生产技术和丰富的器物创造活动，并最终成为中国文明诞生的历史摇篮。例如，在舞阳县北舞渡镇所发现的贾湖遗址，释光测年结果显示其距今约 9000—7500 年。另外，发现有新石器时代的各类遗址，如房址、陶窑、墓葬、壕沟、坑等，出土的陶、石、骨等各种质料的遗物有数千件之多。特别是出土的七声音阶骨笛，被认为是世界上年代最早、保存最完整的骨笛；而出土的成组随葬内装石子的龟甲及契刻符号，令人猜想到甲骨文之前的文字创造；出土的原始形态的栽培粳稻和家养动物骨骼，使人们想到当时种植业和养殖业的发达状况。此外，新石器时代的裴李岗文化、仰韶文化、龙山文化、二里头文化和二里岗文化等原始文化出土的大量遗物，证明在古老的新石器时代，中原地区就有了高度发达的社会文明，并通过夏、商、周三代的继承和发展，催生并导引了中国文明的形成和发展。

关于中原文化在整个中华文明中的地位和作用，严文明曾指出："中国古代文化是一朵重瓣花朵，中原是花，周边的文化中心是内花瓣，周边的一些文化中心是外花瓣。这种重瓣花朵式结构是具有超强稳定性的结构，又是充满活力的结构。中国文明延绵千年不倒的原因，离不开这种多元一体的重瓣花朵式的文化结构和民族结构。"接下来，我们以中原史前文化遗址和周以前的古城遗址为例，分析中原文化是中华文明载体的原因。

中华文明的发祥地之一便是黄河流域的中原一带。1978 年 9 月，河南省南召县云阳镇兴化山发现了 40 万~50 万年前的"南召人"的右下第二前臼齿化石，与"北京人"基本相同。到目前为止，在我国发掘的近 100 处重要旧石器遗址中，除上述几处遗址外，中原地区还分布着河南三门峡惠兴镇、安阳小南海等遗址。发现旧石器时代的石器或动物化石的地区还有河南新蔡、陕西张家湾、赵家湾、侯家坡、灵宝孟村、朱阳、邢家庄、汉沽关，这些旧石器时代的文物一定程度上对探索中国人的起源具有重要意义。许昌荆灵出土的新石器时代遗存是我国中部地区中石器时代遗存。许昌的发现表明，最早并最接近现代人的人在这里繁衍生息。河南省密县、登封、长葛、中牟、郑州、尉氏等地，除了新石器时代的裴李岗遗址外，还发现了四五十处文化相近的遗址。在这类遗址中出土的石磨盘、磨石棒、两端圆刃细长石铲、锯齿状石镰刀及陶器中小口双耳环底锅、大肚锅、椭圆碗、假环脚碗、瓢盆等，都体现了这一文化的独特风格。仰韶文化兴起于中原地区，最早于 1921 年在河南省渑池市仰韶村发现。仰韶文化的直接继承和发展是河南龙山文化。不同地区的文化内涵不同，它可分为四种类型：三里桥、煤山、王油坊和大寒。如上所述，自旧石器时代以来，黄河流域中原地区人类范围活动广，在裴李岗文化期间，基于农业的聚落网络已经成立，仰韶文化、龙山文化的农业经济逐渐扩大了整合村落，形成了广泛且分散的中原主体平原文化。

中原文明的发展并不是一枝独秀。龙山文化时代，长江的中游和下游的发展水平基本与中原文化持平，有些地方甚至超越了中原。比如，在湖北天门石家河发现的城址比龙山遗址要大得多。夏商周三代，中原地区的中心地位越来越显著，形成了自己独特的文化，中原文明的许多因素也影响了周边地区，形成了非常复杂的复合体，在这个综合体中，中原文化一直起着主导作用。

二、中原文化主导了中国文化的发展

作为中国文化核心之一的中原文化，在中华民族的历史中也起到了奠基主导的作用，同时促进了中华民族精神的形成和发展。

从历史实践上看，中原文化不仅历史悠久、文明程度较高，而且在漫长的发展过程中，凭借其强有力的政治依托，产生了极大的向心力，它通过自身的更张与向外传播，对周边文化产生了持续不断的影响；同时，通过不断吸收周边文化而壮大自己。正是在中原文化和其他文化的整合与化合之中，渐渐形成了丰富多彩、兼收并蓄、博大精深的中华文化，而在这一过程中，中原文化一直保持着统治地位。中原文化可以说是整个中国传统文化的骨干。整体的中国传统文化是以中原文化为出发点和核心的，中原文化是在吸收其他文化的同时与其他文化结合形成的。不可否认，我国各地因自然环境不同，在古代形成了多种不同的地域文化，这些不同的地域文化都有其独立的价值体系和理念追求，它们并非都与中原文化有关。但大量的历史事实表明，在很多时候，中原文化的主导地位是无可置疑的。

实现中国梦是一项复杂的社会系统工程。要坚持科学发展观，坚持以人为本，促进经济社会全面协调可持续发展。实现中国梦需要硬实力和软实力的共同支撑。硬实力一般是指物质实力，包括经济规模、科技水平、能源状况等；软实力，又称精神实力，是指一个国家或地区的社会凝聚力、文化发展和意识形态的力量。其中，软实力主要包括中原人民在追求财富、创造价值、促进生产力发展过程中形成的意识形态、价值体系和心理意识，并包含一系列相关精神，包括抓住机遇、加快发展精神，解放思想、与时俱进的创新精神，立党为公执政为民的民本精神，奋斗不息、永不满足的进取精神，勤劳不屈的精神，冒险无畏的冒险精神和自力更生的精神。中原文化所体现的中国梦是一种重要的软实力。因此，在实现中原崛起的过程中，要重视中原文化所体现的中原精神，为中国梦提供智力支持和精神动力。

三、中原文化引导了中华民族精神

文化是在历史文化基础上形成发展的基本精神，有其特定的精神倾向。中原文化的基本精神基于古代中原的先进农业文明。农业文明注意人与自然的和谐，受此影响，中原文化从一开始就以阴阳五行理论为核心，形成了辩证与和谐的文化精神。此后，随着中原文化的深化，渐渐强调了天人合一的世界观、中庸的人生观，并渗透到了中原文化的所有方面。在此基础上，中原文化又从以下方面引导了中华民族精神的形成与发展。

（一）自强自立精神

中原文化面对恶劣的自然生存环境，在辩证和谐的哲学指导下，一直在培养自强不息、勇于创新的精神。《周易·乾·象》云："天行健，君子以自强不息。"实践表明，中原人逐渐磨炼出审时度势、奋发图强、锲而不舍的精神。因为他们知道只有顽强斗争和奋力开拓，才能安居乐业。从古代大禹治水、愚公移山到近代的种种壮举，都是这种精神的最好诠释。

（二）崇文重教精神

以民族的繁荣为基础才可以做到自立自强，科学的普及决定了文化的普及。因此，中原文化更加重视崇文重教。中华文明的发祥地是中原地区，自古以来就倡导育人之道。事实上，中原文化始终把道德教育作为治国、稳定社会、造福人民的重要手段和根本途径。

（三）重功致用精神

中原文化是在坚持民生的基础上形成的一种高度重视工作和实践的精神。中原的思想家很早就把物质文明和精神文明辩证地统一了起来。中原文化重功致用精神的基本意义是伦理致用、经世治国。其基本层面包括两个部分：一个是以精神导向为主旨的文化致用，另一个是以物质开掘为主旨的事功致用。前者不仅包括精神文化的指导，还包括物质文化中的精神追求，特别包括道德、法律、艺术和宗教方面。

（四）勤俭节约精神

农业文明提倡艰苦奋斗，节俭是中原文化提倡的核心品质。勤意味着勤奋，俭意味着节俭。不勤则万事荒，不俭则万事废，所以"勤"和"俭"是朝着同一个目标迈进的。勤俭是立身之本，也是立国之本。《尚书·大禹谟》讲："克勤于邦，克俭于家。"中原文化的节俭精神更多的是基于中原社会稳定发展的需要。

中原文化对中华民族精神的形成起到了重要作用。无论是激励人们奋发图强的愚公移山神话，还是宣扬爱国主义的岳飞报国、木兰从军的历史故事，都是中华民族极为宝贵的精神财富，至今仍给予我们强大的精神支持。特别是在民族生存危机中，这种精神已经成为支撑整个民族的强大力量。"民为贵，社稷次之，君为轻"等治国思想，"上兵伐谋，其次伐交，其次伐兵，最下伐城"等军事思想至今仍有光芒。

中原文化固有的向心力，在促进民族的伟大复兴中发挥着聚合作用。中原文化是中华文明的主流文化，它是在广泛吸收各民族优秀品质的基础上形成的，始终倡导统一、和谐、爱国的主题。几千年来，报效国家、热恋故土等炽热情怀成了中国人民的意识和价值追求。中原文化作为中国人民的根文化和中华文明的骨干文化，一直是中国人民的精神食粮。无论在哪里，我们都会说"常回家看看"。历史的发展一再证明，无论中华民族经历怎样的兴衰，维护统一、追求统一的历史主流始终没有改变。

中原文化是中华文化的重要源头和组成部分，其基本精神自然也是中华民族精神的重要组成部分，在一定程度上就是中原文化精神的扩充、发展、完善。从内容上看，中原文化本质上是一种以农业文明为核心的文化，这种农业文明对中华民族精神个性的形成产生了重要影响。从形式上看，中原文化在中华民族个性形成中起到了培育、导引、促进、提升、创新、凝聚等作用。两者的结合，使其在中华民族精神形成和发展的历史上，起到了不可替代的作用。

四、中原文化丰富了世界文化的资源

中原文化对世界文化的积极意义也是不可忽视的，特别是随着世界各地华人地位的提高以及各种友好往来的增加，它的普世意义也越来越明显。正如，有的论者所说："长期以来，东方文明的进程被中原文化引领着。近代以来，中原文化的文化理想甚至在西方文明中得到了广泛的传播，并绽放出灿烂的文化魅力。从秦、汉王朝开始，中原主要是通过陆地运输的形式由东向西传播，影响了韩国和日本的文明发展。北宋后，中原文化凭借当时的航海技术，深入传播到了南亚、非洲各国，这是世界文明海陆传播的一个新纪元。"

第三章　中原文化的主要艺术载体

第一节　中原文化中的诗词与散文

诗词是文学中的一个重要门类，中原是诗词的发祥地。从先秦到明清，中原这片热土孕育了大批诗人和词人，他们的作品多角度地反映了中原文化。

一、《诗经》所反映的中原文化

《诗经》是我国第一部诗歌总集，保留了西周初至春秋中期诗歌的精髓，一共305篇。《诗经》按体裁可分为风、雅、颂三部分，反映当时习俗和风情的诗主要集中在"十五国风"上。"十五国风"中的诗歌包括起源于中原大地的《邶风》《鄘风》《卫风》《王风》《郑风》《陈风》《桧风》里的几乎所有诗歌和《周南》《召南》《魏风》《曹风》里的小部分诗歌。"十五国风"一共有160首诗，《邶风》《鄘风》《卫风》《王风》《郑风》《陈风》《桧风》就有84首，占国风数量的一半还多，加上《周南》《召南》《魏风》《曹风》少部分诗篇，数量更多。因此，《诗经》与中原地区联系密切，在许多方面都展示出了中原文化。

（一）诗词文化

古代人们的生活与河流关系密切。《诗经》中有许多诗篇都写到了河流。《诗经》305篇，直接描写或涉及河流的就多达99篇，占全部篇幅的近1/3。这99首诗中，有明确具体河流名称的共59篇，这59篇里共涉及31条河流。这31条河流，从地域分布来看，发源或流经，或属于中原境内的，有黄河、汉水、汝河、寒泉、浚水、济水、肥泉、洙水、奥水、淇河、沫水、隰水、溱水、洧水、泌水、淮河、洛河等。

每一条河，既是一条史河，又是一条诗河，映照了两岸古代中原的风土人情，流淌着中原古代人们的酸甜苦辣，折射了中原古代人们的兴、观、群、怨。《邶风》《鄘风》《卫风》中的39首，有6首直接介绍了淇河，"淇"在《诗经》中出现了18次，仅次于黄河在《诗经》中出现的次数。如《卫风·淇奥》中的诗句"瞻彼淇奥，绿竹猗猗""瞻彼淇奥，绿竹青青"，描写了淇河两岸修竹繁茂的秀丽风光；《卫风·氓》中的诗句"淇水汤汤，渐车帷裳"，以淇水之大渲染了诗中"弃妇"复杂而痛苦的心境；《卫风·竹竿》中描写的"淇水，桧楫松舟。驾言出游，以写我忧"，则以淇水长流，寄托了我国第一位爱国女诗人许穆夫人想念家乡的情思。

《诗经》中出现的这些河流，历经几千年的变迁，有的仍然奔流不息，有的流向、水势、地形地貌发生了很大的变化，有的已经湮灭。《邶风·匏有苦叶》中"济有深涉"的济水，在古代被称为"江、河、淮、济""四渎"之一，而今仅留下济渎庙、济源等一些物名和地名了。《邶风·凯风》中提到的浚水，是卫河与淇河汇合处的古称，因卫河与淇河汇合处的河水浚深而得名。《诗经》产生时代的浚邑，又因浚水而得名。浚邑到今天叫作浚县，而卫河与淇河汇合后的河流虽然还在流淌，但已经不叫浚水，而只叫作卫河了。

《周南·关雎》云："关关雎鸠，在河之洲。窈窕淑女，君子好逑。"在中国文学史上，第一只爱情鸟飞起落在了河南黄河流域的沙洲上。

（二）神祇文化

《诗经》中的神祇文化现象，是古代神祇文化的直接传承。产生于中原地区的《诗经》作品中，神祇文化现象尤其突出，可以说是中原文化的滥觞。《诗经》中的中原神祇文化主要表现在以下四个方面。

1.卜筮文化

卜与筮都是预测吉凶的手段，只是二者赖以行事的物象不同。《诗经》中使用占卜法的实践决定了从国家事件到日常生活各方面的好坏都要进行卜筮。

《鄘风·定之方中》涉及国家定都、百姓定居等重大事件。先人们种植树木，环顾地形，但仍然不确定，于是他们便"降观于桑，卜云其吉，终焉允臧"，必须要卜得一个吉兆，才能确定在一个地方建立首都并建造宫殿是否可行。

《卫风·氓》这首诗歌中就有在男女婚姻上进行卜筮的记载。当男女主人公相识相知、恋爱成熟后定了婚约，也就是"尔卜尔筮"，通过占卜来确定婚约。占卜的最后是"体无咎言"，才有后来的迎亲和请期等。

2. 敬祭文化

人类对自己祖先的崇拜与信仰由来已久，《诗经》中的敬祖文化最先表现在对祖先神性的歌颂上。

《商颂·玄鸟》写道："天命玄鸟，降而生商。"商，指商人的祖先。传说娥氏的女儿的简狄在水中沐浴，吞下了燕子的蛋并怀孕了，于是生下了契，契建立了商。这首诗记载了商族的历史，从商朝先祖的诞生到商朝的建立，再到后来的殷高宗武丁中兴，为我们研究中原文化保留了非常有价值的信息。《商颂》中的另外四首诗，《那》《烈祖》《长发》《殷武》等都表达了对祖先的尊敬、赞美之情。

《诗经》中这些祭祀先祖的习俗一直保留至今，不光每个家庭在节日期间祭祀祖先，政府也出资在黄河岸边建造了炎、黄二帝的头像，进行祭拜。从这些活动可以看出，祭祀这种文化实践根深蒂固，历史悠久。

3. 丧葬文化

我国古代对死亡看得很重，从葬法上看，主要是土葬。《王风·大车》里，土葬被提及。这首诗描绘了一场爱情悲剧，一对恋人无法修成正果，被迫分离，展示了年轻女性对爱情的大胆追求及在告别途中坚定不移的决心。两个年轻人活着"穀则异室"，不能生活在一起，死后也要"死则同穴"。这里的穴就是坟墓。这无疑是当时丧葬习俗的表露。埋葬是中原地区最典型的墓葬之一，现在还有"入土为安"的说法。

4. 禁忌文化

禁忌是一种人们由于对某件事情产生恐惧、蔑视而采取的一种趋利避害的风俗习惯。禁忌习惯现在主要存在于农村地区的日常生活中。

《鄘风·蝃蝀》就是新乡一带关于禁忌习俗的一首诗，是不可用手指彩虹的一个风俗。诗曰："蝃蝀在东，莫之敢指。女子有行，远父母兄弟。"《毛传》释为："蝃蝀，虹也。夫妇过礼则虹气盛，君子见戒而惧，讳之，莫之敢指。"据说彩虹是过度的淫气的象征，所以君子是拒绝的，绝不能提及。如果我们继续寻找起源，就会发现古代的思想认为彩虹有阴阳，如果出现了双彩虹，鲜艳的颜色是男性，暗色是女性，因为有阴阳男女之分，很容易和男人与女人结婚挂钩。虹气盛则意味着淫气过盛，如果用手指彩虹，彩虹很可能对人有一定的影响，所以绝不能指。

（三）婚恋文化

《诗经》产生于中原一带的诗歌里，有关婚姻的诗占了很大的比例。这些婚姻爱情诗歌内容丰富多彩，重现了当时的婚姻习俗，是中原原始婚姻文化的鲜明表现。

1.对美好婚姻爱情的向往和追求

从产生于今天中原一带的《诗经》作品中，我们可以深切感受到中原的青年男女对美好婚姻的热情追求及令人敬畏的人类力量的觉醒。在这些作品中，有或大胆，或害羞的爱的表白，也有从悲剧角度对爱进行诠释的。

产生于今天淮阳地区的《陈风》中有一首诗，名为《月出》，诗曰："月出皎兮，佼人僚兮。舒窈纠兮，劳心悄兮。月出皓兮，佼人懰兮。舒忧受兮，劳心慅兮。月出照兮，佼人燎兮。舒夭绍兮，劳心惨兮。"这首诗描绘了一个男人在夜晚对着月亮思念意中人的情景。这个人从月亮联想到意中人的美丽，再联想到她美丽的脸庞，优雅的姿态。深切的相思、优雅的丽人、美丽的月光，构成了一幅美丽的图画，别有意味。

《陈风·泽陂》则描写了一位女子对男子的爱慕与思念。"彼泽之陂，有蒲与荷。有美一人，伤如之何! 寤寐无为，涕泗滂沱。彼泽之陂，有蒲与蕳。有美一人，硕大且卷。寤寐无为，中心悁悁。彼泽之陂，有蒲菡萏。有美一人，硕大且俨。寤寐无为，辗转伏枕。"在这首诗中，这位女子倾注了她的全部感情，追求一个身材高挑的漂亮男人。她担心悲伤，开始流泪，既而苦闷忧郁，最后她埋在枕头里，无法入睡，足以见其思念之深。同样，在今天的汤阴地区的诗篇中产生的《简兮》和《匏有苦叶》及属于今天新郑的《郑风》中的《丰》也描述了女子对男子的思念与爱慕。

男人和女人都互相想念发展到幽会和互送定情物，也是这些爱情诗歌中经常表现的内容。《邶风·静女》所提道："静女其姝，俟我于城隅。爱而不见，搔首踟蹰。静女其娈，贻我彤管。彤管有炜，说怿女美。自牧归荑，洵美且异。匪女之为美，美人之贻。"这首诗描写了男女之间约会和送礼的过程，很好地描绘了当事人的心迹。同样，《鄘风·桑中》《郑风·子衿》《陈风·东门之杨》所有这些都是描绘男女约会的爱情诗。这些诗歌从不同角度展现了青年男女的爱情、心理和追求。

在属于今天中原一带的婚姻爱情习俗中还有未婚男女在仲春时自由结合的习俗。《郑风·野有蔓草》一诗就反映了这一习俗："野有蔓草，零露漙兮。有美一人，清扬婉兮。邂逅相遇，适我愿兮。野有蔓草，零露瀼瀼。有美一人，婉如清扬。邂逅相遇，与子皆臧。"这首诗描绘了一对青年男女在仲春时节邂逅，互相爱慕，自由结合的情景。

2.一夫一妻制的爱情观

中国古代的婚姻制度经历了原始的原始群婚、血族婚、亚血族婚、收继制、媵妾制等形式，后来正式确立了一夫一妻制。女子离开了原生家族与丈夫结婚，她的孩子从父系计算世系。从《诗经》中我们可以看出，一夫一妻制已经确立，从《卫风·氓》中"女也不爽，士贰其行。士也罔极，二三其德"和"信誓旦旦，不思其反"等诗句中可以看出，爱情的专一已经是当时一种流行的道德概念，并且有一种誓言来证实爱情。《邶风·击鼓》的"死生契阔，与子成说。执子之手，与子偕老"，就更加动人心魄了。

3. 约定俗成的婚姻礼仪规范

据《仪礼·士昏礼》载，媒聘婚有六道程序，即"六礼"，包括纳采、问名、纳吉、纳征、请期、亲迎。从产生于中原的《诗经》诗歌中可以归纳出以下四个主要方面。

一是媒妁之言。媒人在婚姻中占有至关重要的地位。《卫风·氓》的"匪我愆期，子无良媒"句证明了这一点，即使男女双方再相爱，如果没有媒人的牵线撮合，就很难成就婚姻。这种习俗也一直传承至今。

二是父母之命。《郑风·将仲子》中女子向恋人诉说的"父母兄弟"之畏，《鄘风·柏舟》中女子婚姻遭到父母的反对，都表明了"父母之命"在子女婚姻大事中的决定性作用。没有父母兄长的同意，女子的婚姻大事是不能成的。

三是送聘礼与陪嫁妆。就中原地区来说，男方多以佩玉为聘礼送给女方。《郑风·女曰鸡鸣》中写道："知子之来之，杂佩以赠之。知子之顺之，杂佩以问之。"杂佩，指身上佩戴的珠玉等饰物。《卫风·木瓜》曰："投我以木瓜，报之以琼琚。""投我以木桃，报之以琼瑶。""投我以木李，报之以琼玖。"琼琚、琼瑶都是美玉。把玉石作为订婚聘礼，是因为《周礼·聘礼》中有"君子比德于玉"之说。可见，把玉作为订婚物象，也是一种文化精神的体现。女方出嫁时陪的是嫁妆。当时中原一带的陪嫁妆主要有两种形式，一是财物，即衣被、家具及其他用品，如《卫风·氓》中所写的"以尔车来，以我贿迁"，贿，就是指娘家陪嫁的嫁妆；二是随嫁到男家的婢仆等。

四是隆重的迎亲仪式。迎亲时使用什么交通工具、新郎新娘的从者、新郎的迎亲地点、新郎新娘的穿着打扮、闹洞房等都成为当时约定俗成的一种婚姻礼仪。《郑风·丰》中的"驾予与归"说明迎亲用的是马车；"俟我乎巷兮""俟我乎堂兮"说明迎亲地点在街巷与厅堂；"叔兮伯兮，驾予与行""叔兮伯兮，驾予与归"，又说明了迎亲时的随从之人。在迎亲的礼仪中还有"亲迎"者与女同车的习俗。《郑风·有女同车》就反映了这一点。"有女同车，颜如舜华""有女同车，颜如舜英"，男子看中了姜家容貌美丽的姑娘，"亲迎"时与她同车而行。隆重的迎亲礼仪也被当今社会所沿袭。

（四）服饰文化

产生于中原地区的《诗经》作品中体现的当时的服饰文化主要表现在以下三个方面。

一个是上衣和下裳的区别。《诗经》时代的上衣特点是在古代宗教服饰的基础上继承和创新的，特别是突破了上玄下黄的古代形式。就如《邶风·绿衣》云："绿兮衣兮，绿衣黄裳"，显示了衣服颜色的多样化。

二是衣服多姿多彩。《郑风·出其东门》提到了"缟衣綦巾"，巾是一种类似于今天围裙的女性化裙子。《鄘风·君子偕老》中的"蒙彼绉绤"、《卫风·硕人》和《郑风·丰》的"衣锦褧衣"都描写了一种披在外面的罩衣。还有"衣毛而冒皮"的珍贵服饰，即用动物皮做的衣服，和今天的皮草服装一样。《郑风·羔裘》中的"羔裘如濡，洵直且侯""羔裘豹饰，孔武有力""羔裘晏兮，三英粲兮"以及《邶风·旄丘》中的"狐裘蒙戎，匪车不东"，都是用奢华的动物毛皮制成的衣服。所以，从上面列出的服饰看，衣服因阶级、地位而异。那些由兽皮制成的衣服是贵族阶层的衣服，在《王风·大车》"大车槛槛，毳衣如菼"中提到的"毳衣"便是士大夫的衣服。

三是服饰的装饰与配饰。除了各种服装款式之外，对服装装饰的重视也反映了人们对美的追求。《郑风·出其东门》中所提到的写"缟衣綦巾""缟衣茹藘"便是混合白色的上衣和浅绿色的佩巾，这种装饰给人一种优雅庄严的感觉。在《郑风·羔裘》中的"羔裘豹饰""羔裘晏兮，三英粲兮"，便是用豹皮的斑点和图案来做装饰展现美丽和优雅。

当时的人们已经开始刻意使用配件来装饰自己，特别是女性以各种配饰来打扮自己。产生于中原地区的《诗经》作品，经常会提到配饰。这些配件最先显示在头饰上。如《鄘风·君子偕老》中的"君子偕老，副笄六珈"，描绘了贵妇人的珍贵配饰。《卫风·淇奥》所提到的"充耳琇莹，会弁如星"则是男人冠冕的装饰。身体装饰也各不相同。《卫风·芄兰》所提到的"芄兰之支，童子佩觿"就是描述小孩佩戴成年人的装饰。从装饰的材料来说，玉是当时常见的配饰。《卫风·竹竿》所提到的"佩玉之傩"、《郑风·有女同车》所提到的"佩玉将将"和《卫风·芄兰》所提到的"容兮遂兮，垂带悸兮"都描写了佩戴首饰的女性形象。其实，服饰、配饰与语言一样，也是一种符号。从原始社会，人类发明了配饰以美化自己。在人类进入文明社会的过程中，配饰已经深入人们的生活，成为人类物质文明和精神文明的象征。

（五）饮食文化

《诗经》里很多诗篇都对饮食有所描写。一是食用谷物。如《王风·黍离》中的

"彼黍离离，彼稷之苗""彼黍离离，彼稷之穗""彼黍离离，彼稷之实"诗句，点到了当时两种重要的粮食作物"黍"和"稷"，即糜子和高粱。《鄘风·桑中》中的诗句"爰采麦兮，沬之北矣"，则点出了重要的一点，小麦是粮食作物。中华民族传统的主食便是粮食作物，如高粱、小麦等。二是食用动物。如《陈风·衡门》其中提到过："岂其食鱼，必河之鲂。""岂其食鱼，必河之鲤。"可见，味道鲜美的鱼类是当时人们喜爱的副食品之一。三是食用水果。《鄘风·桑中》写道："爰采唐矣，沬之乡矣。"唐就是"棠"，是一种叫沙棠的果实名称。《鄘风·定之方中》写道："树之榛栗，椅桐梓漆，爰伐琴瑟。"榛、栗都是树名，其果实可以食用。可见，当时人们在建造房屋时已经刻意在房前屋后栽种果树，以备食用。四是饮酒。《郑风·叔于田》是一首赞美猎人的诗歌，诗中写道："叔于狩，巷无饮酒。岂无饮酒？不如叔也，洵美且好。"可见，这位猎人是个喜爱饮酒的人。《郑风·女曰鸡鸣》也说："弋言加之，与子宜之。宜言饮酒，与子偕老。"描写了一对夫妇平时就着美味菜肴，相对而饮，并表示要白头偕老的恩爱生活。《邶风·简兮》中的"赫如渥赭，公言锡爵"又交代了当时常用的饮酒器具"爵"。饮酒不但是当时人们生活的常态，也是中华民族的重要礼仪。五是烹饪食物。《诗经》时代的人们不但开始食用熟食，而且开始探索食物的烹饪方法、程序和技巧，这在诗歌中有不同程度的反映。如《桧风·匪风》写道："谁能烹鱼，溉之釜鬵。"溉，洗也；釜，锅；鬵，大锅。洗后再烹，把烹饪的工序都交代清楚了。在《陈风·东门之枌》中也提到了"椒"，"视尔如荍，贻我握椒"。椒，即花椒，味香。由此推理，在食物的烹调过程中有可能用到这些调味品。

总而言之，《诗经》中对食材和烹饪方法丰富而生动的描述体现了先秦饮食文化的基本特征。

二、中原历代诗词名家及其代表作

先秦时期，中原诗人虽然很多，但遗憾的是他们没给后人留下名字。两汉盛产歌谣。而且乐府非常流行，产生于中原和反映中原社会文化生活的多达几十首。其中歌谣类有《颍川儿歌》《汝南鸿隙陂童谣》《更始南阳童谣》《洛阳人为祝良歌》《汲县长老为崔瑗歌》《河内谣》等。乐府类的有杂曲歌词《枯鱼过河》、瑟调曲《雁门太守行》和《孤儿行》，瑟调曲《西门行》《东门行》也是表现东汉京都洛阳士民生活的作品。其中，最具代表性的是瑟调曲《孤儿行》。

两汉时期中原的诗歌名家有息夫躬（今孟州市人）、张衡（今南阳市石桥镇人）、朱穆（今南阳市人）、应季先（今汝南县人）、蔡邕（今杞县人）等。其中以张衡、蔡邕的成就最高。

张衡的五言诗《同声歌》摆脱了早期文人五言诗"质木无文"的情态，为五言诗成为建安文学的主流诗体奠定了基础，其七言诗《思玄诗》《四愁诗》对魏晋之后的七言诗的影响很大。蔡邕的诗歌主要是四言和五言，内容有赠答、咏物、抒怀、悼亡等。从艺术成就上看，他的咏物抒怀、托物言志的《翠鸟诗》为人称道。建安时期，社会剧烈动荡，受此影响，这一时期的诗人如同刘勰在《文心雕龙·时序》中所说的那样，"良由世积乱离，风衰俗怨，并志深而笔长，故梗概而多气也"。当时较为著名的中原诗人有陈留尉氏（今尉氏县）人阮瑀、汝南南顿（今项城市南顿镇）人应玚、陈留圉（今杞县圉镇）人蔡琰、颖川（今禹州市）人繁钦等。其中蔡琰尤为著名。蔡琰（177—?），原字昭姬，晋时避司马昭讳，改字文姬，是东汉末年大文学家蔡邕的女儿，博学多才、精通音乐，是建安时代杰出的女诗人。《后汉书·列女传》载其《悲愤诗》两篇，一篇是五言体，一篇是楚辞体。这两篇作品都是她"感伤离乱，追怀悲愤"的产物。五言体的那篇《悲愤诗》长达108句，540字，是我国文学史上第一篇自传体长篇叙事诗，在我国诗歌发展史上占有重要的地位。

正始时期是曹魏集团逐渐没落而司马氏集团迅速上升的时期。生活在这一时期的中原诗人有南阳宛（今南阳市）人何晏、汝南南顿（今项城市南顿镇）人应璩及其子应贞、陈留尉氏（今尉氏县）人阮籍和阮侃、颖川长社（今长葛市）人枣据等。其中阮籍尤值得称道。阮籍（210—263），字嗣宗，是"建安七子"之一阮瑀之子，也是"竹林七贤"之一。阮籍崇奉老庄之学，政治上则取谨慎避祸的态度，是"正始之音"的代表。阮籍运用比兴、象征、寄托等写作技巧，借古讽今，寄寓情怀，形成了一种"悲愤哀怨，隐晦曲折"的诗风，其代表作是五言《咏怀诗》82首。

两晋时期，中原诗家辈出，著名的有荥阳中牟（今中牟县）人潘岳和潘尼，陈郡阳夏（今太康县）人何劭、袁宏、谢混，颖川鄢陵（今鄢陵县）人庾阐，陈郡长平（今西华县）人殷仲文等，其中潘岳为翘楚。潘岳（247—300），字安仁，是西晋中原文坛的领军人物，与陆机并称。他的作品充分体现了太康文学讲究形式美的特点。为后人称道的是他的哀诔之文，现存的作品《寡妇赋》《哀永逝文》《悼亡诗》等都以善于叙述哀情著称。特别是他的《悼亡诗》，在中国古代悼亡诗发展史上具有承上启下的作用。现存诗18首。

南北朝时期，提到中原诗人不能不说"三大家族"。

一是谢氏家族诗人。自东晋开始，陈郡阳夏（今太康县）的谢氏家族是江南声名显赫的世家大族。东晋以后，谢家虽然在政治上逐渐衰落，但在诗歌创作上涌现出了谢灵运、谢道韫、谢朓、谢惠连、谢庄、谢瞻等人。

谢灵运（385—433），东晋末年刘宋初年的文学家，诗人。他承袭祖父谢玄爵位，封为康乐公，人称谢康公、谢康乐，是我国山水诗的开山鼻祖。他的诗歌洋溢着道法自然的精神，散发出一种清新自然的恬静韵味。南朝梁锺嵘《诗品》赞誉他："譬犹青松之拔灌木，白玉之映尘沙。"

谢朓（464—499），字玄晖，南朝文学家。谢朓出身世族，母亲是宋文帝的第五个女儿长城公主。他是南齐永明体诗的代表作家，和沈约、王融等人开创了"永明体"，对近体诗的发展做出了贡献。其诗歌创作主要是发展了山水诗。谢灵运和谢朓齐名，世称二谢；又因为二人同宗，所以又称大、小谢。谢朓的诗歌语言精美、韵律和谐，表现出了永明体诗歌的特点。如"余霞散成绮，澄江静如练""天际识归舟，云中辨江树"等，清新俊逸，精妙绝伦，皆为千古传诵的名句。

二是江氏家族诗人。南北朝时期，济阳考城（今兰考县）的江氏家族因诗闻名的人很多，其中江淹、江革、江蓓、江总最为突出。

江淹（444—505），字文通，南朝著名文学家。他历仕三朝，为官清正，不避权贵，直言敢谏。其诗歌代表作是拟作《杂体诗》30首。这些拟作既能结合被拟作人的身份、经历和性格，又能结合被拟作人的诗歌创作，肖其口吻，合其身份，兴会高远，出言不群，多为诗家所称道。

三是庾氏家族诗人。新野县庾氏是南北朝时期很有影响的中原世族。庾玫、庾道骥、庾易、庾肩吾、庾信等均有诗歌传世。其中最有成就的是庾信。

庾信（513—581），字子山。他幼年跟随父亲庾肩吾进出于萧纲的宫廷，后来又和徐陵一起担任萧纲的东宫学士，成为宫体文学的代表作家，时人称为"徐庾体"。他后期的诗歌价值较高，代表作有《拟咏怀》27首等。他的《哀江南赋》也是千古流传的名篇。

唐代最具有代表性的文学样式是诗歌。唐代最著名的三大诗人中，中原就有两个——巩义人杜甫、新郑人白居易。

初唐时期，陕州陕县（今陕县）人上官仪提出了"六对""八对"之说，对后世格律诗、联句的形成，影响很大。洛州巩县（今巩义市）人杜审言、虢州弘农（今灵宝市）人宋之问和相州内黄（今内黄县）人沈佺期等对律诗的格式真正形成，有着不可磨灭的功劳。

在诗歌内容和题材上，唐代中原诗人也有所创新和拓宽。汝州（今汝州市）人刘希夷突破宫体诗哀艳的情调，咏出颇含哲理的"年年岁岁花相似，岁岁年年人不同"。卫州黎阳（今浚县）人王梵志，以佛理入诗，极力嘲讽人性的丑恶，弘扬社会的正气。洛阳人王湾、祖咏均善咏山水风雪，王湾的五律《次北固山下》和祖咏的五绝《终南望余雪》令后人千古传诵。汴州（今开封市）人崔颢的七律《黄鹤楼》，令"诗仙"李白"眼前有景道不得"，为之倾服。宋严羽对其更是褒奖有加，在他的《沧浪诗话·诗评》中誉道："唐人七言律诗，当以崔颢《黄鹤楼》为第一。"颍阳（今登封市）人李颀、南阳棘阳（今新野县）人岑参均以边塞诗闻名于世。而诗歌成就最高的当数巩县（今巩义市）人——杜甫。

杜甫（712—770），字子美，号少陵野老，称杜少陵。唐代伟大的现实主义诗人，被称为"诗圣"，与李白并称为"李杜"。他的诗歌更多地涉及动荡的社会，政治腐败和人民的痛苦，被称为"诗史"。他一生写过1500多首诗，其中很多是传颂千古的名篇，"三吏""三别"是他的代表作，有《杜工部集》传世。

鲁山（今鲁山县）人元结的诗歌注重反映政治现实和人民疾苦，所作《春陵行》《贼退示官吏》等，为杜甫所推崇。河阳（今孟州市）人韩愈的诗歌，以文为诗，以奇谲怪险著称。颍川（今禹州市）人王建一生沉沦下僚，了解人民疾苦，创作了大量优秀的乐府诗。洛阳人元稹的诗歌辞浅意哀，仿佛孤凤悲吟，与新郑人白居易同为新乐府运动的倡导者，人称"元白"。

白居易（772—846），字乐天，晚号香山居士。白居易是一位在中国文学史上影响深远的诗人和作家。他与元稹一同发起了"新乐府运动"，倡导"文章合为时而著，歌诗合为事而作"，他写了很多反映当时社会的诗，并对后人产生了很大的影响。著有《白氏长庆集》71卷。

洛阳人刘禹锡、福昌（今宜阳县）人李贺、怀州河内（今沁阳市）人李商隐都以其卓越的诗歌成就跻身于著名诗人之列。刘禹锡的诗歌极富艺术张力和雄直气势，有"诗豪"之称。他的咏史诗《西塞山怀古》更是唐诗中的上乘之作。李贺的诗歌想象丰富奇特、语言瑰丽奇峭，人称"诗鬼"。其代表作《金铜仙人辞汉歌》《李凭箜篌引》等，令人叫绝。李商隐的诗歌构思新奇，风格绮丽，尤其是一些爱情诗写得缠绵悱恻，成为千古绝唱。

有唐以降，中原诗家也代不乏人。在艺术成就上，他们虽然不敌唐诗人，但也有颇多称道之处。如宋代宋州宋城（今商丘市）人石延年，雍丘（今杞县）人宋庠、宋祁兄弟，开封人苏舜钦，洛阳人尹洙、陈与义和朱敦儒，明代信阳人何景明和仪封（今兰考县）人王廷相等，在文坛均有一定的影响。

词作为一种新的文学体裁，萌芽于隋唐，鼎盛于宋代。中原文人最早填词的是中唐时期的颍川（今禹州市）人王建，著有100首《宫词》。王建冲破了前人抒写的模糊性，并对宫禁中的生活境况进行了广泛展示，是研究唐代宫廷生活的重要资料。

北宋词界较为著名的中原作家，前期有开封雍丘（今杞县）人宋祁、韩维，洛阳人刘几等。他们的词作娱情遣性，清新明丽，具有明显的婉约风格。北宋中后期有卫州（今卫辉市）人贺铸、颍昌（今许昌市）人苏过、曹组，开德府清丰（今清丰县）人晁端礼，大梁（今开封市）词隐万俟咏等。

宋祁（998—1062），字子京，宋代史学家、文学家。天圣二年（1024）与兄宋庠同举进士，人称"二宋"。宋祁官至翰林学士承旨，卒谥景文。因其词《玉楼春》中有"红杏枝头春意闹"之句，人称"红杏尚书"。

南宋中原词人著名的有洛阳人陈与义、朱敦儒，相州汤阴（今汤阴县）人岳飞，雍丘（今杞县）人韩元吉，汴京（今开封市）人史达祖等。其词作或抒发国破家亡的哀思，哀婉而危切；或抒发爱国情怀，慷慨而激昂。

三、中原历代诗词所体现的中原文化精神

中原历代诗词所体现的中原文化精神可以从以下四个方面来讲述。

（一）积极用世、建功立业的爱国主义精神

历代中原诗人无不深受儒家思想的滋养，都有着积极用世、兼济天下的远大理想。最具代表性的就是被誉为"诗圣"的杜甫，他虽然一生坎坷，但一直都在他"致君尧舜上，再使风俗淳"的理想支配下孜孜不倦地追求。即使是在凤翔失意归家的途中，杜甫还念念不忘国家大事，他在《北征》中写道："虽乏谏诤姿，恐君有遗失。"这充分体现了他对国家和民族的高度责任感。

再如，阮籍《咏怀》其三十九："壮士何慷慨，志欲威八荒。驱车远行役，受命念自忘。良弓挟乌号，明甲有精光。临难不顾生，身死魂飞扬。岂为全躯士？效命争战场。忠为百世荣，义使令名彰。垂声谢后世，气节故有常。"表现诗人建功立业的远大理想，慷慨激昂、积极向上，洋溢着豪迈之气。白居易的讽喻诗也始终贯穿着"惟歌生民病，愿得天子知"的积极用世思想。

（二）关心民众疾苦、大济苍生的民本主义精神

历代的中原诗人大都以下层人民为描写对象，同情和关心他们的疾苦，为这些社会中的弱势群体而大声疾呼，希望他们能够过上幸福美满的生活。

　　阮瑀的《驾出北郭门行》，叙述了一个孤儿的悲惨遭遇：他吃不饱、穿不暖，皮包骨头，还常被继母毒打，只好一个人偷偷来到亲生母亲的坟前痛哭倾诉。诗歌显示出诗人对下层社会问题的关切和深厚的人道主义精神。应玚的《征赋》和《公宴赋》等作品，慷慨激昂，深刻反映了汉末社会的动乱和他对民众流离失所的极大同情。最具代表性的还是杜甫的诗歌，"朱门酒肉臭，路有冻死骨"表现出他对民众苦难的深刻了解；"穷年忧黎元，叹息肠内热"表现出他对人民的深切同情；"安得广厦千万间，大庇天下寒士俱欢颜，风雨不动安如山"则体现了他大济苍生的远大理想。

（三）雄放豪迈、义薄云天的英雄主义精神

　　中原文化的特点之一就是英雄文化。女娲补天、夸父追日、大禹治水、愚公移山等神话传说都诞生于这块土地；另有首次农民起义的领袖陈胜、吴广，替父从军的花木兰，精忠报国的岳飞。这一脉相承的英雄文化滋养着一代代的中原诗人，他们的作品中也洋溢着雄放豪迈、义薄云天的英雄主义精神。

　　面对藩镇割据、战乱频繁的状况，体弱多病的李贺在他的《南园》诗中发出了"男儿何不带吴钩？收取关山五十州"的豪言壮语。边塞诗人岑参表现得更为突出，他的《轮台歌奉送封大夫出师西征》中的"四边伐鼓雪海涌，三军大呼阴山动"诗句描写了将士们勇往直前、转战沙场雪海的壮烈场面；《走马川行奉送出师西征》所提到的"将军金甲夜不脱，半夜行军戈相拨，风头如刀面如割"诗句，则描绘了将士们在风雪中紧张的战前行军场面；《白雪歌送武判官归京》中的"忽如一夜春风来，千树万树梨花开"诗句，更是洋溢着积极乐观的英雄主义精神。

　　岳飞的《满江红》，李梦阳的《石将军战场歌》《张将军塞猎歌》等，格调气势雄壮，无不体现出中原文化中的英雄文化精神。

（四）诗情画意的审美情趣精神

　　中原的诗词作家不仅反映出了中原文化的厚重感，同时表现出了中原文化中崇尚自然、热爱生活的审美情趣精神。

　　庾阐的《三月三日临曲水》中的"临川叠曲流，丰林映绿薄。轻舟沈飞觞，鼓枻观鱼跃"诗句，《观石鼓》中的"翔霄拂翠岭，绿涧漱岩间。手澡春泉洁，目玩阳葩鲜"诗句，都生动有致。

　　谢混的《游西池》诗中的"景昃鸣禽集，水木湛清华"，明胡应麟认为可与谢灵运"池塘生春草""清辉能娱人"等名句媲美。

　　最具代表性的还是谢灵运。他是第一个大量创作山水诗的诗人，他的诗歌洋溢着道法自然的精神，散发出一种清新自然的恬静韵味。他的《登池上楼》中"池塘生

春草，园柳变鸣禽"诗句，颇得诗家赞赏。南朝梁锺嵘《诗品》赞誉他："譬犹青松之拔灌木，白玉之映尘沙"，还有被称为小谢的谢朓，他的"余霞散成绮，澄江静如练""天际识归舟，云中辨江树"等，清新俊逸、精妙绝伦。孙奇逢的写景名篇《饮马玉笋尊五楼》，文笔清丽、趣味盎然，仿佛就是一幅水墨画。

上述中原作家的作品无不体现出中原文化诗情画意的审美情趣精神，同时代表着中国山水诗歌的最高成就。

四、中原历代散文名家及其代表作

中原最早的散文就是安阳出土的甲骨文，成熟于战国时代，兴盛于唐宋并在唐宋时期达到了高峰。从文学的角度讲，散文有公文文体、议论文体和叙事文体。

《尚书》这部中国最早的散文集，是东周时期在洛阳经过整理而成书的。它标志着公文散文体形成，成为后世公文写作的圭臬。而议论文体的成熟标志则是民权县人庄周的《庄子》和新郑市人韩非的《韩非子》。《庄子》不仅是一部道家重要的哲学著作，而且是一部非常优美的散文集。在《汉文学史纲要》第三篇中鲁迅称赞《庄子》："而其文则汪洋捭阖，仪态万方，晚周诸子之作，莫能先也。"《庄子》一书运用寓言和多种修辞手法说理达意，蕴涵丰富。其《逍遥游》《养生主》《秋水》等，脍炙人口。《韩非子》55篇，主要有两大类的内容，第一类是政论文，如《孤愤》《五蠹》《说难》等。这类文章的特点是论辩严密，逻辑性强，矢矢中的，言辞犀利；第二类是杂文，多用历史、寓言故事说明道理。这类文章的特点是文学性强，形象生动、寓意深刻、发人深省。如"滥竽充数""郑人买履""自相矛盾""守株待兔"等300余则寓言故事，对后世文学影响很大。汲冢竹书之一的《穆天子传》则标志着叙事散文的成熟。其按时间顺序记叙周穆王游历的情况，为后世纪传体文章之源头。

秦汉时期是中原散文大发展的时期。这一时期涌现出了一大批名家，如上蔡人李斯、颍川（今禹州市）人贾山、洛阳人贾谊、颍川（今禹州市）人晁错、上蔡人桓宽、南阳宛（今南阳市）人朱穆、陈留圉（今杞县圉镇）人蔡邕等。

李斯是秦朝唯一有成就的作家，《谏逐客书》是他的代表作，为千古雄文。该文观点鲜明，铺陈扬厉，词采飞扬，酣畅淋漓，充分体现了战国文风的韵致。林纾《古文辞类纂选本》卷三中说："李斯富于才，此篇为切己之事，故言之精切。实则仍是策士之词锋，不能不如此炫其神通以骇人也。"

贾谊和晁错把西汉的政论文章发展到了顶峰。贾谊的代表作有《过秦论》《治安策》和《论积贮疏》。南朝梁刘勰《文心雕龙·奏启》称赞他的文章："理既切至，辞亦通畅，可谓识大体矣。"晁错最有影响的政论文是《举贤良对策》《言兵事疏》《守边劝农疏》《论贵粟疏》等。

东汉蔡邕在散文创作方面独有建树，他一改西汉朴实厚重的文风，开创了典雅清新的文风。其《独断》将公文分类，影响深远。

魏晋时期，以散文闻名于世的中原作家可以说是人才济济。如陈留尉氏（今尉氏县）人阮瑀和阮籍，荥阳中牟（今中牟县）人潘勖、潘岳和潘尼，南阳安众（今镇平县）人刘耽，颍川长社（今长葛市）人钟会，偃师人郤正，颍川鄢陵（今鄢陵县）人庾亮，陈郡阳夏（今太康县）人袁崧，南阳顺阳（今淅川县）人范宁，南阳人鲁褒等。

魏阮瑀和晋阮籍在散文方面均取得了很高的成就。阮瑀的代表作有《为曹公作书与孙权》《文质论》和《吊伯夷文》（残篇）等。阮籍的文章风格近似于东汉祢衡，托体高远。其代表作有《通易论》《通老论》《达庄论》和《大人先生传》。

钟会所著的论辩名理著作《四本论》很受当时人们的推重，可惜已经亡佚。现存有《母传》《移蜀将吏士民檄》《刍荛论》《蜀平上言》等，其中《刍荛论》很有现实意义。这是一篇论述交友的文章，其中以盛衰、穷达和财、势、色作为立论的依据进行论述，在古人交友论中影响很大。

潘岳则"善为哀诔之文"，代表作《杨荆州诔》《夏侯常侍诔》等，均哀婉悱恻，催人泪下。

南北朝时期散文的整体风格就是骈体化。在整个南北朝时期，除章表奏疏之外，其他各体文章几乎全用骈体。此时的中原散文名家有陈郡阳夏（今太康县）人谢灵运、谢庄和谢朓，顺阳山阴（今淅川县东南）人范泰、范晔，南乡舞阴（今泌阳县西北）人范缜，陈郡阳夏（今太康县）人袁淑、袁粲等。

谢灵运的散文注重辞藻、讲究对偶，最早显示出骈俪化的倾向，代表作为《诣阙自理表》。谢庄的代表性散文有《求贤表》和《殷贵妃诔》。谢朓的文章以"清丽"见称，代表作是《拜中军记室辞随王笺》。

范缜（450—515），字子真。南朝齐、梁时思想家，无神论者。齐时范缜担任尚书殿中郎，曾和堂弟范云出使北魏，因此扬名。后为竟陵王萧子良的门客。任中书郎时发表著作《神灭论》，引起朝野一片哗然。这部著作就是针对当时佛家宣扬因果报应而写的，他以无神论的思想，用问答的形式，批驳佛家的学说。《神灭论》在中国思想发展史上占有极其重要的地位。

袁淑（408—453），字阳源。他博学多通，善做文章，当时的名臣王弘很赏识他的才华。他担任过尚书吏部郎、御史中丞、太子左卫率等官职。因不跟随太子刘劭篡位而被杀。明人辑有《袁阳源集》。袁淑创作的俳谐文很有特色，存有《俳谐文》10卷。其中《鸡九锡文》《驴山公九锡文》比较著名。文章以拟人的手法写鸡、驴子，同时又借鸡、驴子写人世。嬉笑怒骂皆成文章。

唐代，中原散文收获颇丰。初盛唐时期的中原散文家有南阳棘阳（今新野县）人岑文本，虢州弘农（今灵宝市）人宋之问，陕州硖石（今陕县硖石乡）人姚崇，洛阳人张说，汴州浚仪（今开封市）人吴兢等。

岑文本和颜师古在当时是齐名的散文大家。他的《三元颂》，文采飞扬，颇多佳句，享誉于时。《全唐文》收录他的文章20篇。

姚崇原有文集20卷，已佚。《全唐文》辑其佚文一卷。最有影响的有《对问冤狱疏》和《十事要疏》。

吴兢最大的贡献就是编撰了《贞观政要》。这一部《贞观政要》，足以让吴兢名垂千古。另外他还著有《乐府古题要解》《开元升平论》等。

中晚唐时期的中原作家大都是诗文兼备的。比如，中唐前期的鲁山人元结，洛阳人贾至、独孤及，颍川（今禹州市）人萧颖士，南阳人樊宗师，怀州河内（今沁阳市）人张谓；后期的河阳（今孟州市）人韩愈，福昌（今宜阳县）人李贺，洛阳人刘禹锡、元稹，新郑人白居易，还有晚唐的怀州河内（今沁阳市）人李商隐等。

中唐是散文变革的重要时期，可以说，中唐时期中原散文作家的创作，基本代表了中晚唐散文的最高成就。

元结是中唐前期重要的散文家。他的游记散文如《右溪记》《茅阁记》等，清新自然、恬淡雅静，他的文章对柳宗元的"永州八记"有很大影响。现存有《元次山集》，诗69首，文100多篇。

韩愈身体力行自己的文学主张，写出了大量的传世之作。他的散文现存330多篇，议论文是他最擅长的文体，如《答李翊书》《师说》《杂说》等；记叙文有《张中丞传后叙》《柳子厚墓志铭》等；抒情散文《祭十二郎文》最为人称道。明朝时被大家推为唐宋八大家之首，有《昌黎先生集》传世。

宋金时期的散文与前代相比，有较大的开拓和发展。据《全宋诗》和《全宋文》统计，宋代中原诗文作家有作品传世者400余人，其中有文集、著作传世者90余人。著名大家有开封人苏舜钦，宋州宋城（今商丘市）人石延年，洛阳人尹洙，雍丘（今杞县）人宋祁，开封人王应麟，还有著名理学家共城（今辉县市）人邵雍，嵩县人程颢、程颐等。

苏舜钦的散文在《苏学士集》中有70多篇，在中国古代散文史上占有非常重要的地位。其中《哀穆先生文》《题〈杜子美别集后〉》等，表达了他的文学见解；《答韩持国书》对官场黑暗、世态炎凉有所揭露，前人认为该文可与司马迁《报任安书》相提并论。《沧浪亭记》是记叙文中的代表，也是宋代散文中的名篇，与陶渊明的《归去来兮辞》有异曲同工之妙。

王应麟（1223—1296），字伯厚，号深宁居士，进士出身，是南宋著名的教育家、政治家、学者。王应麟淳祐元年中进士，历事南宋理宗、度宗、恭帝三朝，官至吏部尚书。他学识渊博，涉猎范围非常广泛，著述也异常丰富。《宋史》著录他的著作有 700 多卷。王应麟的众多著作中，和文学关系密切的主要是《辞学指南》和《困学纪闻》。《辞学指南》可以说是一本基础写作知识的汇编；《困学纪闻》是用笔记的形式，记述他阅读和研究经、史、子、集时的感想和心得。他的著作中影响最大是家喻户晓、千古传诵的《三字经》。

元朝时期，中原地区的散文创作也取得了一些成就。著名的有怀州河内（原属今沁阳市，今属焦作市区）人许衡、陈州西华（今西华县）人徐世隆、洛阳人姚燧、光州（今潢川县）人马祖常、彰德汤阴（今汤阴县）人许有壬等。

明代的中原散文名家主要集中在明中期。以开封人李梦阳、仪封（今兰考县）人王廷相、信阳人何景明为主要成员的"前七子"在文学创作方面倡导并实践着他们的复古理论和创新意识，一扫"台阁体"的不良文风，把明朝的文学创作引上了一条健康发展的道路。另外，还有祥符（今开封市）人李濂、新郑人高拱、宁陵人吕坤等。

何景明是"前七子"中的重要人物，代表作有《述归赋》《上许太宰书》《与何粹夫书》《与李空同论诗书》等。

清代中原的散文家主要有辉县人孙奇逢，孟津人王铎，开封人周亮工，商丘人侯方域、宋荦，睢州（今睢县）人汤斌，邓州人彭尔述，登封人耿介，偃师人武亿，祥符（今开封市）人周岱龄、周星誉，封丘人何家琪等。

侯方域（1618—1654），字朝宗。年少时他就以才华而有盛名，后参加复社，遍交天下名士，当时人们把他和方以智、吴应箕、陈贞慧称为"四公子"。侯方域曾在扬州做史可法的幕府。顺治八年（1651 年），应河南乡试为副贡生，遭后人非议。顺治十一年（1654 年）郁郁而死，仅 37 岁。撰有《壮晦堂文集》10 卷。

五、中原历代散文所体现的中原文化精神

中原历代散文所体现的中原文化精神可以从以下四个方面来概括。

（一）现实主义精神

中原的文学家从《诗经》那里学习了现实主义精神，并把它继承下来，发扬光大，中原文学的主流是现实主义的。

1.心系国家

这是中原文人所共有的一种品质，是建立在高度的社会责任感和使命感基础之上的一种崇高精神。如商鞅的《商君书》、贾谊的《治安策》和《过秦论》等，都是为国家的兴盛献计献策、殚精竭虑。

2.关注民生

中原的文学家深受儒家思想滋养，具有浓厚的民本思想。所以，关注民生是中原作家作品的又一重大主题。如贾谊的《论积贮疏》、晁错的《论贵粟疏》等。

3.刺世疾邪

"铁肩担道义，辣手著文章"的中原文学家具有强烈的是非感，他们对社会上的不良现象深恶痛绝，在文章中也多有体现。如庄子的《胠箧》、鲁褒的《钱神论》、元结的《丐论》、李商隐的《别令狐拾遗书》等。

（二）浪漫主义精神

中原的文学家又从上古的神话和庄子那里学习了浪漫主义精神，把它继承下来并发扬光大。所以，中原文学家创作的作品不仅是现实主义的，还富有浓郁的浪漫主义情调。

庄子以他丰富的想象力，给我们展示了一幅幅雄奇壮丽、气势磅礴的浪漫主义画卷。如《逍遥游》中的大鹏，奋起而飞至九万里高空遨游。

张衡的《思玄赋》光怪陆离，奇景幻影迭出不穷。他遨游东海仙山，再到湘江之边，又登不周之山。后又游历天庭见到众位仙人，最终得到了精神的解脱和内心的快乐。

阮籍的《大人先生传》颇有庄子遗风；高拱的《本语》中梦见孔子的一段描述，也颇具浓郁的浪漫色彩。

（三）大气磅礴、雄健豪放的精神

幅员辽阔的黄土地，滚滚奔腾的黄河水，底蕴深厚的历史文化，养育了一代代的中原文人。备受磨难和战火洗礼的中原作家在他们的作品中无不洋溢着大气磅礴、雄健豪放的精神，透射出无比强烈的厚重感，与江南作家形成了鲜明的对比。

墨子、庄子、李斯、韩非、贾谊、杜甫、元稹、白居易、韩愈、苏舜钦等灿若群星的中原作家，无不体现了这种精神。

（四）理论上的开拓创新精神

综观中国文学发展史，凡是文坛上出现不良风气的时候，总是中原文人高举开拓创新的大旗，横扫一切不良文风，引领文坛的健康发展方向。

1.古文运动

这是由中原作家韩愈领导的以反对六朝以来绮靡文风为目的的一场散文革新运动。

六朝以来，骈文泛滥。在韩愈之前，洛阳人独孤及就已经开始酝酿这场复古运动了。韩愈在他的基础上，与柳宗元一起正式发起了"古文运动"。倡导作家要提高自身修养和学习秦汉时期的古朴文风，具体要求有两点：一是要"文以明道"；二是要"惟陈言之务去"。"古文运动"摧毁了骈体文几百年的统治，建立了内容充实、语言新颖的散文文体。

2.新乐府运动

这是由白居易发起的文学自觉革新运动。主要内容如下：第一，"文章合为时而著，歌诗合为事而作"，就是说文学要为现实服务；第二，要反映民生疾苦；第三，形式要为内容服务。

3.复古运动

这是在明朝，由开封人李梦龙、信阳人何景明领导的以反对"台阁体"为内容的一场文学革新运动。在明朝建立的80多年间，以"三杨"（杨士奇、杨荣、杨溥）为代表的台阁重臣，创作诗文以歌功颂德、粉饰太平为内容，艺术上靡弱平庸，形成了一种萎靡不振的文风。于是，李梦龙、何景明等打出了"文必秦汉，诗必盛唐"的大旗，一扫"台阁体"之弊，把文学创作引上了健康发展的道路。

第二节　中原文化中的书画艺术

中原书法与艺术像是中原宝库中的两颗珍珠。它们被当作表达情感的工具，从其具备的使用价值发展为欣赏艺术，经历了一个漫长的历史过程。在这个历史过程中，中原人所特有的民族心理及价值取向，使它们拥有了特殊的文化内蕴。

一、中原书法艺术及其名家

书法艺术是中华民族特有的一门传统艺术，有着悠久的历史。它是汉字书写的艺术，它与汉字的几乎同时萌生。在中国书法艺术的长廊中，可以说，中原书法艺术异彩纷呈，名家辈出。

　　清光绪二十五年（1899年）在河南省安阳市小屯村甲骨文出土，这是我国最早而又相当成熟的文字。它是3 000年前的殷商先民们创造的文化精华，是我国古代文明的象征。甲骨文可以说是中国书法艺术的鼻祖。从书法的角度看，甲骨文已具备了书法艺术的笔法、结体、章法等基本要素，也呈现出或雄浑，或谨饬，或柔弱，或劲峭的不同风格。

　　殷商的钟鼎文（又称金文、大篆），在时间上虽与甲骨文同时并存，但自成风格，具有浓厚的书法意味。其章法端庄凝重、体势恢宏，表现出独特的风格。而周朝则是钟鼎文的繁荣时期。这一时期，随着青铜器铸造的增多，钟鼎文出现了相当可观的局面。河南出土的后母戊鼎及其他众多的青铜器上的文字，便是它最好的见证。遗憾的是，创造这种书法艺术的中原先人没给后人留下自己的名字。

　　秦始皇一统天下，推行了"车同轨""书同文"等一系列政策。时任丞相的上蔡县人李斯对大篆省改（即"简化"），演化成一种新的书体——小篆。小篆以秦刻石的文字为代表。据《史记·秦始皇本纪》记载，秦始皇东巡时在泰山、琅琊、芝罘、碣石、会稽、峄山等处均有刻石。现在所能看到的，只有泰山、琅琊刻石，虽剥蚀严重，但秦篆面目尚存。所庆幸的是，今天尚能见到它的较为完整的宋拓本。这些刻石，相传都出自李斯之手。此期的小篆，结体平稳端庄、上密下疏，线条圆浑挺健，犹如玉筋，故后人称其为"玉筋篆"。唐人对李斯小篆推崇有加。张怀瓘在《书断》中赞其"画如铁石，字若飞动，作楷隶之祖，为不易之法"。

　　至汉代，隶书取代小篆成为正式的官用书体，作为书法艺术也达到了一定的高度。在河南发现的《袁敞碑》《尹宙碑》《韩仁铭》等大量的墓志砖可以说是其时代的代表作。在这个时期，中国书法史上的第一本著作也诞生了——《说文解字》，写作之人是汝南召陵（今漯河市召陵区）人许慎。这部著作内容的丰富性为后来的书法理论奠定了基础。生活在东汉时期的颍川（今禹州市）人刘德昇、堂溪典，均工书法，尤其是刘德昇以写行书擅名，被后世誉为"行书鼻祖"。

　　刘德昇（生卒年不详），字君嗣，生活在东汉桓、灵帝时。晋卫恒《四体书势》说："魏初有钟（繇）、胡（昭）二家，为行书法，俱学之刘德昇。"唐张怀瓘《书断》说："行书者，刘德昇所作也。"又说，刘德昇"以造行书擅名，虽以草创，亦甚妍美，风流婉约，独步当时"。

　　而东汉时期最著名的隶书大家非陈留圉（今杞县圉镇）人蔡邕莫属。蔡邕

（133—192），字伯喈。东汉灵帝时为议郎，因上书论朝政阙失，遭到诬陷，流放朔方。遇赦后，畏宦官陷害，亡命江湖十余年。董卓专政，被迫为侍御史，官左中郎将，人称"蔡中郎"。董卓被诛后，他被王允所捕，死于狱中。通经史、音律、天文，善辞章。工篆、隶，尤以隶书著称。其隶书结构严整、点画俯仰、体法多变，有"骨气洞达，爽爽有神"之誉。又曾于鸿都门见工匠用帚写字，得到启发，创"飞白"书。熹平四年（175年），与堂溪典等写定"六经"文字，部分由他书丹于石，立太学门外，世称"熹平石经"，一时学习者颇众。蔡邕的书法理论著作《笔论》《九势》在中国书法史上也占有重要的地位。

三国时期，颍川长社（今长葛市东）人钟繇，被后人誉为"楷书之祖"。钟繇（151—230），字元常。东汉末，为黄门侍郎。曹操执政时，任为侍中守司隶校尉，持节督关中诸军。曹丕代汉后，任廷尉。明帝即位，迁太傅，人称"钟太傅"。其书法师法曹喜、蔡邕、刘德昇，博采众长，兼善各体，尤精于隶、楷。六朝时将他与王羲之并称，"钟王"遂成为书法的最高典范。史载其书擅三体："铭石书"（刻石碑之书，隶体）、"章程书"（楷书）和"行狎书"（行书）。其书法点画之间，多有异趣，结体朴茂、出乎自然，形成了由隶入楷的新貌，是王羲之潇洒书风内在精神的渊源之一。

隶书之后，楷书成为官用书体。三国降至南北朝，中原这块沃土也出现了很多书法大家，如温县人司马师，陈留尉氏（今尉氏县）人阮籍，东郡白马（今滑县东）人成公绥，陈留圉（今杞县圉镇）人江琼，陈郡阳夏（今太康县）人谢安、谢万、谢灵运、谢朓，颍川鄢陵（今鄢陵县）人庾亮，南阳涅阳（今镇平县）人宗炳，济阳考城（今兰考县）人江淹、江总、江式，南阳新野（今新野县）人庾肩吾、庾信，荥阳开封（今开封县朱仙镇附近）人郑道昭等。而以龙门为主的洛阳邙山一代的魏墓志、造像、石幢等刻石和山东掖县（现已撤销）的云峰山、太基山等刻石，则成为魏碑书法的典范之作。在此时期的中原书家中，郑道昭尤为值得称道。

郑道昭（456—516），字僖伯，自号"中岳先生"。曾在北魏孝文帝、宣武帝时任中书侍郎、国子祭酒、秘书监等，先后出任光州和青州刺史。他"少好学，综览群言""好为诗赋"，对书法颇有研究。为其父郑羲而书的《郑文公碑》是他的代表作。其书法运笔舒畅、方圆并用，字字安适，在北朝书法中别具一格。其碑刻主要分布在山东掖县的云峰山、太基山、斧山，平度市的天柱山，益都县（今青州市）的百峰山上。除《郑文公碑》外，著名的还有其《论经书诗》，书法瘦劲俊丽、字体雄浑深厚。其《白驹谷题名》是40多个碑文中最巅峰的碑文，也被认为是1 500百年前中国榜书的巅峰。郑道昭的书法严谨中有飘逸之美，浑朴中有隽永之妙，可以说郑道昭是南北朝书法的集大成者。其魏体楷书为楷之正宗，在中国书法史上占有重要地位。后人把他和王羲之相提并论，分称他们为"北方书圣"和"南方书圣"。

唐及五代，为继秦汉魏晋之后的又一书法高峰期，如洛阳人长孙无忌、阳翟（今杭州市）人褚遂良、陈留（今开封祥符区陈留镇）人孙过庭、巩县（今巩义市）人杜审言、相州内黄（今内黄县）人沈佺期、河内济源（今济源市）人张廷珪、荥阳人郑虔、阳翟（今禹州市）人吴道子、洛阳人元稹、河阳（今孟州市）人韩愈、巩县（今巩义市）人杜甫外甥李潮、怀州河内（今沁阳市）人李商隐、河内济源（今济源市）人裴休、河内沁水（今济源市）人荆浩等，均为一代书法大家。其中，对后世影响显著的是褚遂良和孙过庭。

褚遂良（596—658），字登善，祖籍阳翟（今禹州市），晋末南迁为杭州钱塘（今浙江杭州西）人。太宗时历任起居郎、谏议大夫、中书令。高宗即位，任吏部尚书、左仆射、知政事。后封为河南郡公，人称"褚河南"。因反对高宗立武则天为后，被贬职于爱州（治所在今越南清化）而死。唐中宗神龙中，复官爵。唐德宗追赠太尉。唐懿宗咸通九年（868），诏访其后，护丧归葬阳翟祖茔。其书法继"二王"、欧、虞以后，别开生面。晚年楷书丰艳流畅，变化多姿。唐张怀瓘在《书断》中赞其楷书曰："若瑶台青璅，窅映春林，美人婵娟，似不任乎罗绮，增华绰约，欧、虞谢之。"其楷书代表作有《雁塔圣教序》和《倪宽赞》。

孙过庭（646—691），字虔礼（一作名虔礼，字过庭）。官率府录事参军，文章博雅，尤擅草书，被誉为唐代书坛"第一妙腕"。宋米芾以为"凡唐草得'二王'法，无出其右"。今存其垂拱三年（687年）所撰《书谱·卷上》，阐述正草二体书法，见解精辟，为一书文并茂的书法理论著作，也是中国书法史上书论与书艺双绝的合璧之作。《书谱》的书法，结体遒美，草法周详，对后世影响很大。

宋代，汴京（今开封市）为世界著名的大都市，文化艺术尤其是书法，在世界艺术史上的高竿。当时书法巨坛，不仅有苏轼、黄庭坚、蔡襄、米芾等人，而且有使"隶法复兴"的应天虞城（今虞城县）人王洙。

王洙（997—1057），字原叔，少聪颖，博览强记，遍览方技、术数、阴阳、五行、音韵、训诂、书法，几无所不通。曾任翰林学士，是深受宋仁宗爱重的大臣和书法家。在宋代，隶书又一次复兴。而"隶法复兴"则始于王洙。宋朱长文在《续书断》中称其："晚喜隶书，尤得古法，当时学者翕然宗尚，而隶法复兴。"王洙家学渊源，其父王砺也是著名隶书大家，所作古隶书有《献穆公主碑》《曹襄悼碑》《范文正碑》

《晏元献碑》和《伊先生隔山庵记》等。

另外，此期还有大批书法大家云集于官方机构"宣和画院"，如洛阳人郭忠恕、宋州宋城（今商丘市）人石延年、卫州（今卫辉市）人贺铸、宋徽宗赵佶等。尚意的社会氛围，优越的历史条件，为书家们提供了创作旷世佳作的机遇。南宋、明、清及近代，随着政治、经济、文化中心的外移，中原文化相对式微。但中原书法大家如洛阳孟津（今孟津县）人王铎、开封中牟（今中牟县）人仓景愉等均为后世所折服。尤其王铎的书法更是被后世赞叹不已。

王铎（1592—1652），字觉斯，号嵩樵、石樵、东皋长、二室山人、嵩淙道人、雷塘渔隐、兰台外史、烟潭渔叟、痴仙道人等。明天启二年（1622年）进士，官至南京礼部尚书，又为南明小朝廷的东阁大学士。1645年南京被破降清，顺治年间官授礼部尚书，加太子太保。他博学多才，善画山水与梅、兰、竹、石，工诗文，尤其擅长书法。他学书推重古典，特别强调"宗晋"，认为"书未宗晋，终人野道"。他最有影响的是行草书，晋唐宋兼综，又有自己的鲜明特色。他的书风无拘无束，继承了晋人，开创了新一代的新风格。因此，书坛有"后人胜前人"的说法。就其书风来讲，不仅对清初书坛颇有影响，而且对中国当代和日本乃至东南亚书法均产生了很大影响。

民国以来，中原并不乏书法大家。从实力上看，开封人靳志、许钧、陈玉璋，巩县（今巩义市）人谢瑞阶，滑县人于安澜，定居开封的武慕姚，温县人林国选，定居开封的李白凤、庞白虹等人足可与同时代大家相颉颃。

进入20世纪80年代，在改革开放的大背景下，中原书法艺术进入全面复兴时期。河南书法家协会也于1980年5月应运而生。30多年来，河南书法家协会在谢瑞阶、陈天然、张海等先生的领导下，先后举办了"中原书法大赛""国际书法展览""全国隶书学术讨论会"等一系列全国和国际性大型书法作品展及学术活动；出版了数十部专著和数百种书法作品集，且发表了论文数百篇。周俊杰的《书法复兴的寻绎》，翟本宽的《书法艺术与美》，李刚田的《书印文丛》，王朝宾主编的《民国书法》，张启珍、贾文丰、王富强主编的《书画魂》，黄思源主编的《中国书法通鉴》，刘灿章责编的《王铎书法全集》等，在社会上均产生了较大的影响。除此之外，还创办了"书法函授院"，一些实力较强的书法家言传身教，在培养书法人才的同时，从中历练了自己，书艺得到了提高和发展，如陈天然、张海、桑凡、周俊杰、王澄、李刚田、唐玉润、毛秉乾、海丙离、王朝宾、王鸿玉等皆是如此。自1989年第四届全国书法作品展以来，河南在书法作品展的每一届中无论是奖项还是人选均拔得头筹，被认为是书法大省。从中也涌现了一大批"少壮派"书法家，如宋华平、陈国桢、王宝贵等。

每一种书体的诞生，都经过了长期的孕育和阵痛阶段。其间，中原丰厚的文化积淀，给予了它丰富的营养，并起到了一定的催生作用。中原书法家在汲取中原文化、修养自身的过程中，也赋予其书法作品以独特的个性，从而形成了"雄浑透劲健，质朴蕴灵动"的书风。在中国书法艺术的发展过程中，中原书法家功不可，他们不但多有开创之功，并且具有较强的引领作用。

二、中原绘画艺术及名家

中原绘画艺术作为一门独立的艺术，具有悠久的历史，无论是表现形式、艺术风格，还是表现技法，都有其独特之处。

从考古实物资料和现有文献记载来看，中原早在新石器时代就产生了绘画，它的标志就是彩陶的出现。如陕县庙底沟出土的陶钵、临汝（今汝州市）出土的《鹳鱼石斧图》鱼缸等，其上的图案虽然由简单的点、线组成，但画面完整，表现了一定的寓意。商周青铜器的发展使绘画艺术达到了一定的水平，其上的纹饰内容丰富、造型优美、变化多样。春秋战国时期乃至汉代，绘画艺术趋于成熟，并被广泛地应用在当时的社会生活中。就其载体讲，主要是壁画。自20世纪50年代起相继出土的洛阳西汉墓中的《鸿门宴》壁画、洛阳西汉晚期的卜千秋墓壁画、密县（今新密市）打虎亭一号汉墓的《宴饮百戏图》、南阳汉画像石刻艺术等，都说明了这一点。

三国以降，绘画艺术所反映的题材范围扩大，其载体也随之丰富起来。中原画家代不乏人，如温县人晋明帝司马绍，东晋南阳涅阳（今镇平县）人宗炳，南朝齐荥阳阳武（今原阳县）人毛惠远，隋汝南（今汝南县）人董伯仁，唐阳翟（今禹州市）人吴道子，荥阳人郑虔，西安人韩干，五代后梁洛阳人张图，河内沁水（今济源市）人荆浩，北宋洛阳人郭忠恕，白波（今孟津县）人武宗元，温县人郭熙，宋徽宗赵佶，开封人苏汉臣、吴琚，南宋河阳（今孟州市）人李唐和李迪，清孟津人王铎等，均为画坛一代俊彦。其中，宫廷画院画家与布衣画家相互辉映，尤其是宗炳、吴道子、荆浩、郭熙、李唐、李迪等在中国绘画史上具有很大的影响和重要的地位。

宗炳所著《画山水序》"竖划三寸，当千仞之高；横墨数尺，体百里之迥"的理论，阐明了远近法中形体透视的基本原理和验证方法，比意大利画家勃吕奈莱斯克（1377—1446）创立的远近法的年代约早1 000年。其文末"畅神"的说法，强调风景画的创作是画家为表达意境而借用自然形象，促进了中国绘画中的"现实主义"理论进一步发展，可谓文人画之先驱。

吴道子（约685—758），名道玄，字道子（初名道子）。他出身寒苦，幼年丧父，自幼年起便跟人学画兼雕塑。由于他刻苦学习，"年未弱冠"便"穷丹青之妙"，在绘画上小有名气。青年时曾任兖州瑕丘（今山东兖州）的县尉。唐玄宗开元年间到东都洛阳，曾跟著名书法家张旭、贺知章学习书法。学书不成，又转而攻画，画艺渐至化境。后为唐玄宗所赏识，旋即召进宫中，改名道玄（后人避唐玄宗庙讳，改为道元）。开元四年（716年）授以"内教博士"，四年后又升为"宁王友"等职。至此，他得到了得天独厚的绘画条件，创作了大量的人物、山水等艺术作品。他的人物画，尤其是佛道人物，"奇踪异状，无一同者"，形象真实，富于想象力，"出新意于法度之中，寄妙理于豪放之外"。其画落笔雄劲，敷粉简淡，不以颜色取胜。其线描极富运动感，所勾衣线飘逸流畅，有"吴带当风"之誉。其山水画重在写意，曾在长安大同殿一日画就嘉陵江三百余里山川风光，得到唐玄宗的高度赞誉。对于他的画，苏轼给予了很高的赞赏，认为"画至于吴道子，而古今之变，天下之能事毕矣"。其绘画风格对后世也影响深远，被后人尊为"画圣"，被民间画工奉为祖师。

荆浩的山水画理论著作《笔法记》，明确地提出了艺术创作的六个要点，即"夫画有六要：一曰气，二曰韵，三曰思，四曰景，五曰笔，六曰墨"。这种绘画理论，对后代山水画的创作有着重要的影响。

郭熙的传世佳作有《早春图》《春山图》《幽谷图》《窠石平远图》《远山图》等。他的山水画论——《林泉高致》（其子郭思纂集），在山水画的创作方面提出了不少独到的见解，对于后代画家的创作不无启迪和指导意义。

李唐晚年去繁就简，创"大斧劈"皴，开创了南宋山水画的新画风。后来人们把他与刘松年、马远、夏圭一起称为"南宋四家"。他的传世佳作有《万壑松风图》（现藏台北故宫博物院）、《长夏江寺图》（现藏北京故宫博物院）、《采薇图》（现藏北京故宫博物院）、《清溪渔隐图》（现藏台北故宫博物院）等。

李迪擅画花鸟、竹石、走兽，长于写生，写寒禽且能表禽鸟孤独之意，画竹能尽其疏之状。在画风上，他采用工笔与粗放相结合的方法，从而形成了一种新的格调，是使南宋花鸟画风改变的代表人物。其传世作品有《雪树寒禽图》《海棠睡起图》《枫鹰雉鸡图》《古木竹石图》等。

中原先贤们的艺术成就及洛阳龙门石窟、巩义石窟等造像艺术和朱仙镇木版年画等民间艺术，均有着极强的艺术生命力。这一切，再加上中原深厚的文化底蕴和独特的山水、风俗民情，孕育了一大批中原乃至全国画坛的精英。

早在中华人民共和国成立前夕，就有一批河南籍和一些外省籍后调入河南的画家活跃在中国画坛，他们以笔为枪，为中华民族的生死存亡鼓与呼。河南籍的如李剑晨、谢瑞阶、丁折桂、梁冰潜、叶桐轩、秦岭云、卢光照、夏风、魏紫熙、马基光、田零、龚柯、陈天然等；外省籍后调入河南的如沙清泉、郝石林等。又是他们承前启后，在新中国成立后取得了一定的绘画成就，其中一些人在培育中原绘画人才方面作出了卓越贡献。

中华人民共和国成立后的"十七年"时期，谢瑞阶、陈天然、史正学、吴懋祥等人的作品在全国较有影响。谢瑞阶创作的《大河上下浩浩长春》陈列于人民大会堂，被公认为是黄河画的杰作；陈天然的版画《山地冬播》参加全国美展，并被多家报刊发表；史正学的国画《晨钟响了》获1957年"全国第一届青年美术作品展览"一等奖；吴懋祥的连环画《战火中的青春》获1963年全国连环画奖，并由河北美术出版社出版。此后，谢瑞阶的国画《黄河在前进》等作品参加全国美展；王威的版画《胸中自有雄兵百万》、李自强的国画《暮色》《大吉图》参加全国美展并获奖。

改革开放以来，中原涌现出大批优秀画家及大量精品佳作。如王宏剑的油画《奠基者》《冬之祭》《阳关三叠》、曹新林的油画《粉笔生涯》、谢冰毅的国画《黄河之秋》、李伯安的国画《日光峁上》及百米长卷《走出巴颜喀拉》、段正渠的油画《红崖屹岔山曲曲》《七月黄河》、丁昆和毛本华的油画《沙风》、李明的国画《太行浩气》《长龙卧雪》、王颖生的国画《苦咖啡》、方照华的油画《难忘的歌》、李小然的版画《罗申特尔》、马国强的国画《凉山霜晨》、韩学中的国画《北方少女》《治病救人》、刘德功的国画《荷魂》、桂行创的国画《积翠重苍》、陈文利的国画《一年好景》、李运江的国画《松鹰图》、沈克明的国画《山村节日》、郝大欣的国画《青春同路人》、左国顺的油画《工区雨季》、王克印的国画《白鹭秋水》、连俊洲的国画《晨韵》、高敬安的国画《太行金秋》、白印的国画《幽谷泉唱图》……其中最值得一提的便是李伯安的作品了。

李伯安（1944—1998），河南洛阳人。1962年毕业于郑州艺术学院美术系，曾任小学教师、工厂美工。1975年后在河南人民出版社、河南美术出版社任编辑。他的作品《走出巴颜喀拉》，以黄河为创作构思的依托，以迫近观众视野的近景为基本框架，使用从黄河到巴颜喀拉山的群像构图，表达了大江东去的豪情壮志。他为艺术献身的精神及艺术作品令人敬佩不已，被画界誉为"20世纪中国画坛的骄傲"。

另外，河南籍在外省市工作的一批画家，如鲁慕迅、邹宗绪、侯德昌、王成喜、郭全忠等，也取得了卓越成就。当前，中原油画基础好，国画势头劲，水彩水粉画潜力大，木刻漫画影响广。中原古代的绘画曾经辉煌，当代的绘画又谱新章，在中国艺术之林也可谓独树一帜。

第三节　中原文化中的戏曲艺术

一、中原戏曲艺术的种类和名剧目

中原戏曲是中原文化中的瑰宝，是将文学、音乐、舞蹈、武术融合在一起的综合艺术。

中原地区拥有丰富的戏曲资源，且戏曲历史悠久，戏曲演出活动是中原民众文化娱乐的最主要形式。中国最早的歌舞剧《公莫舞》表演的就是汉武帝时代发生在中原的故事。唐代著名的民间音乐节目《踏摇娘》表演的是北齐时期发生在河内（今沁阳市）的故事。元明时期，中原流行杂剧。元代彰德（今安阳市）人郑挺玉是著名杂剧家，撰有杂剧22种。明代开封周王府周宪王是明初著名的杂剧家，著有《诚斋乐府》，收录杂剧31种。明中期以后，中原流行的是传奇剧。当时新安人吕履恒的《洛神庙》及其孙吕公溥的《弥勒笑》等，皆轰动一时。从清朝以来，外省流入和河南原生的歌剧有近50种，剧目也很可观。

中国戏曲音乐主要有两大结构形态：一是曲牌连缀体，一是板式变化体，也称板腔体。按此划分，中原戏曲剧种可分为几个类型。

曲剧、大弦戏、罗戏、杨高戏等属于连缀体剧种。板腔体剧种类型有越调、怀梆、宛梆、豫剧、戏曲、大平调、四股弦、卷戏、坠子戏、怀调等；综合体剧种是指音乐咏叹调结构中既有板腔，又有杂调小曲的剧种。这些剧种大都是由花鼓或其他民歌不断演变而形成，如由打五件、花鼓灯演变的豫南花鼓戏以及由豫东花鼓、苏北鼓演变而来的四平调和二夹弦。除此以外，在莲花落的基础上形成了一个落腔。祭祀性剧种是指在民间祭祀活动时演出的剧种，如目连戏。

中原戏曲还有一些很古老的地方歌剧，如越调、豫剧和大弦戏，有"唐三千，宋八百，演不完的是列国"之说。中原戏曲剧目有表现传统生活的传统剧目，有新创作的古代剧目，也有表现现代生活的剧目，它们继承了不同时代的道德原则、世俗人情、思想和行为，是艺术反映的社会发展史，也是一笔丰厚的文化宝藏。

反映古代生活的传统剧目如下：表现封建社会忠奸斗争的剧目，如《火焚摘星

楼》《抱烙柱》《反五关》《伐子都》《姚刚征西》《八义图》等；表现清官公案之类的
剧目，如"包公戏"《下陈州》《审牌坊》《铡郭槐》《秦香莲》，"海瑞戏"《安乐州》《严
海斗》、"刘墉戏"《铡西宫》《下南京》等；表现阶级压迫官逼民反的有"水浒戏""瓦
岗戏"；弘扬民族气节、歌颂民族英雄的有"杨家将戏""岳家戏"；反映古代征战生
活的有"三国戏""列国戏"。此外，还有大量表现民间日常生活、男女爱情之类的
剧目如《蝴蝶杯》《香囊记》《赶花船》《桃花庵》《风雪配》《李天保吊孝》《白奶奶醉
酒》等。

新编古代剧目是创作者选取古代生活的素材新创作的剧目。有影响的有《岳飞》
《洛阳令》《血溅乌纱》《程咬金照镜子》《秦香莲后传》《风流才子》《司文郎》《春秋
出个姜小白》《风雨行宫》等。表现现代生活的剧目有《人欢马叫》《刘氏牌坊》《李
双双》《社长的女儿》《游乡》《扒瓜园》《五福临门》《香魂女》《吵闹亲家》等。这批
剧目生活气息浓郁，时代特色鲜明，反映了时代新人积极、热情、蓬勃向上的精神面
貌。而豫剧《朝阳沟》更因其感人的情节、生动的语言、优美的唱腔、鲜活生动的人
物形象而成为现代戏中最具影响力的经典之作。

二、中原戏曲中所体现的人文精神

中原戏曲是中原文化土壤中孕育出来的艺术之花，它的诞生、成长、发展，所
表现的内容、所蕴含的内在精神，都与中原文化密切相关，体现了鲜明的中原人文
精神。

其一，中原戏曲蕴涵着海纳百川的"包容"精神。中原在历史上，长期作为政
治、经济、文化中心，其文化的性质具有"中和"即吸纳与包容的特点。产生于中
原文化土壤中的中原戏曲继承了这种精神品格。比如，中原最具代表性的剧种——豫
剧，从清代乾隆年间诞生起，就广泛吸收了罗戏、弋阳腔、昆曲、卷戏、京剧等剧种
的曲目，并吸收了河南坠子和鼓子曲等说唱艺术和民间舞蹈的艺术元素。在清朝末
年，豫剧由一个小戏剧发展成为备受关注的大剧种。在 20 世纪 80 年代，迅速传播
到了 21 个省，被公认为当今中国剧坛最大的地方戏。中原的其他剧种如曲剧、越调、
豫南花鼓、四平调等也因其非凡的包容能力而不断发展、成熟和壮大。正所谓"泰山
不让土壤，故能成其大；河海不择细流，故能就其深"。

其二，中原戏曲彰显"惩恶扬善"的思想观念。中原地区有着悠久的农业历史，
也是一个长期保持宗法制的地区。农业社会和父系社会的和谐靠着宗法制来维护，围
绕"孝道"为中心。伦理道德规范成为大家共同遵守的社会规范。在中原文化中诞生

和成长的中原戏曲，与生俱来地带有尊重道德价值的意识，惩罚邪恶，把善举作为最重要的审美原则。反映社会生活的所谓"一国之戏"，大多宣扬了维护忠诚、清正爱民的观念，批评了那些媚外求荣、误国殃民的贪官污吏。表现清官、公案之类的"包公戏""海瑞戏"，宣扬的是廉明清正、为民请命和替民平冤的正义精神，寄托着人民群众惩恶除奸的强烈愿望。表现阶级压迫、官逼民反的"水浒戏""瓦岗戏"，矛头直指神圣不可侵犯的皇权和封建制度的"打朝"戏，剧中所塑造的是嫉恶如仇、敢于反抗的人物形象。以三国时代为背景的征战戏，弘扬的是英勇顽强、舍生取义、励精图治、锐意进取、"先天下之忧而忧，后天下之乐而乐"的道德情操和精神。即使是反映当时生活的家庭戏剧，也集中赞美正义、谴责不公正，具有催人向善的教化功能。

其三，中原戏曲抒发了强烈的爱国主义情怀。盛传于中原地区的儒家文化，曾被人叫作"人伦—政务"文化，其中心便是"正心、诚意、修身、齐家、治国、平天下"。鲜明的伦理意识和政治倾向，构成了中原戏曲对爱国主义、集体主义、自我奉献精神的弘扬，如歌颂卫国戍边、勇于牺牲的杨家将戏、岳家将戏，歌颂豪情满怀、抵御侵略的巾帼英雄戏《花木兰》《涤耻血》等。

其四，中原戏曲蕴涵着坚忍不拔、自强不息的"柔韧"品格。中原人长期的生活历程，构成了中原文化坚忍不拔、自强不息的文化内容。老子思想将其概括为"柔弱"，"柔弱"就是"柔韧"，"柔弱胜刚强"这一特点在中原戏曲女性剧目中尤为突出，如《大祭桩》《三上轿》《王宝钏》《洛阳桥》《秦雪梅》《义烈风》等。这些剧中的女主人公在忠于爱情、抵抗邪恶的过程中，泼洒着美，升腾着爱，委婉中见坚毅，柔弱中蕴刚强，不达目的决不停息，充分展示了中原女性善良贤淑、忍辱负重、坚贞顽强、贫贱不移的美好品格。

三、中原文化中的戏曲名家及其贡献

中原戏曲自诞生以来，曾涌现出了一批批优秀的艺术名家。其中的各个剧种，可谓流派众多、名角如云，他们为中原戏曲的发展兴盛作出了重要的贡献。因篇幅所限，仅能介绍中原几个主要剧种有代表性的名家及其主要贡献。豫剧在清代、民国年间，以开封为中心的祥符调流派，最杰出的代表人物有小旦李剑云。李剑云天赋佳喉，唱腔清脆圆润，婉转曲折，如珠走盘，被当时优伶界感叹为空前绝后之才。须生泰斗王海晏，神扬气足的唱做，为他赢得了"关大王"的美称。以商丘为中心的豫东调流派的"红脸王"唐玉成，因其高低搭配，有说有唱，富于变化的激情演唱而成为红生行当的一面旗帜。豫西"三张"张同庆、张小乾、张福寿是流行在豫西一带的豫西调流派的代表人物，张同庆擅演大头老生，嗓音大腔大口，雄浑爽朗；张小乾专攻"衰派"须生，讲究唱做，含蓄深沉；张福寿擅长"马上红脸"，刚健洒脱，自然质朴。

20世纪50年代以来，随着豫剧各地域流派的交融、合流，逐渐形成了以艺术家演唱风格为代表的个人流派，最为著名的是被誉为豫剧"六大名旦"的常香玉、陈素真、崔兰田、马金凤、阎立品、桑振君。六大名旦特色非常鲜明：常派舒展自如、高亢奔放；陈派优美端庄、娟秀典雅；崔派深沉哀怨、委婉缠绵；马派明快爽朗、刚劲豪迈；阎派温文含蓄、清纯细腻；桑派清新率真、俏丽精致。此外，还有须生名家唐喜成创立的唐派艺术，刚劲、峭拔、激越、明亮的"二本腔"演唱，提高了豫剧生行演唱的艺术质量。以创作现代戏而成名的著名编导艺术家杨兰春，戏曲音乐家王基笑，著名表演艺术家高洁、马琳、魏云、王善朴、柳兰芳等集体创立了豫剧艺术的新流派"三团派"，在现代戏《朝阳沟》《刘胡兰》《小二黑结婚》等剧目中，以崭新的艺术风格，塑造了鲜活的人物形象。

曲剧是20世纪初叶由"鼓子曲""高跷曲"正式演变而成的。当时的代表人物有嗓音婉转、姿态俏丽的旦角演员朱天水，有表演俊雅飘逸的生行演员朱六来，有将南阳大调曲子与洛阳小调曲子融合得优美娴熟的旦角演员柴清奇，有唱做稳健传神的旦角演员李金波。20世纪50年代以来，张新芳主演的《陈三两》《祭塔》，唱腔刚健明亮、朴实无华。王秀玲主演的《风雪配》《游乡》，唱做细腻、风姿绰约。须生演员马骐饰演的寇准、黑头演员谢禄饰演的包公、丑角演员海连池饰演的小苍娃等，均在观众中享有盛誉。

越调剧种中，活跃于清代、民国年间的有旦行演员筱金钩、李桂红，须生演员罗金章、史道玉、张春德、孙书德等，更为人称道的是生旦兼工、人称"大宝贝"的张秀卿。20世纪50年代以来，在越调舞台上最具影响力的名家是申凤梅，她在《收姜维》等剧中塑造的诸葛亮，唱腔浑厚激越、做派气度非凡，以"活诸葛"的美誉征服了万千观众。旦角名家毛爱莲亦以其鲜活生动的唱做与之相映生辉。

第四节　中原文化中的民间艺术

一、中原民间艺术的类型

中原民间艺术，历史悠久、源远流长。在它漫长的发展过程中，创造和形成了异彩纷呈的不同形态和类型，并伴随着时代的发展而不断演变。中原民间艺术根在中原热土，成长得益于中原的民俗风情，其文化内涵丰富，具有较高的艺术审美价值，而且生动鲜明地表现了中原民间艺术的特征，世世代代深受人们的善待与珍爱，丰富了中原人们的精神文化生活。

民间艺术是民族艺苑里有着泥土芬芳的奇葩，具有自然、淳朴、清新、刚健、粗犷、味醇的特色。中原的民间艺术，是人民心灵的真诚、率真和自发表现，广大人民群众借由它倾吐快乐和幸福的感受。观照其类型，基本上可分为民间歌曲、民间舞蹈、民间说唱、民间器乐、民间游艺、民间竞技、民间工艺等。下面对其艺术表现做简明介绍。

（一）民间歌曲

因中原地区辽阔，中原的民间歌曲有不同的山系和水系，形成了"号子""山歌""田歌""小调""道情"等。"号子"产生于各种劳动场合，如拉纤、行船、伐木、搬运、建筑等，配合劳动，即兴而有节奏地哼唱与合唱，协调劳动动作，激励劳动情绪，或一领众合，或众领众合，此起彼伏，交换重唱。按劳动所在的环境区分，形成了江河号子、建筑号子、码头号子、划船号子、打夯号子、伐木号子等，著名的有激情洋溢的黄河号子、淮河号子等。"山歌"也就是山野山乡之歌，主要流传在大别山、桐柏山、伏牛山、太行山一带。以信阳采茶歌、五句头山歌、淮河渔歌、黄河渔歌和山乡牧歌为代表。流传在大别山的"挣颈红""慢赶牛""商城民歌"最为有名。"田歌"主要流传在今信阳、南阳等地，其中以豫南的"薅草锣鼓""车水锣鼓""耥稻歌"为代表。"小调"是流传在城镇社会生活中的民歌民谣，结构对称完整，旋律婉转，世俗生活情调浓郁，其中"五更调""四季调""对花调""绣荷包"和"夫妻观灯"最为流行，呈现出不同的风采，延续着中原文化的根脉和文脉。

（二）民间歌舞

民间歌舞是民间歌曲和民间舞蹈相结合的一种艺术样式，歌、舞、乐相互交融，载歌载舞。中原民间歌舞多以"龙舞""狮舞""秧歌""灯调""鼓舞""扇舞""花挑"的形式为主，其中"开封盘鼓""黄河得胜鼓""小相狮舞""槐店文狮子""郑州狮子鼓""荥阳笑伞""孟州火龙舞""高抬火轿""齐天圣鼓""艾庄铜器舞""中原抬阁""麒麟舞""商城火绫子"等最具特色，体现了中原人民的艺术智慧，展示了中原民间歌舞的艺术风采。

（三）民间器乐

民间器乐是用民间乐器演奏的民间音乐。在漫长的艺术发展过程中，中原民间器乐基本上形成了吹、打、拉、弹等样式。吹奏乐器有笙、唢呐、管子；打击乐器有鼓、锣、钹、镲；弹拨乐器有古筝、古琴、月琴等；拉弦乐器有板胡、坠胡、二胡、三弦、四弦等。这些不同乐器根据需要，可进行不同的组合，在演奏过程中形成了不同的乐队，可在休闲娱乐、婚丧嫁娶、节庆祭祀中进行演奏。最为知名的有"白马寺宗教乐曲""超化吹歌"、南阳"板头曲""许昌筹乐""大任山道教音乐"、长葛的"葛天乐"和大铜器、登封的"许由琴曲"等，积淀、释放着中原的人文精神。

（四）民间说唱

民间说唱是融音乐、文学和表演为一体的传统综合民间艺术。根据自娱自乐和生活需要，或以说为主，或以唱为主，或有说有唱，或说唱表演融为一体。"讲述故事，表现人物，叙事状物，抒发感情"，形成了别具风韵的地方艺术特色。比如，河南坠子、河洛大鼓、王屋琴书、信阳灶书及不同地区的道情，深受中原人民的喜爱。

（五）民间游艺

中原的民间游艺是艺态纷呈的游戏娱乐民间艺术活动，有娱乐性、对象性、地域性、民俗性等特点，其形式多种多样，有表示智能的，有表示体能的，有智能和体能相结合的。从空间活动来看，有室内的，有庭院的，有广场的，如七巧板、滚铁环、抓石子、跳绳、跳皮筋、拔河、秋千、毽子、象棋、斗鸡等。最受中原人民喜爱的民间游艺有摆方、丢窑、跳茅缸、赶羊角及信阳、南阳、驻马店等地的划龙舟，开封的放风筝，洛阳的猜灯谜等。这些民间游艺活动，均体现了中原的民俗、民风和民情，是珍贵的非物质文化遗产。

（六）民间工艺

民间工艺是人民群众创造、娱乐和传承的工艺美术，形式多样，内容丰富多彩，美不胜收，既满足了人们衣食住行的实用需要，也满足了人们精神文化生活的审美需求。中原最著名的民间工艺有钧瓷、汝瓷、汴绣、宫灯、竹编、玉雕、砖雕、木雕、根雕、蛋雕、烙画、泥塑、风筝、唐三彩、木版年画、民间剪纸、棠溪宝剑、黄河澄泥砚、中原女红等。中原民间工艺魅力深厚，声名天下，其中有的已形成文化产业，成为人们认同的著名品牌。

二、中原民间艺术的审美特征

中原民间艺术是中原文化的重要内容，是按照美的规律创造的。它除了具有原始性、原创性、民族性、群体性、科学性、教育性、丰富性、目的性、实用性之外，还具有鲜明独特的文化审美特征、特色和特质。

爱美之心，人皆有之。中原人对美更是一往情深，世世代代的中原人热爱美、发现美、创造美、歌颂美。中原人民创造的民间艺术无一不是关于中原文化审美性的艺术表达。他们善于歌，善于舞，善于乐，长于艺术和精神的审美。不同类型的中原民间艺术都是中原历史文化的积淀，都具有较高的美学价值，有着鲜明的审美特征。

（一）中原民间艺术的地域性审美特征

地域性是指民间艺术文化在空间上所展示的基本特征，这种特征也可称之为文化的地理特征和乡土特征。由于中原自然环境和人文环境的不同，在民间文化艺术上呈现出多种变化和审美特色。中原的民间歌舞，如"开封盘鼓""黄河得胜鼓""小相狮舞""槐店文狮子""郑州狮子鼓""荥阳笑伞""孟州火龙舞""高抬火轿""齐天圣鼓""艾庄铜器舞""麒麟舞""商城火绫子"等，在社会风貌、民俗风情、思想情感诸方面，均具有鲜明的中原文化地域特色，是有口皆碑的精品。这些艺术歌舞表现了中原的地域景物与民俗风情。

（二）中原民间艺术的变异性审美特征

这是指中原文化在稳定性的基础上，具有与时俱进不断变化的特征，这种特征与群体性、集体性相关，如关于中华民族民间艺术起源的一些具有典型意义的民间歌舞，很多都产生于中原这块古老的土地。龙是中华民族的象征，从古至今，中原人崇拜龙、热爱龙、赞美龙。龙的故事世代相传，分布在中原的东西南北。濮阳发现的距今 6 000 余年的"中华第一龙"是中国龙的神话在中原出现的考古实证，同一母题的龙的神话传说在中原各地广泛流传。这一审美特征在中原龙舞、中原狮舞、"葛天乐""许由琴曲""河南坠子""河洛大鼓""王屋琴书""信阳灶书"等艺术样式中不断变异，其文化的美、动态的美得到了鲜明的体现。

（三）中原民间艺术的传承性审美特征

对民间艺术的传承性特征可作不同的解读。有学者认为，传承性就是因袭性和保守性，重视的是传统观念和传统意识的传承。笔者认为，中原民间文化艺术的传承性具有比较广泛的意义，它既包含着某些思想意识的传承，也包含着人们喜闻乐见的艺术形式和风格的传承。岁时节令民谣、黄河号子、淮河号子、信阳采茶歌、淮河渔歌、黄河渔歌，流传在大别山的"挣颈红""慢赶牛""商城民歌"，流传在江淮等地的"豫南花鼓""薄草锣鼓""车水锣鼓""耥稻歌""五更调""四季调""对花调""绣荷包"和"夫妻观灯"等，艺术结构完整，旋律婉转质朴，世俗生活情调浓郁，虽历经漫长的历史，这些审美特征仍得到了很好的保护与完整的继承；其独具特色的艺术风格传承至今，鲜活地呈现在人们的文化生活家园里。

（四）中原民间艺术的扩展性审美特征

中原民间艺术的扩展性审美特征是指中原民间文化艺术在空间上伸展的蔓延性，也包括中原文化艺术横向传播的过程。正是中原民间文化纵向传承和横向扩布的结合，使中原民间艺术具有了广阔的空间，并促进了中原民间艺术文化多元化的互相吸收、融合与发展。中原民间艺术文化的扩展性与传承性密切相关，共同构成了中原民间艺术文化的传承，形成了一种时空文化的连续体。这一审美特征在中原民间音乐、民间歌舞、民间器乐、民间工艺等艺术门类中的表现最为集中和突出，在题材、风格、旋律、表演上都充分体现了它们在艺术空间的传播、流传和影响。从审美文化视角审视中原民间艺术，可知其技艺精湛、精美绝伦，不但深受中原人民的喜爱，世代相传，而且随着中原人民和艺人的努力传播到了全国各地，对中国民间文化艺术的形成与发展作出了历史性的贡献。

（五）中原民间艺术的类型性审美特征

中原民间艺术文化的类型性审美特征是指中原民间艺术的表现形式，是一种被认同和坚守的风范和标准。这既是一种稳定的定型化的文化艺术思维习惯，也是一种被遵循的艺术文化风尚。因为中原民间艺术植根在中原的生活之中，吸收了民间民俗文化的营养，所以形成了中原民间艺术的类型和固定的风格。比如，中原文化的朴实、亲和、乐观、随意、厚重等风格就体现在中原不同形态的民间艺术之中。

中原民间艺术是民族的多元审美文化，雅俗共赏地诠释了中原民间艺术的审美特色，对认知中原文化的特征、认识中国文化的特征，均具有重要的理论价值和现实意义。

民族文化艺术的繁荣和发展必然经受民间艺术的浸润和滋养。《孟子·尽心下》中说："充实之谓美，充实而有光辉之谓大。"植根中原的民间艺术，是充实而熠熠生辉的一种大艺术、大文化；它或壮美，或优美，或文雅，或通俗。中原民间艺术在继续传承、释放自身魅力，保存原生态的同时，将会显示出更加旺盛的生命力。

第四章 "一带一路"倡议下中原建筑文化的建设

第一节 中原地域建筑的特征分析

一、文化建构

彼得·布查恩依据"耗散结构"理论提出："自然进化是反熵的，它不断地导致更高层次的秩序，就像任何动态的人类文化一样。"建筑内在结构系统只有开放，其发展机制才能不断得到能量和信息，以抵消或超过系统内部产生的无序，减少熵的增加以保持自身的稳定。稳定是发展的前提，但系统的演进方向是不确定的，它取决于系统本身吸收负熵以排除正熵的能力，这种能力有赖于文化建构过程中的各个环节（图 4-1）。如果成长是增加的过程，而发展意味着结构的改变，那么越是以积累了的结果作用于人们，人们越是会失去主体性。一种风格的建筑从完美走向衰落，由新的风格所替代，不是某些人决定的，而是文化建构的动态演变的必然趋势（图 4-2）。这就促使建筑秩序朝着获得更大的涵括性和适应性的目的演进。

（一）建筑设计与文化思维

就地域建筑文化的研究而言，较多的是对建筑本身的研究，往往忽视了建筑的创造者，即营建者或建筑师的学习设计过程。体现在建筑师设计思维中的文化影响力和文化精神是区域建筑文化发展的主要因素。

由于文化的基本特征在于思考，所有人类发展的文化都是"人"本身的产物，是人类从生物学角度出发的产物，也是人类主动性的哲学。正如阿根廷作家胡里奥·科塔尔所述："我们称之为文化的东西，基本上只是我们的特性的顽强存在和表现而已。"

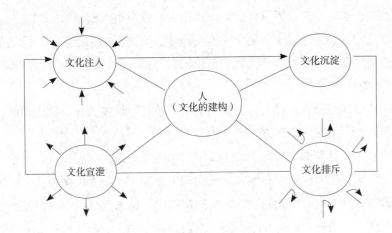

图 4-1 文化建构关系图示

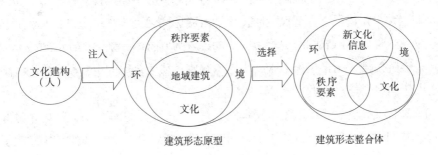

图 4-2 建筑秩序发展的机制

对建筑师来说，其所用的语言、所处的文化环境及知识结构、认知结构、个人经历、经验和个性等文化因素对其创作机制有着深刻的影响。建筑师的设计思维是一种高层次的心理活动，其机制以创造性为核心。为什么对同一设计任务、相同的基本条件和相同的功能要求，建筑师有不同的设计思路和解决方案？这源自他们在设计活动中创作机制上的差异。这种差异根本上是由文化造成的，即文化思维的差异。

日本心理学家仓石精一认为："思维是关于思和想的事情，也称为思考。从广义上说，思维是对'问题情境'找出解决方法所经历的过程的总称。从狭义上讲，它是指运用语言来表达观念所形成的新的构成的过程。"各民族在与自然长期斗争中，产生了自己特有的语言。语言作为思维的外壳，体现了一个民族的思维习惯。语法作为思维反映现实要素的顺序的表现，具有民族性和不可渗透性。正如泛尔夫所说："一个人的思想形式受他不知道的语言形式的不可抗拒的规律支配。"只会讲本族语的人很难意识到语法范畴铸造思维模式这一过程的特性。虽然同样的概念思维可以用不同的语言来表达，但人在说母语以外的另一种语言时并没有改变基本的思维方式，只不过是进行语码的转换而已。中原文化对河南地域建筑的影响在语言和思维的关系上亦如此。语言正是通过对思维模式的铸造来建构文化精神的。这一点可以从不同地域文化与建筑的比较研究中得以证实。

就河南地域建筑而言，有三种文化类型对建筑师思维模式起着关键作用，即传统中原文化、现代中原文化和西方现代文化。

传统中原文化对河南传统城市和建筑的影响可见一斑。阴阳、八卦、五行始终是中原文化从整体直观的角度把握宇宙、社会和生活的一种基本思维模式。这种思维模式强调内省与体悟，是一种凭借经验累积的辩证观。这与大一统的封建国家和自给自足的农业生产方式相适应。这种思维模式在长期应用中，创造了一种被公认的古代中华文化，为世界文明作出了贡献。这种思维方式造就的中原文化生生不息，一直延续至今。在这种文化背景下，现代中原文化不可避免地受到传统思维方式潜移默化的影响，显现出这种思维方式的历史局限性，如过分强调整体的重要性，以致极大地压抑了人的个性的发展；由于偏重直观、生动的想象，缺乏合理的定性和定量的逻辑分析和论证，阻碍了科学技术的发展。

西方现代文化的产生可以爱因斯坦的相对论为标志，它不但突破了以牛顿经典力学为代表的旧科学体系，而且冲破了一个旧思维体系，西方人的思维结构发生了深刻的变化。现代主义的反传统和非理性倾向可以在现代西方科学中找到支持。随着我国改革开放的不断深入，西方现代文化的新观念、新方法日益被中国建筑师所接受，外来文化的冲击给中国建筑界带来了前所未有的活力和挑战，由于思想的解放、创造力的开拓，产生了大量优秀的建筑作品。

我们在学习、借鉴一个建筑师的作品时，应当从建筑入手去分析其创作机制中的思维特质，尤其是文化的影响，才能掌握个中真谛。模仿和抄袭是不可能产生有创造性和感染力的作品的。现代社会发展到今天，思维方式不断变革，已具备多元化、综合性等特点。各种新理论、新方法层出不穷。建筑师在设计过程中可以专注于某种思维方式，但在实际思维过程中，各种思维方式绝不是互相排斥的，而应该是互补的。强调思维的文化性，就是要使人们认识到传统思维方式和个人思维方法中的优势和不足，在发扬自身传统思维擅长整体把握、直觉领悟等优点的同时，自觉学习逻辑和认识论，提高思维的逻辑性、准确性、深刻性和敏锐性，达到创造力的增强。建筑师所从事的工作是建设性的文化事业，创造性是文化进步的本质。就此而论，建筑师可怕的不是重复别人，而是重复自己！如果不能在认识、思维方式上超越自我，很难在创作上有新意，达到更高的境界。未来的希望在于教育，在于从文化思维上培养和塑造建筑师的创作机制，这也是开创中国及中原建筑新文化的必由之路。

（二）河南地域建筑文化的演进

河南地域建筑文化的形成是中国传统建筑文化演变的反映。"河南地域建筑"的概念本身包括三个方面：地理意义上的空间范围，文化和民族的渊源及地域性，人们居住、生活的环境和方式。就地理意义上的"中原"而言，主要指黄河中下游、淮河上游地区。根据今天的行政区划分及沿袭的传统说法，主要为河南省及其相邻省的部分地区。

自然的地理环境不是一个纯自然因素的静态客体，而是与人的活动密切相关的，是文化形成的重要因素之一，建筑的起点和终点则是人与自然的关系。在人类早期，建筑发展非常缓慢。例如，在石器时代，工具落后，意识形态模棱两可，导致人类对"建筑"只能停留在对自然形态直接利用和简单改造中。人类通过对自然的认识，透过物的构成方式，掌握其表层下面的某种结构。这种结构一旦揭示出来，人类就有可能按其自然形态将自然物分解，按自己的意愿重新进行组合，以满足人的需要。正如《墨子·辞过》中所述："古之民……就陵阜而居，穴而处。"《礼记·礼运》中的"冬则居营窟，夏则居橧巢"，描述了当时黄河和长江流域的居住情况。穴居和巢居成为中国建筑的两大原始体系，在此基础上，由穴居逐渐发展为半穴，再由半穴逐渐发展为地面建筑。

中原地区的土壤、气候、水利等自然条件为发达的农业文化提供了优越的物质基础，以自给自足为主的家庭式农业经济使家族宗法观念增强，对祖先的崇拜直接影响到儒家学说的形成和阴阳五行的观念。

在建筑方面，对中原文化遗址的考古研究表明，裴李岗文化时期的半穴居建筑；如河南密县莪沟遗址发现的房基（图4-3），都是半穴式建筑。仰韶文化时期，人们已过上了定居的生活，具有一定规模和布局的聚落主要分布在近水的阶地上，建筑的主要形式是半地穴或地面起建的圆形和方形房屋。这个时期建筑的主要特点如下：① 出现了防御设施，这是人们为了自身安全而采取的有效措施，如半坡村、姜寨遗址等；② 改善了半地穴建筑，门蓬构架采用大叉手作为顶部的支点，屋顶椽木的内表面也涂有草泥，这是由于防火的要求，可以说是土木结构的中国传统民居的雏形；③ 产生了木骨泥墙的地面建筑；④ 产生了"前堂后屋"的建筑；⑤ 地下粮仓的改进。

图 4-3 河南密县莪沟遗址

（资料来源：《裴李岗文化》）

龙山文化在继承前人的基础上又有了新的发展。① 出现了石灰、土坯和陶瓷水管。可以说，没有龙山时期的土坯，就没有今天的青砖或红砖。例如，在永城王油坊龙山遗址发现，房屋的墙壁是用棕色草泥土坯建造的。砌砖方法与现代砌砖方法相似，相间压缝，缝间用黄土黏合。② 出现了散水、檐柱、夯筑和版筑技术。③ 出现了高层建筑。④ 出现了水井。夏商时期二里头的宫殿与宗庙建筑（图 4-4），根据考古推测，该殿堂遗址檐柱前有较小的柱洞，是支撑木地板的永定柱的遗迹，可证实是干栏建筑在中原地区的变形，说明了南方建筑对中原建筑的影响。特别是在汉代，南北两大建筑体系进一步融合，形成了一个以抬梁式建筑为标志的初步成熟的木结构体系。作为中国传统建筑基本特征的拱形和大型屋顶结构的出现，为中国传统建筑奠定了基础。随着佛教文化和中原文化的传播，它得到了丰富和发展，共同形成了灿烂的中国古典建筑文化。

对居住在中原的人来说，他们的生活方式和理念必然受到其生态环境和文化传统的影响。先进的农业生产促进了乡村聚落的发展和城市的形成；自然环境所提供的大量廉价的建筑材料、人们的生活习性、社会组织使中原建筑文化形成了古朴、神秘的风格，丰富了中原文化的内涵。通过调查和研究中原地区的几个住宅区，我们发现，中原的建筑物已经从古代的洞穴演变为小屋。受地理条件和生活水平的影响，中原的住房结构逐渐形成了自己的传统和风格。

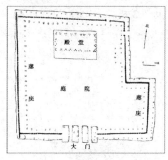

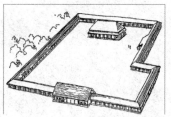

图 4-4 二里头的宫殿与宗庙建筑

（资料来源：《考古》1983（2）第 207 页）

例1：义马地处豫西丘陵地带。几千年来，当地的民居在北方庭院的基本结构中体现了当地人的智慧，形成了独特的风格（图4-5）。义马民居的传统是起脊房。由于房屋覆盖物不同，住房的基本形式分为瓦房和草房。在河流两岸和平原中，草房更为常见；在山岭地区，有很多窑房。当地有很多建房地址与房屋选择的习俗。宅院不应该是正南正北或正东正西。如果坐北向南，必须偏离子午线。应在"大岁出游日"建房，因为不能"太岁头上动土"。房子朝向马路、河流和沟壑，要在对面墙壁下面竖立一块大石头，上刻"泰山石敢当"，可以避免灾难，逢凶化吉。

图 4-5 河南义马民居的起脊房

（资料来源：自拍）

例2：河南省东部平原的鹿邑县境内的栾台有仰韶文化遗址，太清有龙山文化遗址，这表明早在古代就有人类祖先活动。房屋主要由草房、半截瓦房和瓦房组成。庭院是一个四合院（图4-6）。左边是青龙，右边是白虎。如果有两间东屋，那么西屋不能三间，更不能西屋南山垒半截墙，这叫"百虎张嘴"，是不吉利的。正所谓："宁叫青龙出头，不叫白虎张嘴。"东屋比西屋多一间没关系。

图 4-6　鹿邑县民居

（资料来源：《鹿民俗志》第 26 页）

例3：内乡县位于河南省西南部，伏牛山以南，南阳盆地西部。大多数私人住宅是上栋下宇、一门两窗和被山脉包围的房屋（图4-7）。旧时穷人有秸秆棚子。在传统意识的影响下，人们在建造房屋时一直非常谨慎。在过去，需要请阴阳先生看风水来选择房基。面南房要避子午向（子午向多用于宫殿、庙宇）。

图 4-7　内乡县民居

（资料来源：自拍）

例4：灵宝位于河南西部，地处河南、陕西、山西交界处。具有复杂的地形、连绵起伏的丘陵和峡谷，有中国最早的历史雄关——函谷关，有很多名胜古迹，如道教亚武山、黄帝陵等大多数房屋位于山谷平原和浅山区，窑洞住宅分布在丘陵地区和平原的沟壑区。宅院组合有四合院。该地区有"四檐八滴水"之称的二进院、三进院。此外，还有窑洞。建宅仪礼中"梁记"最有特色，即建房纪念，一般都将梁记写在中梁的方板上，无方板者，可写在中梁上。写梁记时，习惯在两端绘制八卦中的"乾坤"图——左端绘"乾"，右端绘"坤"。中间写建房时间，接着写男性宅主及男性子孙和"全力兴建永臻吉庆"等字，最后写工匠姓名。

这些住宅楼大多是中原人建的，它注重实用性和经济性，结构简单，材料单一，庭院组合讲究尊卑，尊重风水，体现了一定的文化形式和观念。

二、原型表达

（一）建筑原型的转变

从建筑形态的历史变化中可以看出，它经历了一个由"圆"到"方"的演变过程。人类对建筑形态的三维认识是从圆形开始的。球形对原始人（儿童亦如此）来说是一个放大的点，只是一个内核的象征。向球的两端延伸，就会产生方向性，但这时的条状形态还只是一维的，随着一个象征核心的球体向空间延伸，人们初步认识了球体所在空间中的三维性。

因人们的活动是沿直线而不是圆周进行的，穴居类的居住建筑内部空间形态不能为人们所满足。而"方"代表了一种理性，表达了一种生活秩序，它是在人类意识发展到一定阶段，通过对自然物的观察、分析及对自身运动的认识，发现了自然界中物之间的数的关系和直角的存在等基础上产生的一种形态。这种形态是自然界所没有的，是由人设计的一种与自然相对抗的形态，是一种有组织的空间。此后的各种建筑形态都是在此基础上发展和变化的。

事实上，建筑形态的变化已经成为建筑原型的发展和扩展，形态要素之间的关系也因此变得清晰。边界、通道、模式和方位四要素在聚落、村舍、建筑群体、广场及城市中心等形态中得以强化，体现了建筑形态从起源到发展过程中对建筑秩序的追求。

（二）建筑形态的地域特点

一方水土养一方人，"地域"概念本身就是一个文化和历史的复合体。河南建筑的地域特征与中原的文化特征密切相关。受中原文化的影响，河南地域建筑具有以下特点：

1. 风水观念

中原地区因"河图、洛书"发展为周易哲学的心理框架，建立了中国古代包括建筑学在内的一整套观念体系。这些阴阳二元论的思想理论体现在古代中原的建构上形成了中原古代的堪舆学和风水理论，影响了村落（城市）的选址、宅基地定位、建筑布局和坟墓的选址等。河南人认为，村落的"风脉"关系着全村人的吉凶祸福。例如，"向阳近水""风水树""风水井"等观念影响到堡寨聚落。

新乡小店河村（图4-8）的选址反映了这种观念，该村建于清乾隆十三年，由羌族祖先建成。村庄的外部被石墙围成一个完整的群体，墙的中间有一个寨门（图4-9），村墙外的后山上有观景台和避难所。从远处看，像是一只巨大的乌龟，坐落在河的南岸。建筑物的主体位于乌龟的背面，象征着一切都是永久的。山下一土包像龟头出壳，伸向渭河水面。因此，人们把此地称为"神龟探水"。

图4-8　小店河村寨门

（资料来源：自拍）

图4-9　小店河村民居

（资料来源：自拍）

2. 多元融合

在汉族形成的历史上，民族大融合有三次。第一次是秦国统一，其结果是形成了华夏民族共同体，产生了以华夏族为主体，统一的、多民族的中央集权制国家。第二次是魏晋南北朝时期。宋、辽、金、元时期是第三次民族大融合时期。这一时期，契丹、女真、蒙古族进入中原，建立了多民族国家。这些少数民族进入中原之后，学习了先进文化和汉族政策，巩固自己的统治，因此被汉族同化了。例如，河南省的洛阳、开封、南阳等地及黄河以北地区还广存明初山西移民村落，如焦作寨卜昌村、林州任村等建筑空间布局、装饰做法和山西民居可谓一脉相承。装饰不仅是人类寻找美的表现，还蕴含着不同文化。河南传统民居装饰尤为丰富，用于建筑的构件、表面等。匾额和楹联最具中国传统人文特色，表达了建筑物主人的愿望，体现了建筑主人的文化品质和生活境界。

3. 儒道互补

中原地区的土地、天气、水利等自然条件为先进农业文化提供了优越的物质基础，促进了家庭宗法观念、崇拜祖先观念、以人伦关系为主的儒家思想的形成。以孔子为代表的儒家学说、以许慎为代表的文字训诂学、以李斯小篆为代表的汉字书法艺术，以程颢、程颐为代表的宋代理学及中国传统建筑和城市的形成都发源于中原地区。经过文化的传播、辐射、融合，形成了以具有阳刚、深奥、朴素特征的中原文化为主体的华夏文化。这是研究中原建筑文化的大文化背景，是中原建筑文化生成、发展的文化原动力。

在建筑形态上，与中国传统建筑在平面和立面形制等方面类似，河南地域建筑受中原文化"礼"的影响。"礼"的主要内容之一是维护贵贱等级秩序，如《乐记》所提到的："礼者，天地之序也……序，故群物有别。"李允鉌先生曾说过："所有仪式建筑的设计都充满了象征意义，这是古代对追求内容和形式统一性的形而上学表达。"例如，《考工记》中提到的城市布局模式出自礼制，是礼制建筑的代表。这也表明中原文化强调社会伦理的必然性。从河南地域建筑的发展可以看出，它包含了对青铜时代造型的传承和发展，也受到了老庄哲学的影响，即反对过于人工化的封闭性和与自然的分离。河南的地域建筑是在儒和道的抗争与结合的基础上发展起来的。

在空间组合方面，河南传统建筑具有空间整合和群体和谐的追求。虽然基本单元为简单的形体，但其组合中有复杂的关系和变化。院落组合是一个基本的方式（图4-10）。轴线和轴心是庭院的内部秩序，它与以皇权、神性、氏权和夫权为中心的古代封建意识直接相关。院落组合在实现秩序的方式上通过屋顶、开间、斗拱数、彩色以及其特殊的等差形制，造成群体内部的组织化和有序化，以达到统一的目的。

在实现秩序的过程中，庭院组合贯穿现在的层次——屋顶、开间、托架的数量、颜色及其特殊的差异体系，从而造成组织化和有序化。所有基本单位要通过控制"模数"，才能达到统一的目的。

图4-10　开封民居院落空间肌理

三、适用技术

（一）建筑材料的运用

建筑材料是建房的物质基础，就地取材是地域建筑的最直接做法。由于自然条件的限制，河南的建筑以黄土和石材为主要建筑材料。

人类建造房屋的观念产生于氏族社会的开始和新石器时代早期。那时，"干栏式"住宅已出现在中国长江流域。与此同时，在黄河流域筑穴而居的"窟室"是建筑的雏形。在河南密县遗址发现的六个住房基地中，有五个圆形和一个方形的住房基地，均为半地穴式。这些古老的窟室可追溯到8 000多年前，这应该是先民的早期住房。古代文献中有许多记述，如《易·系辞》中有"上古穴居而野处，后世圣人易之以宫室"；《礼记·礼运》中有"昔者先王未有宫室，冬则尽营窟，夏则居橧巢"；《墨子·辞过》中有"古之民未知为宫室时，就陵阜而居，穴而处"；《孟子·滕文公》有"下者为巢，上者为营窟"。由此可见，自然地理条件也是区域建筑形成的原因之一。从河南地区的聚落考古中可见，先民最初选择使用天然山丘或人工堆积的台地作为他们的居住地，主要是由于原始本能，是由自然力量驱动的。

在6 000年前的仰韶文化时期，河南西部人居环境发生了"革命性"的变化。仰韶文化是1921年在河南省三门峡市渑池县仰韶村首次发现后命名的，它掀开了中国新石器时代考古事业的第一页。河南西部著名的仰韶文物还包括陕县庙底沟仰韶文化遗址、小南塬、庙上村、人马寨、窑头等多处遗址。仰韶文化的特点：一是以原始农业为主要经济形式；二是房屋建筑初期为圆形或方形的地穴、半洞穴棚，中晚期逐渐出现浅埋穴和圆形或方形的房子。因此，根据丰富的仰韶文化房屋资料，从建筑技术发展的角度来看，黄河流域仰韶文化建筑呈现出"穴居—半穴居—地面单间建筑—地面多间建筑"的发展序列。河南西部属于黄河中游地区，非常符合这一发展规律。

地坑院是施工中黄土材料应用的极致。河南西部这种建筑仍然具有一定生命力的原因是河南西部的特殊地质条件，特别是在陕县三大塬区，黄土层厚度一般在50~150米左右。

黄土的形成经历了漫长的时间，形成于早更新世、中更新世和晚更新世，主要成分是粉砂和石英，有的地带黄土层里掺杂着很薄的料礓土，这是介于典型褐土和黄潮土之间的一种农耕土壤，有许多特点，如密度很高，结构紧密，抗压能力强，还有抗震、抗碱的作用。正因为这样，凿挖的窑洞坚固无比，现存最久的天井窑院超过了200年，依旧有人居住。除此之外，这里地下水位较低，差不多都低于30米。这些特点都为"地下挖坑，四壁凿洞"的建筑形式提供了很好的条件。

此外，龙山文化遗址中，出土了一种新的挖土工具——双齿木叉形木耒，一些遗址的灰坑壁上存留着这种工具的痕迹。在仰韶文化时期，人类经营农业，使用的工具主要是石斧、锄、铲，在平坦的地面上，人们没有冲沟、崖地可利用，木材资源又非常匮乏，人类在长期农耕过程中逐步了解了在黄土地上挖地凿洞相对容易。在这种情况下，人类创造了最原始的潜掩地下的建筑，这就是仰韶文化时期地坑居穴、灰坑、窖穴、陶窑、墓穴等地坑式建筑居多的原因。

（二）气候条件的适应

地区不同，气候条件也是有一定差异的。河南地区位于中原和中国内陆，暖温带—亚热带、湿润—半湿润季风气候：冬季气温较低，雨雪量较少；春天较干旱，经常出现风沙；夏天气温高，雨水较多；秋天天气晴朗。全省的气温情况大致是年平均气温在12~16℃之间，1月 -3~3℃，7月24~29℃，大体情况基本是东高西低、南高北低，山地与平原温差较大。气温年较差、日较差均较大，极端最低气温 -21.7℃（1951年1月12日，安阳），极端最高气温44.2℃（1966年6月20日，洛阳）。年平均降水量的范围为500~900毫米，尤其是南部和西部多山，有的山区可达1 100毫米以上。一年中约一半的降水集中在第三季，也常有暴雨发生。在这种气候条件下，河南的地域建筑不同于北方惧寒而封闭的建筑，而是有自己的特点，如防潮和开敞，没有特别的防寒和抗热需求。受纬度的影响，河南地区的建筑以南、东南朝向为主，讲究日照与通风。

河南的地域建筑不管是很久以前还是如今，在位置、朝向、空间组合及选材、尺度、设施等方面都有地域特点。但是，在很多方面和中国其他地区的建筑并没有太大的差异，如在规划、设计理念和建造条件、技术等方面基本相同。

本节中有几个重要的概念，分别是"中原文化""地域建筑""建筑原型""建筑生成"和"生成机制"，在以往的使用中有不同的界定，所以有一定的模糊性，本章对此进行了详细的解读，并且对"中原文化"进行了阐述。宋代以前作为汉文化主流而存在的地域文化被当代人称为"前中原文化"，随着时代的发展慢慢地被边缘化了的明清中原文化被称为"后中原文化"，二者合称为"古典中原文化"。所以，今天的中原文化即后古典中原文化或现代中原文化，作为现代性的存在样式，后古典本身是一种古典衰败后与现代因子杂交的产物，影响到了现代河南人的集体意识和无意识、生存经验和文化建构。"地域建筑"作为一个整体概念，与一定的地理区域和文化区域相关，不能简单地认为地域建筑是某个地点的个别建筑，而应是特定地域的个别建筑的集合。

从河南地域建筑的发展来看，地域建筑是为了人的存在而建造的，这是它存在的根本目的，而不是简单地寻求建筑与环境的平衡。因为人类生存的整体环境是由自然环境和人工环境两部分组成的，人工环境实质上是人类生活的文化环境，由此可知，建筑与文化有着密切的联系。尽管建筑和文化有一致的基本功能，但是不能认为文化是建筑的本质。中原文化、人与地域环境共同形成河南地域建筑存在的大系统。

第二节　中原乡土建筑与文化景观

一、文化符号：豫西窑洞与河南民居

（一）河南民居的历史发展

中原地区聚落文化遗址的考古研究表明，新石器时代早期的磁山与裴李岗文化遗址中有不少半地穴建筑遗址。《通典》卷二十，"司空"注："司空，主穿土以居人。空，穴也。古者穿土为穴，以居人。"《诗·大雅·绵》："陶覆陶穴。"《说文解字》："穴，土室也。"从这些文献记载中可知，在中原地区进入阶级社会以后，这种洞穴建筑形式尚在民间保留。

从居住建筑形式的发展过程看，黄河流域建筑是从原来的穴居到半穴居逐渐发展为地面建筑的。仰韶文化时期，人们过上了定居的生活，在近水的台地上分布着大大

小小的有着一定规模和布局的聚落，半地穴或地面起建的圆形或方形房子是这里的主要建筑形式。在河南安阳后岗、三门峡庙底沟、渑池仰韶村、洛阳王湾等地已发现仰韶文化的村落遗址，在陕县三里桥、临汝煤山、淅川下王岗、汤阴白营也发现了当时的村落遗址，而且分布得相当密集。据报道，河南省灵宝市发现了一座有500多平方米的古代大型房屋基址，这是到今天为止发现的最早的一座中国传统的廊回式古典建筑。专家认为，此座建筑代表了仰韶文化时期社会发展的最高水平，开了中国古代大屋顶建筑的先河，也是中国新石器时代考古的新突破。目前发现的特大型房基位于铸鼎原一带大型遗址的北中部，此处地势开阔，基址坐西向东，总体占地面积为516平方米，室内净面积约204平方米。整个房基有独特的设计，中心围绕着半地穴式主室，周围都有回廊，层次分明，排列有序，整个建筑看起来复杂严谨。

生存环境或多或少地影响着人类的生存和发展。在中原地区生活的人们受环境的影响，形成了他们自己的居住方式和生存观念。随着时代的进步和科技的发展，农业不再落后，而是逐渐发展起来，促进了乡村聚落的发展和城市的形成。自然环境所提供的建筑材料和人们的生活习惯、社会组织、观念形成了中原建筑文化凝重、古朴、神秘中充满安详的风格。这些建筑为很多中原人提供了世代住所。其注重经济和实用，结构简单，材料单一，院落组合讲究尊卑，有风水和装饰，体现出一定的文化观念，与中原地区城市的建筑形成了鲜明对照。

（二）河南民居的地域特色

河南传统民居的地域特点与中原地区的文化息息相关。有这样一句话："当取天下之日，河南在所必争。"这句话说明，河南是一个有着优势的地区，自然条件优越，有很重要的社会政治地位，经济也比较发达。由于河南省处于中国暖温带和亚热带气候交错的边缘地区，气候具有明显的过渡性特征。从地理位置来看，河南地处中国中间的位置，交通便利，河南民居可以根据所处地形及环境特点就地取材。

1. 建筑特征

河南传统民居的地域特征主要体现在四个方面：

第一，生土民居。窑洞民居是中国黄土高原地区人们的主要居住形式，也是河南地域建筑的一大特色。河南地区有着属于自己的地势特点，如中西部地区的黄河流域土层特别厚，土质均匀，含有石灰质，有利于挖洞穴。

巩义和洛阳地区的地坑院一般做窑脸、女儿墙及披水挑檐，且这里的窑洞有着自身的特点，如收口小，只有开门洞的宽度，仅通过门上方的亮窗通风和采光。但是，有的地方的地坑院特点是收口很大，如灵宝和三门峡一带的地坑院。除此以外，下沉式窑洞村落有着不同的入口形式：直进型、曲尺型、回转型。下沉式窑洞村落具有独特的景观：由地面经坡道下至院落，再经由院落进入窑洞，形成一种收放有序的空间序列，整个空间充满了明暗、虚实的对比，给人一种幽静舒适的感觉。

第二，院落形制。民居有很多种建筑形制，院落形制是其中之一。院落在北方是很常见的，河南传统民居中主要有三合院和四合院等。三合院缺少临街房，四合院由堂屋、厢房和临街房组成，被称为"四阁斗宅"。大多数院落的墙比较高，院子比较窄，不同于北京、东北的合院式院落。

第三，南北合璧。河南的地理位置有一定的特殊性，它紧挨着安徽省和湖北省等地，受一些南方民居的影响，如在建筑布局和装饰等方面，其民居与南方并没有很大的差别。在清道光年间，洛阳庄氏宅院建成，它所处的位置是今洛阳市南关贴廓巷的南侧。这个建筑曾被专业人士整修过，所以现在保存得很好。它是一座并列的三处三进四合院，原有100多间房屋，现在有68间被很好地保存下来。庄氏建筑大多数为砖木结构，临街房一般是院落的门首，中间是厅堂，后为上房，两边都有二层厢房；门口墙上也有一些地方特色的东西，前墩上刻着各种各样的半弧形墀头；厅堂承重的是木架结构，砖砌的山墙和隔墙也起着承重的作用。后厅也有自己的特点，如二层外的走廊设计，有外楼梯通往二层；大厅的门窗有很多花纹装饰，看起来非常精巧。整个建筑还具有中国台湾、闽南等地民居的特点，为一至二层堂横式住宅，建筑层次前低后高，厢房为洛阳特色的单坡式建筑。

第四，构件特色。在人们的生活中，土神、门神、灶王有着重要的地位。人们通过这些崇拜祭祀，以期满足和实现心中的一些美好愿望，如风调雨顺、五谷丰登以及对后代和钱财的渴望。在人们的传统精神生活中，神明是不可缺少的，这也为建筑细部构建提供了很多素材。

（1）神龛。在传统民居中，很多人家都供奉着神，这是很常见的现象。除了给祖宗设牌位，还供奉着天神、灶神、财神和门神。其位置灵活，除祖宗牌位设于正堂外，其余诸神则可在山墙面、照壁上及门洞中。

（2）风水影壁。中原人信奉神灵，也比较看重风水。有的居民在院落正房的一角或中部建有风水楼或风水影壁，目的是遮挡煞气、镇住风水。这些都是比较常见的。在洛阳的某些地方，影壁上大多挖砌一神龛，上供奉土地爷。影壁上镶刻字画，其内容有松鹤延年、麻姑献寿、梅鹿望柏等吉祥图案，有的刻着巨大的"福""寿"重叠的字。

传统民居中，有些可以传递主人的相关信息，如宅门可以显示主人社会地位的高低、财富的多寡、权势的大小。在河南，民居的门脸等部分是重点装饰的部位。

（3）女儿墙。在平顶民居和窑洞建筑中，经常看见女儿墙。窑洞的女儿墙是砌筑在窑脸墙顶端的矮墙，这样做是为了避免雨水冲刷，同时可以对窑顶的人畜起到很好的防护作用。它是窑洞民居的顶部天际线。女儿墙以下与窑脸墙接触的部位是保护墙体的檐棚（板），其构造做法多用土坯或其他的材料镶嵌而成。同时，人们比较看重美化，在装饰上特别用心，用碎石和其他材料镶嵌成各种各样的图案。

（4）檐廊。檐廊多用在大户民居重要的堂屋前或砖石拱窑前。檐廊不仅有护檐功能，而且构成庭院与居室的过渡性空间，在立面上增加了空间层次，产生丰富的光影变化，也成为装饰元素。窑洞的檐廊有的是砖砌的，如巩义刘茂恩庄院西宅院的拱廊。

2.美学价值

美是人类生活中的一个重要的问题。对人类来说，人与居住建筑有着非常密切的关系。中国传统的合院型住宅与自然宇宙间存在着某种同构关系，如"天圆地方"是早期人类对宇宙形态的基本感知。天圆地方的认识被赋予高度的象征意义，是人们对居住空间理想模式的一种想象，这种"天人合一"的观念被人们通过建筑表现出来，同时达到了环境中的稳定和谐秩序。对传统建筑的赞美本质上是对传统农业文明的赞美。在与西方完全不同的建筑中，体现出不同的文化观念和生活方式，也体现出不同的美学内涵。

通常情况下，研究者认为，四合院住宅是中国传统的居住建筑形式，单体间围绕内院布局。其独特的美学内涵将社会中的"法"与"礼"体现出来。这是从传统宗法社会角度去看待和认识的，具有片面性。因为传统居住建筑有着中国人的人生理想和期盼，有着多方面的美学内涵和价值，贯穿着中国美学的精神，即南开大学宁宗一先生的观点："中国美学精神是艺术的，艺术的精神是诗意的。"中国传统居住建筑的美学精神也可归纳为一句话，即诗意的居住。这种诗意的居住美学主要体现在文化方面，使住所成为自然中的风景。

对自然来说，人造的一切都是异己的、对抗性的。人通过自己的活动使自然"人化"，并创造出"人化"的自然，这种被人化的自然不再是真正的自然，而是人所欣赏的"风景"，人与自然的关系成为建筑的原点和归宿。建筑在形成过程中，从确定自身到走向解体自身，再到走向"风景"，是自身异化的结果。在此，"风景"是与自然内在结构的一致，而"有机建筑"是理性的物化，表现为对自然形态的模仿与适应。"风景"是"文化"的基础，人们依附着它，如果没有它，生命、灵魂与思想全部无法想象。

在河南传统居住建筑中，有两个小宅子堪称风景的居住建筑，两者均实现了文化与空间的完美统一。其一是作为私人庄园的顾荆乐堂，位于商城县南 34 千米的长竹园乡，这一建筑处于群山环抱之中，为 1937 年商城县县长顾敬之兴建；其二是陕县原店村百鸟朝凤四合院。位于县城西原店村陇海铁路南侧，距三门峡市约 22 千米，据说是兀氏宗族先世在明皇室供职时所建，后经清代翻修改建。现存两处院落被陇海铁路分割成南北两部分，南侧为一独院，北侧为二进四合院。根据其现存建筑形制推测，其是早先大建筑群中女眷们的住处，因其门楼照壁上用青砖雕有百鸟朝凤图案，故被称作百鸟朝凤四合院。该四合院现占地一千余平方米，改建后的布局基本完整，门道为石砌台阶九级，门外两侧壁为砖雕几何图案，门楣及其两边有砖雕花卉、几何图案，迎门照壁用青砖雕出百鸟朝凤，鸟与鸟之间相互呼应，姿态生动，是河南民居砖雕艺术的精品。二进院南部现存房三间，东西厢房为两层阁楼式建筑，前面伸出檐廊，厢房北端各有耳房一间，前院北屋面阔四间（带门洞），廊檐 3 米，进深 5 米的带斗拱单檐硬山建筑，横梁下嵌有彩画木雕，每间有承檐柱两根，柱与横梁交叉伸出部分有龙头形木雕，柱础为青石雕的兽形石墩，另有咸丰九年"文曲高耸"残匾一块。

风景的居住体现出传统的人文关怀、人与自然的融合。而现代住宅之所以成为居住的机器，在于过分强调技术的作用，把活生生的人当作一群没有个性的、标准化的人。在当代，创造新文化与新空间是建筑创作的一个重要课题。两个小宅子作为一种独特的文化现象，更多地体现了东方人的自然观和审美意向，即强调心与自然相接，人与天地合德，是情景交融、心物感应、物我合一的中国美学观念在传统居住建筑中的反映。

"生活"是人类区别于万物的存在方式。大千世界，除人以外，自然万物仅仅是存在着或生存着，生活却是有所期望和企求、有所规划和设计的。人类正是以此提出和解答各种问题，以实践去探索自然，从而创造出人类生活的风景，这正是中国传统居住建筑的美学思想的价值所在。

（三）豫西的生土民居建筑

河南民居的一大特色是生土民居，很多人把它等同于河南民居，虽然不是肯定的，但是说明了生土民居的地位。生土民居集中在豫西地区，主要分为地坑院和靠崖窑两类。

地坑窑院又称"下沉式窑院""天井窑院"，当地村民俗称"地坑院"。它是在平地上向下挖大约 6 米，形成大小不同的方形或者矩形的土坑，再在四面墙壁上凿出窑洞。这是一种很特别的建筑类型，豫西地区常见，有着几千年的历史，在窑洞类居住环境中独具特色，被称为中国北方的"地下四合院"。

1. 地坑院的历史渊源

中国人类文明的发祥地之一是豫西黄土塬，驰名中外的仰韶文化遗址就在其中。豫西黄土塬近 2000 平方千米的黄土地远在 5000 多年前就有原始耕作，是中国古代农业中心之一。

地坑院的民居形式容易让人联想到人类的早期穴居方式，是一种地域特点突出的民居样式。

2. 地坑院的成因

（1）地质原因。黄土丘陵地带比较常见的建筑是地坑院，在豫西、晋南、渭北、陇东尤为集中。但随着时代的进步与社会的发展，有地坑院的地区在不断减少，被完好保存下来的集中在豫西地区的陕县塬上一带。这里的黄土主要由石英和粉砂构成，有着十分紧密的地质结构，具有抗压、抗碱的特点。所以，窑洞特别坚固且耐用。再加上有着比较低的地下水位，通常都是 30 米以下，这些都为地坑院的建造提供了有利的条件。

（2）气候原因。豫西属于北温带大陆性季风气候，呈现出来的特点是比较凉爽，缺少雨水，比较干燥。陕县的三人塬区都是顺着山体的方向往下延伸下来的，坡势平缓，没有大的起伏，而且面积比较大，最大的塬区有两个乡镇，三十多个村庄，其余两个塬区各有一个乡镇。这里通常干旱，偶有洪涝，因地势平缓，雨水出路畅通，一般不会殃及天井院落。

3. 地坑院的构造

任何建筑都有自己的构造，地坑院也不例外。地坑院是在地面上挖坑，形状是正方形或者长方形，并且在坑四边的墙壁上掏窑洞，还有供人们进出的通道，人们把它叫作门洞，它也是地坑院的入口。地坑院的入口有直进型、曲尺型、回转型三种。

地坑窑院有十分巧妙的设计，它连通着大地，在大地中间卧着，和大地有着非常紧密的联系，同时有防震的功能。从艺术的角度来看，其形状为正方形，站在院中间看天空，天似穹窿，是天地之合的一个缩影，这就表现出了方圆之美，也反映了古代的"天人合一"的哲学思想，表现出了人和大自然的友好关系，是和谐共生的典型例子。地坑窑院的建造也会受其他因素的影响，如八卦。村民在建造窑院前一定会请阴阳先生查看，对宅基地进行考察，结合各种相关的文化因素，综合分析后，再决定，这也是有地域特色一种特殊文化。

4.装饰民俗

居民喜欢在地坑院里种植各种花草树木，这是一个非常重要的装饰工序。到了春天，百花绽放，形成了大大的花丛，人们在里面生活，心情愉悦，有一种格外爽朗的农家情调。院子里可以种果树，夏天硕大的树冠可以乘凉，秋天可以收获果实。装饰使建筑物不再枯燥，而是更加迷人。在我国传统文化中，有许多诗句是与此类建筑有联系的。传统建筑与传统文化结合在一起，变得更加有意义，给人以精神上的满足与愉悦。

5.建筑特色

（1）工程造价低廉。建造任何建筑，经济是一定要考虑的一个因素。地坑院是根据人们的生活环境与生活状况而出现的一种建筑。在以前经济水平和生活水平较低的年代，人们没钱建造房屋。那时候，人少地多，很多土地都长时间荒芜着，所以很自然地就出现了地坑院这种建筑。建筑地坑窑院虽然有些费力费时，但是不需要什么特殊的工程材料，不需要花什么钱。

（2）构建方式独特。地坑窑院是建筑史上逆向思维的产物，它不同于平常的建筑，有自己的特色，它利用自然地形下沉式地挖掘，这样就使建筑和大地产生了一种联系，使两者融为一体，在地上看不到任何形状和痕迹，体现出了独特的实用与审美的价值和魅力。在现代人看来，这是一种原生态的建筑，从中国古代的哲学角度来看，这是人与大自然融合的典型例子。

（3）居住舒适惬意。不论什么样的建筑，不仅要有良好的外观，还要实用，要给人一种舒服的感觉。地坑院是人们建造的一种特殊的建筑物，和大地有着紧密的联系。通过一次又一次的改进，它变得越来越令人满意。这种窑洞比较坚固，可以抵抗压力，洞院深，冬暖夏凉，可以遮挡寒风，具有隔音效果，安全可靠。同时，冬季窑内温度不会低于10℃，中午也要盖上被子才能睡得比较好，"天然空调，恒温住宅"是人们对它的赞美，它适宜人们居住。几家人可以一起生活在一个相对封闭的空间，一起享受幸福的时光，一起应对困难，如同一个和谐、温暖的大家庭。

二、文化环境：传统村镇与景观构成

村镇是人类的一种聚落形式，它和许多因素有关，如地形、气候、水文等。在人类长期对生存环境开拓和适应的过程中，聚落的派生、增加、迁徙与扩大包含着人—资源—生产活动—环境等关系的不断调节所形成的相对稳定的关系系统，体现着具体地区的自然条件、人口分布、经济水平等地域性的特点。

（一）村镇景观的地域构成

1.景观构成的因素

所谓"村镇景观"，是指村镇聚落所具有的视觉和心理的图像。村镇景观具有一种自然的、文化的亲和力，有着独特的建筑样式、道路结构、空间尺度、材料质感的要求。但这种传统的村镇景观的现状比千篇一律的现代化都市更加岌岌可危。美国城市规划学者凯文·林奇对城市景观提出了道路、边沿、区域、结点和标志的城市意向五个要素，据此可将传统村镇景观构成要素分为空间层次、边沿性景观、居住区、广场、水系、村镇设施及标志性景观。笔者对河南当代村镇景观作过实地调查，可将其分为如下两类：一是较好保留着传统村镇具象景观和虚拟景观的村镇。例如，已被评为全国历史文化名镇（村）的禹州市神垕镇、淅川县荆紫关镇、郏县堂街镇临沣寨（村）和社旗镇，以及与这些名镇（村）条件类似的林州市任村镇、开封市朱仙镇、确山县竹沟镇、洛阳市关林镇和龙门镇、登封市告成镇、新安县铁门镇、陕县张湾村、辉县百泉村等所谓中州名镇（村），每个县市有2~3个，这类村镇景观建设的重点是处理好保护与发展的关系。二是大量有名无实的老村镇和新兴的工商业村镇。这些村镇景观的地域性因素可分为自然环境、空间标志和欣赏价值，其景观建设应重点从这三方面着手。

2.景观的地域特点

结合地域景观的三大因素，河南村镇景观的地域特点可以归纳为实物的遗存村镇中的建筑物、构筑物及特殊的地形地貌等实物。传统建筑遗存主要分为以下几种类型：① 庙宇——河南村镇中有许多庙宇，曾遍及各村。如佛教寺院及道观，各有特点，或大或小，形式各异，有着属于自己的美。② 水井——井存在的历史大概有几千年了。人类的生活是离不开井的，有这样一句话："凿井而饮，耕田而食。"这是人类生活的真实写照。河南龙山文化里第一次出现了对黄河流域凿井的记录，有木构方形井和竖穴土井两种类型。在河南汤阴白营遗址发展了木构方形井。据资料记载，水井在不同的时代有着不一样的用处。在新石器时期，水井的主要用处是为居民解决饮水问题，也用于制陶。随着时间的推移，以前的很多古井消失了，现有的依旧保存着当地的特色，丰富着村落的生活场景，成为当地的一个村镇景观。③ 水塘——水塘是人们为了方便自己生活而建造的一种储水设施，不管是在地势平稳的平原，还是在崎岖不平的山区，在中原随处可见。人们严格地区分水塘的水的用途。比如，息县夏庄乡大金店村用不同的池塘中的水做不一样的事情。另外，水塘的水还可供动物饮用，有很明显的灭火作用。夏天天气比较炎热，村民会在塘中洗澡，经常可以看到"人畜共浴"的场景。

（二）河南全国历史文化名镇（村）景观特色

河南是一个很有特色的省，它地处中原，早就形成了现在的样子。它的文化底蕴也格外深厚，有很多古老且有特色的村镇。河南省禹州市神垕镇、淅川县荆紫关镇、郏县堂街镇临沣寨（村）、赊店镇是全国历史文化名镇，在景观特色和地域文化传统的延续等方面成为河南省的典型范例。

1. 河南村镇景观之典型

作为河南省的全国历史文化名镇，神垕镇、荆紫关镇、堂街镇临沣寨（村）、赊店镇在景观构成方面有其共同之处和各自特点：这四个村镇传统风貌的标志是古街道。现在依旧保存着数量可观的明清时期的建筑群，这些建筑群比较传统，街道、庙宇、水系、环境等和从前的村镇样貌没有太大的差异，是典型的有一定规模的传统村镇。在古代战争频繁的背景下，这些村镇得以完好保存是非常难得的。

2. 传统文脉的延续

我们应该用正确的态度对待并传承传统文脉，使其延续下去，这是非常必要与重要的。我们不应该数典忘祖，尤其要记得我们是从那里来的，要视传统文化为精神瑰宝。

神垕镇、荆紫关镇和赊店镇的发展都是以商贸成集，慢慢发展起来的。

（1）神垕镇位于河南省中心，在禹州、郏县、汝州三市县的交界处，无论是经济还是文化都很发达。在殷商时期，已有人类农耕，还有冶陶。钧瓷是在唐代出现的，随着时间的推移，宋代成为北方陶瓷中心，当时称神垕店，到了明代才慢慢被叫作镇。明成化年间的《神垕真武庙碑记》记载："神垕之镇耕读冶者千家。"于是就有了一条七里长街，一直是"日进斗金"之地。据《禹州志》记载，当时禹州有各种各样的药材，入货多是药材，出货多是瓷器，故神垕镇又以"钧都"而闻名海内外。除钧瓷文化外，神垕镇传统建筑亦颇具特色，以老街、伯灵翁庙、关帝庙和地方民居最具代表性。

古钧窑遗址作为重要文物，是钧瓷发展的历史见证。神垕镇享誉海内外的钧瓷艺术有很强的吸引力，许多外地客商前来贸易交流，这给古老镇区增添了许多光彩，让它变得更有生机、活力和吸引力。

（2）荆紫关镇在河南省南阳市淅川县西北，地处豫、鄂、陕三省结合部，有着"一脚踏三省""鸡鸣三省荆紫关"之称。

荆紫关古镇经过历史的沉淀才形成了现在的模样,其价值是其所具有的商业文化及建筑特点,有"小上海"之称。清末有记载:荆紫关"水陆辐辏,商贾辐辏,繁盛甲于全境",又言"全境商务以荆紫关为贸易总汇",商业繁盛远胜于淅川城。荆紫关南边是丹江,北边是群山,当地有许多有特色的古街道,在绿水青山的映衬下更有一种别样的美。

各大帮会都建有自己的会馆或者宫宇,这些古建筑各有各的特色,风格迥异,气势不凡,由此形成了古香古色的清代五里长街。沿河街上有专门为船工、客商服务的饭店、酒楼、旅馆,数量大约有上百家。目前,清代五里长街原貌保存完好,河街周边环境和沿河吊楼尚存。

每一个商家都有一部辛酸的发达史,它们也是中国漫长商贸萌芽成长历程的真实写照。荆紫关人自古便有经商意识,时至今日,仍然是"十门九家店,十户九家商"。荆紫关镇有保护完好的古代商业街道和景观风貌,是用来研究古代建筑和古代商业贸易不可多得的实物样本。

(3)位于社旗县城东部的赊店镇因汉光帝举义兵赊旗而得名,又叫赊旗店。清朝时,赊店镇与朱仙镇、回郭镇、荆紫关镇并称为河南省四大名镇。老城区占地面积为1.95平方千米。2007年,赊店镇被评选为第三批中国历史文化名镇。环赊店镇而过的潘河和赵河是唐河的源头,唐河又是古代著名的"茶叶之路"上重要的"黄金水道"。赊店镇由来已久,明清之际商业十分兴隆,民间有"金汉口,银赊店"及"天下店,数赊店"之称。其实,赊店镇最早开埠于明朝万历年间,鼎盛时期是在清朝乾嘉年间,成为"地濒赭水,北走汴洛,南船北马,总集百货"的豫南巨镇。为中原、江南数省货物集散之商埠的赊店镇,镇上人口数目多达13万之众。乾隆二十年(1755)建赊店巡检司、设营讯、把总署。鼎盛时期,镇内流动人口达13万之多。21家骡马店早晚客商不断,48家过载行日夜装卸不停,形成"白日千帆过,夜间万盏灯"的繁荣景象。

始建于清乾隆二十一年(1756)位于赊店镇的山陕会馆经嘉庆、道光、咸丰、同治、光绪等朝代,耗时136年才建成。由秦晋商会捐银数万余两,堪称天下一绝的山陕会馆,1988年被国务院定为全国历史文物保护单位。山陕会馆为三组建筑,三进院落,占地面积7758.5平方米;坐北朝南,采用了我国特有的中轴对称布局,主体呈现前窄后宽之势,错落有致,气势非凡。山陕会馆以其雄伟的建筑、精美的雕刻艺术和丰富的商业文化内涵,赢得了国内广大专家、学者的一致赞誉,堪称中国会馆之最。火神庙始建于清雍正二年(1725),竣工于雍正六年(1729),占地面积

2 890 平方米。当时，镇内制造烟花爆竹的"炮房"较多，而镇内建筑大多为砖木结构，比较容易发生火灾，镇上居民为祈求火神保佑，建造了这座火神庙。2002 年 9 月 25 日，火神庙被河南省人民政府公布为省级重点文物保护单位。位于陶瓷街南段西侧的福建会馆建于嘉庆元年，坐西向东，面阔五间，二进院落，占地 790 平方米，是福建商人通商情、叙乡谊的聚集场所。姜家大院建于清雍正年间（1723），2003 年公布为县级文物保护单位，原有房舍 198 间，占地 1 000 余平方米，纵深为"一进四"格局，横向有正院、侧院、陪院三院。

古码头是赊店连通南北的重要交通枢纽。该码头北通冀、鲁、津及内蒙古地区，南连云、贵、川、湘、鄂、赣、粤、闽等省份，是南北货物集散地。赊店码头均有青石铺就的下货台及向岸上运货的石台阶，码头周长达 1000 余米，日夜装卸货物不停，极盛时等待进入码头卸货的船只沿赵河排列达数里之长、数百艘之多。为缓解赵河北岸的压力，赊店商人又在镇的东北潘河的岸边设立了专门用于装卸由南方而来的竹木、土产山货等的码头，从而形成了南、东分货的双码头格局。

三、文化图式：唐宋园林与山水图式

中国园林是个纷繁庞大的体系，涉及面广。这里所提的"唐宋园林"的概念不是按历史学方法对朝代做的简单的划分，而是依据园林史，按周维权先生在《中国古代园林史》中的观点，把中国古典园林的整个发展历程分为生成期、转折期、全盛期、成熟期和成熟后期五个时期，唐代是全盛期，宋代属于成熟期的第一阶段。"山水图式"是我们观察、认识园林发展进程和模式的一个角度和方法，从"山""水"这两个最显著的园林组成、结构、审美的要素入手，可以更好地把握"园林"这一特殊建筑艺术形式发展的脉络。河南在唐宋时期的历史地位和园林遗存、文献资料足以说明其与"唐宋园林"的不解之缘。

（一）河南传统园林的起源与分类

1. 河南传统园林的起源

关于河南传统园林的起源，可从三方面来分析：一是审美观念的形成是黄河流域原始居民人与自然关系的体现。新石器时代的考古发掘确定了早期原始居民的生活环境与自然环境，人类艺术和审美意识的觉醒使人与自然的关系开始从自然崇拜向自然审美方向发展，人们开始把自然界的名山大川逐步当作审美对象，这是园林观念形成的初步条件。二是夏都"桑林"的确定。"桑林"把中国古典园林的历史向前推进了数百年，也是河南园林起源的最早记载和推测。据古代文献和考古证实，河南传统园林起源于夏、商、周时期，如商都西亳的宫苑、西周洛邑王城、成周城及两周囿苑。商都西亳在宫城外东北侧发掘出一东西长 130 米、南北宽 20 米、深约 1.5 米、周边石块垒砌的人工开挖水池，是现今考古发现的中国早期都城最大的人工水景宫苑。周代洛邑的园林有王城四郊的祭祀天地的社坛园，有城内的祖庙园、宫苑和宫中台苑。三是春秋时期卫国的官方竹木园，被称为"华夏第一园林"的淇园，它是保留至今的最古老的园林遗存。

淇园坐落于太行山东南麓淇水两岸的河南鹤壁市淇县境内。谢灵运的《山居赋》中注："淇园，卫之竹园，在淇水之澳。"这说明这个御园就是《诗经》中《淇奥》《竹竿》篇中提到的地方。淇县，商代时是朝歌，自帝乙后为别都，纣王时为都城，由此推测，这个地方很早便是帝王御苑。

由此可以推断，作为中国古代园林起源之一的河南传统园林早在夏商时期就已经萌芽。

作为中国古典园林组成部分之一的河南传统园林在建筑风格上体现了中国古典园林造园手法的精髓和独特韵味。究其原因，主要是中国古典园林在发展过程中受到了中原文化、社会环境和历史因素的影响。唐宋园林多集中在河南，并受当地民俗的影响，与其他同时期园林在形式和内容上有所不同。河南园林的不断发展使中国古典园林体系发展受到影响，是我们研究唐宋园林与山水图式的关键所在。

2. 主要分类

从属性上看，园林可以分为皇家园林、寺观园林和私家园林三种，其独特的风格是在自身发展中缓慢形成的。古汉唐宋的园林达到了艺术境界顶峰，在园林发展历史中占有重要地位。宋代邵雍云和苏辙都曾赞誉过，例如："人间佳节惟寒食，天下名园重洛阳。""园囿亭观之盛，实甲天下。"历史上的著名的园林数不胜数，汉魏邺都的铜雀园、玄武苑、灵芝园、芳林园、桑梓苑等，汉唐洛阳有上林苑、芳林苑、西苑、鸿德苑、显扬苑、长利苑、灵琨苑、菟苑、灵囿、西苑等，北宋东京开封有琼林苑、金明池、宜春苑、玉津苑、一丈佛园、王太尉园、孟景初园、奉灵园、灵嬉园、麦家园、虹桥王家园、下松园、王太宰园、蔡太师园、养种园、药梁园、童太师园、庶人园等。《东京梦华录》卷六云："大抵都城左近，皆是园圃，百里之内，并无闲地。"

造园手法是划分人工山水园与天然山水园的依据。上文中提到的三大园林类型是中国古典园林的主体、造园活动的主流。另外，那些少量与私家园林相似的衙署园林、会馆园林、书院园林、祠堂园林、酒楼茶肆的附属园林等因其独有的内容特点，都归于附属园林。

河南在北宋之前曾是多个朝代的政治、经济中心，当地的文化风俗、政治、经济都影响着园林的发展，尤其是洛阳、开封，其园林发展在一定程度上体现了中国古典园林的整体发展趋势和状态。河南位于北方，多为帝王都城选址，园林建筑在既有古典园林的共性，也有地域特色和时代特色。

（1）皇家园林

被皇帝个人或者皇室拥有的皇家园林也可以称作苑、御苑或者宫苑等。在园林中再现山水风光，在园艺手法和效果上尽可能地显示皇家气派。为了提高格调，还汲取了民间私家园林艺术养分，融入皇家园林中。另外，皇帝因其在政治经济上的雄厚实力与特权，可以占有大范围的土地，在此基础上建造的园林的规模不是一般私家园林可比的，无论园林风格是人工的还是自然的。

皇家园林凭借其可观的占地面积与规模，再现了名胜、寺庙和一些宅第的代表建筑。皇家园林中常以尺度大、庄重、色彩鲜明的主体建筑作为构图中心统帅全园。河南历史上著名的皇家苑囿洛阳西苑经历了从东汉、魏、西晋以至隋唐等朝代。西苑造于东汉顺帝阳嘉元年（132），初始假山池塘、凉亭水榭、花草树木、飞鸟游鱼等无不具备。隋炀帝营造东都洛阳，大兴土木，西苑占地范围之广超越了汉魏时期的园林。据史载，隋西苑北拒北邙，西至孝水，南抵伊阙诸山，谷、洛二水会于其间，周围约 200 里。苑内为海，周 10 余里，海中修筑蓬莱、方丈、瀛洲三个小岛，象征海中三神山，高出水面 100 余尺，台观楼阁遍布山上。据唐人韦述《两京新记》记载，东都苑周围 126 里，东面 70 里、南面 39 里、西面 50 里、北面 24 里。东都苑新修有积翠池、月陂池、上阳池，并在苑中修建了翠微、宿羽、青城等 11 个宫殿。

（2）私家园林

私家园林别称园、池馆、山庄、山池等。拥有者是当时的文人、富商、官僚、地主等。园林构建设计大多是由文人和画家完成的，园林风格因而受当时隐逸思潮和文人画家自身态度的影响，主要体现士大夫阶层的生活态度和艺术情趣，给人以朴素、淡雅、精致而又亲切的感觉。

私家园林和宅院处于市井，采用内向式布局，以厅堂为主体建筑。用墙、垣、漏窗、走廊等划分园内空间，使景物紧凑多变，大小空间错落有致，从而使整个园林呈现出主次分明、疏密相间的特点，并以观赏路线多样、道路迂回蜿蜒来增加趣味性，有曲折的走廊，池水大多采用不规则状，用桥和岛使水面相互渗透，池水以聚为主，以分为辅。

中国古典园林与中国传统文化有着不可分割的联系，中国古典园林尤其是私家园林又素有"文人园林"的称谓。隋唐时期，受洛阳陪都的影响，造园之风越发高涨。宋文学家苏辙说过："洛阳贵家巨室，园圃亭观之盛，实甲天下。"开封因是北宋的都城，被当时文人看作造园活动的最佳选择。此时河南的私家园林使文人的审美思想和诗画造诣在园林手法和意境方面得到了更充分的体现，究其原因是受当时文人山水画的影响。文人士大夫爱好著文描绘名园，还经常参与园林规划设计，借此把他们理想的生活展现在园林环境中，这正是受中国传统文化长期熏陶的结果。

宋代士人园大多为"主题园"，园林成为重要的抒情载体，园中的景点一般都会有寓意深远的题名。例如，宰相富弼的洛阳私园"富郑公园"，园中景物被赋予了探春亭、四景亭、垂波轩、土筠洞等题名。由此可见，士人是借园林题名来寄托自己的理想与愤懑。

（3）寺观园林

佛寺和道观的园林以及寺观内外的园林化环境都可以归类于寺观园林。

佛教起源于印度，于东汉时期传入我国，以宗教形式流行。受佛、道的影响，寺观园林出现一种新的逐渐普及的形态，即宗教园林。

寺观园林大致有三种类型：一是寺观外园林，即在寺观外围对风景优美的自然景观加以经营的园林；二是以寺观本身为主体的园林；三是寺观内部园林绿化和在寺观中或一侧建的独立园林。寺观园林的特点：一是具有一定的公共性，寺观对广大香客、游人、信徒开放；二是具有较稳定的连续性；三是选址有较强的适应性，一般重视因地制宜，大多选择自然环境优美的名山大川、古迹胜地等；四是注重内部庭院的绿化；五是注重超脱尘俗的精神审美功能。

由此可见，在山池花木方面，洛阳寺院与私家园林不相上下，园林的内容也大都相同。

河南地处中原，园林建筑在风格上具有北方园林特色，加之特定的人文和地域因素，形成了自身的地域特征。河南优越的地理位置、便利的交通和适宜的气候为园林建设奠定了良好的基础。

构建一个作为理想人居环境的园林的第一步是选择园林位置，也称"相地"，"相地合宜"是造园艺术创作的基本准则。根据园址的地形地势，因地制宜，还要分析园林选址的环境因素，如在山林、江湖、郊野、城市、乡村等不同的环境中造园，也应有不同的立意。园林选址时，布置园内景致要顺应地势特点，因地制宜，依山带水，以山水为基本结构，山与水要相互呼应。同时，遵从风水理论阳宅"卜筑"的原则，选择一种"天时、地利、人和"的理想环境，达到心理平衡的状态。

中国园林追求意境的构建，感知园林主要靠虚实的诱导和虚实对比意趣的感染。营造通透的园林空间靠的主要是虚实相生，讲究"处处临虚，方方侧景"，强调园林建筑自身的通透性，方便多角度借景对景。在园林中虚实手法得以广泛应用，如在中国传统园林中常以山为实，以水为虚，以近景为实，以远景为虚，来构成园林虚实相生的景象。

在河南传统园林布局中，借鉴中国画散点透视原理，并引入运动和时间要素，来达到多维空间的效果，主要表现为空间序列在景点处的节奏变化、游览路线的曲折蜿蜒，使游人在游览中视觉感受应接不暇，并随着时间的流逝、脚步的移动，感受到所见景致变化无穷的魅力。这便是"小中见大"的手段。

洛阳金谷园是西晋天下名园，其可作为中原官僚富豪园林的杰作代表。金谷园是西晋退休官僚、大富翁石崇建造的园林别墅，因金谷水贯注其中，遂得名。《晋书·石崇传》云，金谷园"或高或下，有清泉茂林，众果、竹、柏、药草之属，莫不毕备。又有水碓、鱼池、土窟，其为娱目欢心之物备矣"。

（二）山水理念与园林景观模式的演变

"山水"一词可泛指自然环境景观，是人类赖以生存的空间场所。中国传统文化赋予山水以深层含义，孔子认为，"智者乐水，仁者乐山。智者动，仁者静"。这一思想影响了中国人的自然观念和园林景观模式的形成。对自然来说，人造的一切都是异己的、对抗性的。人通过自己的活动使自然人化，并创造出人化的自然，这种被人化的自然不再是真正的自然，而是人的世界。园林形成的过程正体现了这一人化自然的过程，自然界中的山水从神秘、恐惧的外部世界到被人类了解、改造，成为审美、"比德"的对象。西周之前，山水被视为自然界的神祇所在而进行祭拜；西周晚期，对自然山水的审美意识开始显露；到春秋时期，已开始游览自然山水和在自然山水中建造宫苑。秦与西汉时期，"一池三山"的结构形式在秦太液池中出现，象征着迎候神仙，这种象征性的山水模式贯穿于中国园林发展的全过程。到了东汉时期，园林中人工山水的营造已完全出于审美的需求，理想化的生存环境模式逐渐被人们接受，成为人与自然和谐共生、亲近自然、超凡脱俗的生活方式的选择。"山水图式"成为中国古典园林从表象到内涵的一个重要标志。在有限的空间里，在实践中产生了一系列程式化的设计，"一峰则太华千寻，一勺则江湖万里"的山水图示成为跨越时空、哲理性极强的文化象征。

山水园林是中国古典园林的别称，其山水的构建有"叠山"与"理水"两种方式。从秦代"一池三山"到唐宋的皇家及文人园林，可以看出，唐宋园林山水模式的转变体现在以下两方面：

一是山水模式主体的转变，由以山为主转变为以水为主。唐宋之前以写实和一对一的手法在园林中表现自然。例如，太液池中的海上仙山、东汉梁冀园中"十里九坂，以象二崤"的造园活动里对真山水的大量仿造，造山的规模和地位成为造园的主题。据《洛阳名园记》记载，一般不出现叠石，很多景的设置可观不可游、可远不可近，是北宋洛阳私家园林的特征。由此可以得出大范围的水面是其主要景观的结论。在皇家园林中，如东京顺天门外皇家园囿金明池，《东京梦华录》记载："周围约九里三十步，池西直径七里许。"池的岸边有临水殿阁、船坞、码头等建筑；池中央有岛，岛上建有圆形回廊及殿阁，并用桥与岸边连通。

二是山水描写方式的转变，是在自然山水方面实现了由单纯摹写到致力写意的转变。唐宋时，士林兴起，文学风气盛行。文人士大夫的审美和唐宋山水画论影响了园林的风格，诗情画意逐渐融入私园构造中，如唐代王维建辋川别业、白居易建草堂、李德裕建平泉山庄等，都体现了"咫尺千里""小中见大"的效果。宋代普遍的造园方法是由秦汉写实转变而来的写意自然山水风光的手法。比如，宋徽宗时，曾经在城市东北方向仿照凤凰山建造了名为艮岳的万寿山。这座园林周长40余里，里面山峰却只达到九十步的高度。九十步之峰与泰、华、嵩、衡等同。山上筑有楼台亭阁，山下开凿池沼洲渚。"山林岩壑日益高深，亭榭楼观不可胜记，四方花竹奇石咸萃于斯，珍禽异兽无不毕有。"（《枫窗小牍》）

河南传统环境可以概括为乡土建筑和文化景观。在某种意义上，地域建筑就是指在特定地域环境中结合建筑、自然、社会等因素形成的文化景观。从物质层面看，乡民居建筑是乡土建筑的主要构成，村落是一种社会景观，园林成为一种审美景观。在文化层面，三者都具有世俗性。非宗教、非艺术的中国传统社会，人伦生活的象征便是居住建筑。宗教的力量不是村落形成的关键，关键是宗法血缘关系。经过长期的发展，体现中国人环境观念、可以居住可以游览的多功能园林成为世界园林史和建筑史上的一枝奇葩。

第三节　中原公共建筑与文化传承

一、文化礼制：明清衙署与会馆建筑

（一）河南明清衙署建筑与制度文化

1.河南衙署的建筑特色

古时官式建筑衙署又叫衙门，有固定的形式，但因所在地区不同而有不同的地域特色。河南地区现存的明清衙署建筑是中国古代官式建筑的代表或孤例，如内乡县衙、南阳府衙、叶县县衙、密县县衙等，其建筑主要有以下几个特色：

第一，明清衙署的标准规制：内乡县衙被誉为神州大地绝无仅有的衙署建筑历史标本，因为它是国内清代县级官署衙门中保存最完好的，典型的衙署建筑格局：建筑布局有序，坐北向南，对称分布；内乡县衙整组建筑以大堂、二堂、三堂为主体，其中又以大堂为中心建筑，内宅和其他建筑都是围绕三大堂而建，以凸显统治者的权威；大堂前有一系列的庭院和建筑，强调大堂的庄重严肃，先是宽阔高大、绘有警示图案的照壁，此后东西分列过街牌坊（有的地方为东西辕门），接着是宣化坊、首郡坊或者钟鼓楼，然后才进入大门，大门之后是仪门，仪门后东西两侧列置吏、户、礼、兵、刑、工六房及承发司、永平库，仪门与大堂遥相对应，戒石坊耸立其间，石板或青砖街道宽阔平直，自前至后渐次见高。所有这一系列布局手法都烘托出大堂的重要地位。

第二，传统宗法社会的等级制度影响着建筑格局。河南衙署建筑布局与北京故宫相似，都采取中轴线对称的布局，在十几亩到几十亩甚至上百亩的用地围墙内，由三条纵轴线将整座衙署统一在主次分明的长方形大院内，每处院落的功能不尽相同，并以中轴线上的主体建筑为中心，以厢房、配房为辅，每个院落自成一体。各个院落大小、功能都不同，如大堂、二堂主要用来办公、理政，是整个衙署建筑群体的中心，后面是日常居住用地，构成了"前衙后邸"的构造。

第三，等级分明。衙署建筑单体受宋代《营造法式》和清代雍正《工程做法》的影响，其造型单一，形体变化不明显，有传统建筑木结构的典型特征。

以南阳知府衙门为例。整体坐北面南，南北长240米，东西宽150米，占地面积3.6万平方米。现存古建筑30多座，130余间，位于中轴线的建筑有照壁、召父杜母坊遗址、大门、仪门、大堂、寅恭门、二堂、官宅大门、三堂、后园,两侧建筑有石狮、撇山影壁、大堂耳房、大堂厢房、寅恭门配房、寅恭门厢房、二堂厢房、二堂配房、官宅厢房、三堂配房、宾兴馆等。主体建筑大堂斗拱较小,出檐不深,柱径与柱高比例为1:10,生起、侧角和卷杀不多,梁枋硕大,屋顶平直。大堂建筑以无廊式来扩大室内空间,并且减去了前排金柱,堂正中设公案,两侧列"肃静""回避"牌、其他仪仗等,与院落形成一体,空间效果肃穆空旷。以三大堂建筑为参照,其余建筑除形体上略显矮小外,其他方面几乎一样,单体建筑风格沉重、拘束、不灵活。

2. 河南衙署的文化内涵

文化的物质载体之一是建筑,衙署更可以在一定程度上体现出封建文化中政权的兴衰。一位研究中国历史文化的外国学者曾在参观过故宫后感叹:"我今天才知道什么是中国历史。"一般而言,河南衙署建筑的文化内涵主要有:

(1)古代官制的具体体现。衙署作为封建社会行政办公的场所,体现着古代官制和等级制度。中国封建社会有漫长的发展史,但保留至今的知府治所,即府衙一类建筑,除苏州通平江府治石刻及洛阳新近发现的北宋府衙遗址外,只有南阳府衙,而郡守治所无一存在,连其遗址也十分罕见。南阳府衙经历700多年风风雨雨,有过辉煌衰败,但基本保留了明代的建筑规制和清代的建筑风格。《明史·地理志》载:"南阳府洪武初因之,领州二,县十一。"府衙在元故址上修葺并加以扩大。清代,南阳府衙仍为府治处所。

结合历史文献,研究元代至清代府衙的规制、变迁及地方官吏的袭封、宗族、属员、诉讼、租税、祀典、政事、财务、文书、庶务等,具有十分重要的价值。

(2)宗法社会的建筑秩序。在叶县县衙建筑布局中,到处彰显着封建等级制度。比如,"左尊右卑",府衙以左为尊,有府承(七品)、主簿(八品),府承居东,主簿居西。寅宾馆多设在东南,东南为巽地,较为尊贵。"左文右武",六房均居大堂前,其按左右各三房排列,东列吏、户、礼,西列兵、刑、工。"监狱居南",各府衙监狱均居大堂西南,仪门之外,这是"南监"名字的由来。

(3)南北交融的地域特征。北方四合院将府衙建筑群和南方廊庑结合起来,如内宅门与三堂之间由东西房及廊庑连接,形成独立院落。府衙单体建筑的结构形式将南方的穿斗式与北方的抬梁式巧妙地结合,采用了南方建筑厅堂轩敞的处理手法,如二堂的梁架等。府衙三大堂及大部分建筑的结构基本与清官式建筑相同,又吸纳了当时其他地区的手法,如额枋与平板枋承采用"T"形连接,这就与清官式建筑不大一样。额枋与柱头平齐，平板枋置于其上承托斗拱，体现了宋金元时期建筑的特点，是研究清代豫西南建筑技术发展的珍贵资料。

（二）河南会馆建筑与商业文化

1.河南会馆建筑遗存

中华民族发祥地之一的河南在中国的政治、经济、军事、文化上占据着重要的地位。北有黄卫，南有江淮，东西有古道关隘，河南历来为南北货物的转运地和集散地。据调查，河南省现存的会馆建筑共 15 处，分别是社旗山陕会馆、开封山陕甘会馆、周口关帝庙、洛阳潞泽会馆、洛阳山陕会馆、朱仙镇关帝庙、商丘陆陈会馆、禹州怀帮会馆、郏县山陕会馆、唐河陕西会馆、潢川光州会馆（"三义观"）、淅川荆紫关的山陕会馆及济源关帝庙和新乡关帝庙。这 15 处中有四处称"关帝庙"，一处称"三义观"，虽名称不一，但性质相同，均属会馆一类。15 处中除潢川"三义观"仅存铁旗杆一对、舞阳县北舞渡山陕会馆仅存木牌楼和一小殿堂外，其余 13 处保存较为完整。从这些会馆的分布看，大多数都分布在交通要隘和政治中心城市。例如，河南和江南地区重要商品流通枢纽周口、河南西部乃至山陕二省与湖广地区商货往来的转运码头赊旗都体现出这一特征。北舞渡正是一个作为周口与赊旗两大商镇之间的水陆过载、货物转运为主的水陆过载码头。

河南省现存的会馆多创建于清初和清中叶，主要是顺治、康熙、乾隆、嘉庆、道光年间，前后历时 180 余年。这些会馆均为同乡和同业相结合的机构。例如，禹州的怀帮会馆是怀庆府一带的药商集资所建。修建会馆的目的是接客迎士，商贾联谊，开展行业活动，保卫共同利益。这些会馆和纯粹性的乡祠不同，不是按民居的建筑形式修建的，而是采用传统的手法，按照寺庙、宫观的布局而建。一般都由封闭式的四合院落组合而成，包括照壁、门庭、戏楼、牌坊、铁旗杆、钟鼓楼、东西厢房、大拜殿、东西配殿，从后进为春秋楼，由前向后沿中轴线，按左右对称之制布局。

戏楼和春秋楼会馆建筑具有独特的风格。在河南省会馆中，为庆典活动和祭祀活动而搭建的戏楼有七座，这七座戏楼的格局不尽相同。有的在会馆的门庭处，如洛阳潞泽会馆，前庭后楼，连为一体；有的在前院，如社旗山陕会馆、开封山陕甘会馆、禹州怀帮会馆多与过厅相连；周口关帝庙和荆紫关山陕会馆的戏楼则建在中轴线的中段。在河南省现存的会馆中，尚存的只有周口关帝庙春秋楼。

2.商业文化对河南会馆建筑的影响

会馆，又名"乡祠"，亦称"公所"。作为一种自我约束的社团机构，会馆原来是城镇中同乡或同业的封建性团体，不只指这些建筑物遗存。会馆起源较早，汉代京师已有外地同郡人的邸舍。会馆的名称最早见于明代，清代盛行。但是，为同乡谋公益的这种社会组织在南宋时就有，不过相对其他组织数量少、规模小，称呼也不是会馆。会馆具有区域性、行业性的特点，一般都是以省、府、州、县的名字来命名的，如山西会馆、陕西会馆、江西会馆、广东会馆等；也有以相邻的地区组合命名的，如山陕会馆、两广会馆、广肇会馆、潞泽会馆、山陕甘会馆等。京师会馆大多由各地的官僚士绅建立，而在商贸城镇地区则成为外地工商行帮的机构。会馆在性质方面讲，包括纯同乡性的会馆（一般称同乡会）、纯行业性会馆和同乡性兼行业性会馆三种类型。

（1）会馆建筑实质上是商品经济发展的产物。作为类型独特的城镇公共建筑，会馆在古代商业史、建筑史和艺术史上处于重要的位置。明清的商人会馆建筑风格十分鲜明，影响广泛，具体体现在：功能齐全、规模宏大；装饰精美、风格华丽；分布广泛，乡土特色浓郁，保存时间长。影响会馆的建筑特点的主要是明中叶以后商品经济的迅速发展、商人集团实力的增强、商人社会地位的提高以及社会风气的转变、商人文化的兴起。商人会馆建筑中包含了深刻的文化底蕴，聚集了客居他乡商人的浓厚情感，其中包含着失落的乡土宗族情缘、社会认同的渴求、宣扬商业伦理道德、塑造"良贾"形象等，反映了中国封建社会后期商品经济发展以及社会影响，向人们展示了明清商人的价值追求。此外，会馆是与当地风俗习性融合并存的多元化与多义性的特定人群聚会的场所。会馆与寺庙结合、与行业供奉的始祖神灵祭祀的庙宇共处的建筑最为常见。同乡或同业的思想理念和内部原则秩序靠宗教信念加固，如会馆与财神庙共处、会馆与关帝庙合一等。在同一场所中，不同的会期与祭祀活动互不影响，而互相扶持的观念与行为揉合并存，增强了会馆的凝聚力。

（2）会馆体现商人实力。建筑规模大、装饰精美华丽是明清商人会馆的一大特色。商人的经济实力、社会奢侈之风和商人审美情趣是其表面原因；商人想以会馆的规模与豪华彰显自己的经济实力和社会影响之大是根本原因。商人用这种方式来抗争传统的"贱商"观念。在明清时期，官府对建筑规模、用料等都做了相关规定，建筑等级限制十分严格。《明会典》中有"房屋器用等第"专条，对各种身份的人所能享受的建筑等级严密限制，如"官员盖造房屋，并不许歇山转角，重檐重拱，绘画、藻井""庶民所居房舍，不过三间五架，不许用斗拱及彩色装饰"。清代法律将建筑分为三个等级：殿式建筑（宫殿、神庙）、大式建筑（官绅府第）和小式建筑（民居）。从现存的明清商人会馆建筑的情况可以了解到，其规模、用料、内容都不在法律所允许的范围内；其建筑格局采用了宫殿神庙的形式，小有规格的会馆在材料上大面积采用了皇家专用的楠木等。

（3）会馆包含商人的寄托。会馆采用和玺彩绘、多层斗拱、藻井、重檐庑殿顶等最高级别的装饰技术。商人之间的攀比在会馆之建筑中尤其明显。这种违制越礼的建筑能得到当时社会认可的一个原因在于商人巧妙地将会馆与神庙建筑融为一体，借神庙的规格提升会馆的建筑等级。此外，明中后期商品经济迅速发展，提高了商人地位，冲击了封建伦理制度，使商人们想要冲破伦理传统束缚，寻求社会的认同。

从社旗山陕会馆大座殿的木雕、石雕中可以看出，儒、佛、道三家达到了高度融合。可以说，供奉盛名圣德的关圣公的山陕会馆的建造者们创造了一个鼎盛的儒、佛、道结合的道德教育场景。

（4）会馆记载着商业文化。社旗山陕会馆现存碑刻九块，其中七块记述商业道德规则及会馆兴建活动，分别为：初刻于清雍正二年（1725），重刻于同治元年的《同行商贾公议戥秤定规概》碑；立于清乾隆五十年的《公议杂货行规》碑；立于清道光二十三年的《过载行差务》碑；还有记述会馆经费活动的《创建春秋楼碑记》《南阳赊旗镇山陕会馆铁旗杆碑记》《重兴山陕会馆碑记》《重建山陕会馆碑记》。前三块碑石是十分珍贵的研究资料，为我们研究清代赊店商业发展的情况及商业行为的规范提供了有力证据。其中，《同行商贾公议戥秤定规概》碑对规范度量衡做了严格的规定；《公议杂货行规》碑的核心是倡导诚信精神，其中包含有关商业行为规范的十八项规定；《过载行差务碑》对支应官府的席片数目进行分解公示。这三块碑石堪称全国之最，是国内会馆类建筑中所存最早也是最全面的商业道德规则碑记，具有重大研究意义。

（三）河南会馆建筑的艺术特色

1.建筑空间

会馆建筑具有场所性、公共性和流动性三个空间特征，会馆主要布局是院落式，主要由戏楼、厢楼（耳楼）、正厅、后殿及居驻用房（厢房或小院）组成，且对建筑装饰十分看重，因而表面一般较华丽。无论规模大小，戏楼、削楼、正厅和后殿是不可或缺的四个组成部分。社旗、周家口、舞阳北舞渡等城镇众多的建筑中，规模较大的特殊群体建筑会馆都具有公共性和集群性，也就是从功能上说，面向的对象比较广。这两种性质确定了会馆空间形态的公众意识，也可以说空间体量的容纳性与外部形式的视觉聚集力。相比于民居建筑群的窄矮，会馆建筑高大宽敞，结构整齐规范，装饰极尽奢华，建筑内各处均有极精美的雕刻绘画，其鲜明的色彩与古城的暗淡形成强烈对比。这些会馆由民众自觉自愿集资建造，目的是寄托内心的希冀与炫耀，不同于为官府的无奈或为自家的私心。所以，这类会馆既不同于单纯民居建筑的小巧质朴，也不同于官府的庄严，而是融合了两者的特色，使其共同存在。

2. 独特单体

会馆集祭神、乡聚、娱乐、居住等功能为一体，大多数根据轴线来布置主体建筑，以彩色琉璃瓦搭建的歇山屋顶具有较浓的人情味。

明清商人会馆建筑有祀神、和乐、义举、公约等一系列功能。会馆中商人祭祀神灵的大殿附殿在代表商人的宗教信仰和价值追求的同时，起着神道教化的作用。会馆戏楼让商人们在休息娱乐的同时，拉近彼此的距离，加深彼此感情，使贸易更加顺畅，形成互利共赢、同舟共济的原则。

建在会馆中心或前方的戏楼为会馆重要的建筑物，在其他建筑群中并不常见。戏楼的位置大都根据会馆需要和整体布局来确定。例如，开封山陕会馆和洛阳潞泽会馆都将戏楼建在中轴线的前端；周口关帝庙将戏楼建在前殿和大拜殿的中间；淅川荆紫关的山陕会馆将戏楼建在中部。河南省现存戏楼十余处，分布广，体现了不同地区戏楼的特征。豫东有 2 座，豫西 2 座，豫南 6 座，豫北 2 座。在结构形式上，平面有方形、矩形和长方形的区别。就长方形来说，面积较大，整体格局宽广，四周设置雅座、楼座，中间为池座，如逢婚丧嫁娶，在池座中摆设筵席，戏台上仍可照常演戏。戏楼内部空间宽大，因其采光通风设计巧妙，内部十分明亮。戏楼梁上都绘有彩画，架梁裸露也不突兀，还悬挂了各种匾额。河南现存的主要会馆戏楼有社旗县山陕会馆悬鉴楼、洛阳潞泽会馆舞楼清代建筑、周口关帝庙戏楼、开封山陕甘会馆戏楼、洛阳山西会馆戏楼、郏县山陕会馆戏楼。

3. 雕刻装饰

巨商富贾愿意花费巨资聘请能工巧匠装饰会馆建筑的原因是会馆作为公共建筑，在商业性质方面可以彰显商人的富裕和行业的繁荣程度。

开封山陕甘会馆从照壁到大殿全装饰砖雕、木雕。照壁高 20 米，长 16.5 米，厚 0.65 米，庑殿顶，绿色琉璃瓦覆盖，正脊为浮雕花脊，垂脊为透雕奔狮，还有人物、山水、花果、鸟兽等雕刻于南边檐下。

二、文化融合：佛学东渐与宗教建筑

（一）佛教文化在河南的传播

1. 佛教东传与中国化的文化进程

中外文化有三次大的交流、碰撞：一是佛教——它是以禅宗中国化为标志，佛教中国化经历了 800 年；二是基督教——它在唐代传入中国，如洛阳龙门石窟宾阳洞口的爱奥尼克柱式，是东西方文化交流的例证，有1000余年历史，但是信的人比佛教少；三是现代西方思想——从五四运动开始传入中国的马克思主义到现在，现代化进程一直在持续，接受西方文化还没有完全成功。

从文化发生学和文化传播学角度看，任何外来文化在中国生根都要具备三个条件：一是适应中国的社会需要，顺应儒、道、释合流的总趋势，是禅学的核心所在；二是改变其原生形态，即产生变异；三是与中国的传统相结合，即取得中国化的形式。

世界三大宗教之一佛教的创始人释迦牟尼（560—480），原名悉达多，姓乔达摩，释迦牟尼是佛教徒对他的尊称。在传入中国之前，佛教已有500年的历史，但是它传入中国后，并没有取代中国本土宗教（道教和儒教），而是与中国本土宗教和平共处。

中国人难以接受佛教早期的修行方式，于是发挥印度大乘佛教"现世"的思想，创立了有中国元素的净土宗和禅宗。禅宗主张"思维修"，只要"顿悟"，人人都可以成佛。简单的成佛途径和平民化的教义，揭开了成佛的神秘面纱，打破了名门贵族对成佛的垄断，贴近人们的生活，为普通人提供了进入天国的方便之门。禅宗的佛性说及顿悟成佛说是对中古心性论的重要发展，其所倡导的出世与入世融为一体的生存方式与儒家人生理想相契合，成为典型的中国化佛教，影响了中国文化的发展。

佛教中国化的历程是历史上外来文化与本土文化成功融合的范例，促进了中国文化的发展。反观中国文化史，必然会触及禅宗（狭义：南宗顿教），禅宗的文化意义远远超出了宗教范畴。河南嵩山少林寺作为禅宗"祖庭"，在佛教中国化的进程中有着重要地位。

2.河南佛教寺院的历史分布

佛教是西汉哀帝元寿元年（公元前2年）传入中原的，它的传播与修造佛教寺庙等建筑活动有着紧密的联系。始建于东汉明帝时期的白马寺是中国最早的一所佛寺，西域僧人摄摩腾和竺法兰就是在白马寺译出了最早的汉文佛经《四十二章经》。寺院的分布、扩展在河南历史和中原文化的演变上占有重要的位置。

佛教寺院在河南分布范围很广，随着历史变迁，其风格发生很大改变，反映出以洛阳、开封为中心的地域特色，可见地缘政治的作用十分显著。东汉末年，白马寺曾遭遇兵火洗劫，在三国时期才得到恢复，继续发挥作用。西晋时，洛阳成为佛寺的中心之一，分布着大大小小佛寺42座。

洛阳作为后汉的都城，西域商贾、移民等在此聚集。佛教寺院雏形出现在明帝永平年间，桓、灵以来逐渐发展，不仅宫中有浮屠祠，城内也有佛寺译经的记载。

西晋以洛阳为都城，带动了此地佛寺的发展，后来冠于全国。北魏统治阶级笃信佛教，迁都洛阳以后，洛阳再次成为北方的佛教中心。孝文帝在洛阳建报德寺，宣武帝又建瑶光寺、景明寺和永明寺。胡太后建造的永宁寺及佛塔可谓"殚土木之工，穷造型之巧"。著名的龙门石窟也开始凿建。诸王以下，多舍宅为寺。孝明帝神龟元年（518），洛阳的寺舍已达 500 多所，夺民居 1/3。正光以后，洛阳佛寺激增至 1 367 所。

在唐代，东都洛阳成为当时全国第二大佛寺密集中心，其佛寺的数量仅次于都城长安。据文献记载，唐代前期河南府有寺院 56 所，其中洛阳便有 29 所。"永熙之乱"后，洛阳仅存佛寺 420 所，其中白马寺幸免于难，永宁寺被焚。东晋到南北朝时期，战乱不息，中原地区呈现出破落的景象。319 年，佛图澄取得后赵统治者的信任，与弟子广建佛寺共 893 座，安阳在这时期开始出现佛教寺院建筑。

北宋时期，开封取代了长安、洛阳，成为政治、经济、文化中心。与此同时，开封佛教进入了高潮时期，形成了儒、佛、道三教合流的趋势。据《宋代东京研究》一书中所列史籍记载，可考证的寺院有百余座。宋徽宗宣和年间，开封府有寺院 691 座，其中，相国寺、开宝寺、太平兴国寺、天清寺等著名寺院均由官府出资为"兴佛法""营佛事"而扩建，亦是朝廷举办重大佛事、祈雨、赈济等活动的场所。

除洛阳、开封外，佛教寺庙还数量不一地分布在河南各地。在佛教寺院地理分布和变迁过程中，世俗化对佛教的影响十分深远。"贵人与贵寺"是古人用来概括寺院分布及其变迁特色的，即从偏居僻地，往来江湖，到云集都邑，融于世俗。

（二）河南佛教建筑的地方特色

1. 河南佛教寺院的类型与形制

中国佛教寺院一般分为三大类型：汉传佛教寺院、藏传佛教寺院和南传上座部佛教寺院。河南地区是汉传佛教的集中区。

（1）河南佛教寺院的建筑类型。河南佛教建筑的类型主要有寺院建筑、石窟寺、佛塔、经幢四种。

① 寺院建筑。寺院建筑主要由众多殿堂建筑组成，如正殿（大雄宝殿），还包括山门、伽蓝殿与祖师殿（大殿的东西妃殿）、法堂、钟鼓楼、藏经阁等。

② 石窟寺。它是佛教寺院的一种特殊类型，起源于印度。中原地区也有不少著名的石窟寺，具有极高的佛教艺术和建筑价值。主要有龙门石窟、义马市鸿庆寺石窟、新安县西沃石窟、陕县温塘石窟、偃师水泉石窟、安阳灵泉寺石窟、安阳小南海石窟、汤阴县前咀村石窟等。

③ 佛塔。历史上，河南战乱频繁，当地佛寺建筑大多被严重毁坏。但是，佛塔因其建造材料多为砖石而得以较好的保存，虽饱经风雨，却依然伫立。河南现存的佛塔分布在各个市县和乡村，总数多达 530 个，可见河南历史上佛寺存在范围之广。

④ 经幢。宋代河南经幢的发展有两点值得注意。第一，有一些采取了赵县经幢三段式幢身的建造方法。例如，禹州市鸿畅乡涧头河村宋代经幢，幢身八角形，作三段分置，新乡县翟坡乡寺王村宣和二年（1120）经幢也为三层，这说明三段式幢身的经幢在宋代很流行。第二，宋代的一些石构建筑物虽然保存着经幢的某些建造方法，如采用八棱柱体构件，但整座建筑与典型的经幢已相去甚远。例如，河南郾城县彼岸寺有座石构建筑，建于贵德年间，时僧人宗岩称其为"香水海石幢"，故今人的介绍文章也以"石幢"相称。此石构并无刻经，因此严格说来，叫幢或经幢是不恰当的。

（2）河南佛教寺院的形制。河南佛教寺院的形制主要指建筑的空间格局和组合方式。从现存的佛寺建筑实例和文献资料来看，主要存在以下两种寺院形制：

① 前塔后殿的形制。河南地区佛教寺院最初是前塔后殿的布置方式。以塔为中心，即山门、佛塔、佛殿位于中轴线上，林立的佛塔已经成为寺院中不可或缺的部分。佛教在东汉初期由西域传入中原，先是由人口述佛经，后来才建立佛寺。《魏书·释老志》记载："自洛中构白马寺，盛饰佛图，画迹甚妙，为四方式。凡宫塔制度，犹依天竺旧状而重构之，从一级至三、五、七、九世人相承，谓之'浮图'，或云'佛图'。"这一记载虽然距白马寺营建时已有 400 年左右，但它所反映的寺塔布局仍以一个方形大塔为中心，其四周环以廊庑门殿。《洛阳伽蓝记》中所记载的佛寺形制各异。例如，卷一述及的永宁寺，作者言其气魄宏大，金碧辉煌，并引常景碑语叹喟"须弥宝殿，兜率净宫，莫尚于斯"。在描述瑶光寺时，则突出其作为尼寺的清幽秀美，所谓"风生户牖，云起梁栋，丹楹刻桷，图写列仙"。又如，卷四法云寺，因其为西域乌苌国沙门所建，其形制与其他寺院不同："佛殿僧房，皆为胡饰。丹素炫彩，金玉垂辉。""西域所赍舍利骨及佛牙经像皆在此寺。"佛塔传入河南地区后有了一定的变化，如代表印度窣堵坡的塔刹被工匠放在了高塔的顶上，从而成为佛教徒顶礼膜拜的对象。北魏洛阳永宁寺是以佛塔为中心，周围绕以僧房为基本形式。其总体上采用了中国传统的中轴线对称布局方式，从整体形制上进一步中国化，为佛寺建筑形制的发展奠定了基础。前塔后殿的形制已经在我国找不到实物痕迹了，但是在传入日本的早期佛寺格局中可以找到这种布局的影子。有日本学者考察证明，日本仿照

洛阳白马寺而建的飞鸟寺和四天王寺皆是前塔后殿、以塔为中心的布局，它们与文献记载的永宁寺的寺塔布局相同。

② 佛殿为主的形制。在初唐推出《戒坛图经》之前，河南地区就已经出现了以佛殿为主体建筑的佛教寺院形式。北魏建中寺便是前厅为佛殿、后堂为讲堂的格局。《洛阳伽蓝记》所记洛阳近50座佛寺，其中无塔佛寺占大部分，有塔的只有15座。洛阳佛寺多以舍宅为寺，整体格局已经固定，即使改住宅为佛寺也不会改变大致的平面布局，故而佛塔无法建造在寺院的主要位置上。《洛阳伽蓝记》中有诸多此类佛寺的记述。唐代以后，河南地区的佛教寺院主要是这种布局形制。塔在唐代被大雄宝殿替代，位于寺院组群中心，从而形成以大雄宝殿为寺院中心轴线对称的布局。

佛寺形制的改变有两个原因。一是佛礼形式的改变，致使佛礼空间也发生了改变，人们对佛塔的崇拜渐渐转变为对佛像的崇拜。由于河南多风雪，在室外举行活动多有不便，佛寺避免了这种由天气造成的不利影响。二是佛教中国化和禅宗世俗化的过程和教义使先前作为"佛"的象征物的古塔渐渐失去了原有佛性的意义，并向世俗化转变，花式雕刻增强，直至宋代，大都变成了没有佛性意义的建筑。现存的河南主要佛教建筑都采用这种形制，它节约了建筑的材料和时间。

2. 河南佛教寺院的地域特点

河南佛教寺院的地域主要有以下几个特点：

（1）数目多。佛寺数目的多少很大程度上取决于佛教文化的繁荣程度。河南历史上为政治、经济和文化中心，每个历史时期的佛寺数目都不尽相同。北魏杨衒之所著《洛阳伽蓝记》中便提到了北魏都城的佛寺情况。自北魏太和十九年（495）迁都洛阳后的数十年间，洛阳城内有佛寺一千余所，"招提栉比，宝塔骈罗，争写天上之姿，竞模山中之影，金刹与灵台比高，广殿共阿房等壮"，极尽奢华。到北魏末年（531），全国已有佛寺3万余所，僧尼200万人。唐代法琳在《辩证论·十代奉佛篇》中著录了两晋南朝僧尼寺数、僧尼人数及译经部数，其中南朝梁的都城内有佛寺700所，全国寺数达2 846所，僧尼82 700人，译经238部，这时，佛教进入全盛时期。隋唐时代，佛教更是繁荣鼎盛。据《释迦方志》记载，在隋文帝在位的24年间，就"度僧尼二十三万人，立寺三千八百九十二所"。唐代佛教更盛，建寺更多，仅会昌年间唐武帝李炎废佛（841—845）的结果，就毁寺院4 600所，拆招提、蓝若等佛教建筑40 000余所。河南现存佛寺250余座，不少寺院驰名中外。除白马寺、少林寺、相国寺和风穴寺（一说是香严寺）这四大名寺外，民权白云寺也远近闻名。

（2）类型全。河南佛教寺院的类型主要有殿堂式和石窟寺两种，因建筑地点不同，可分为平原型和山地型。从历史发展看，隋唐时期是佛教的鼎盛时期，河南地区出现了许多新的寺院。

寺院的平面布局承两晋、南北朝之传统，为组群形式，由殿堂、门廊等组成。大的寺庙房间多则十几间，全寺以二、三层楼阁为中心。唐代，洛阳利用其优越的地理位置，又使寺庙有了新发展。在方丈薛怀义的主持下，大兴土木，扩建白马寺，因僧人的住舍距离山门太远，才有"跑马关山门"的说法。保存完好的汉传佛教寺庙有登封的少林寺和法源寺，这些寺庙中的单体建筑种类非常丰富，如殿、堂、楼、阁、廊、台等。

（3）影响大。在唐武宗会昌灭佛后，经过发展，禅宗形成了"五家七宗"。中原地区的佛寺宗派也发生了很大的变化，禅寺占据了主导地位。自从雪庭禅师立曹洞宗，少林寺便归属了曹洞宗，白马寺则归于临济宗。宋代，大相国寺诸宗并存；元代，改为曹洞道场，后归临济宗。汝州风穴寺从延昭禅师时期就改为临济宗；南阳地区诸佛分为临济和曹洞二宗，并以临济宗为主。其中，丹霞寺、普提寺为曹洞宗，香严寺、水帘寺（白云寺）为临济宗。

现存温县的慈胜寺是河南北部著名的佛教寺院。慈胜寺创建于唐代，如今留存有山门、天王殿、大雄殿等。大雄殿为歇山九脊顶，呈大鹏展翅状，造型优美，气势磅礴。天王殿有元代人物壁画，壁画风格粗犷豪放，画中内容栩栩如生，有飘然离墙、脱壁而出之势，具有很高的艺术价值。悬挂在大雄殿门额、制于元代的木质牌匾、殿前挺立的五代石经幢等都是中原地区文物中少有的珍宝。位于登封的会善寺曾经是北魏孝文帝的离宫，隋代时改名为会善寺。如今保存下来的会善寺主要建筑、碑刻有元代大雄宝殿、中岳嵩阳寺碑等。

（4）佛塔。印度是佛塔的发源地。大约在公元前5世纪末，印度就产生了佛教，随后兴建起这类佛教建筑。起初，译名不一，有20多个名称，如窣堵波、私偷簸、斯突帕、偷婆、佛图、浮屠、浮图、方坟、圆冢、高显、灵庙等，后来简化为"塔婆"，进而又简化为"塔"。晋人葛洪《字苑》中第一次出现"塔"字的名称。

河南地处中原，地理位置十分优越，拥有众多历史文物。据资料显示，现存古塔530余座，约占全国古塔总数的1/6，居各省之冠。根据历史文献记载，中国最早的木塔——东汉时建造的白马寺塔和最早的砖塔——晋太康六年（285）王俊在洛阳建造的太康寺三层浮屠都位于河南。由于历史动荡，两塔虽然没有留存下来，但仍不失为中国古塔之鼻祖。例如，历史上闻名遐迩的北魏永宁寺木塔，是中国四大名塔之一，华丽壮观，气势雄伟，但虽建成18年就被火焚毁（现存墓址），这座大型木塔就建在洛阳市东15千米，当时北魏的都城内。

三、文化场所：书院建筑与民间戏楼

（一）河南书院建筑的类型与分布

1.书院建筑的主要类型与功能

书院之名始于唐代。《新唐书百官志》记载：唐开元十一年（723）置丽正书院。十三年（725）改丽正修书院为集贤殿书院，主要活动内容和职责是"掌刊辑古今之经籍，以辨明邦国之大典，而备顾问应对，凡天下图书之遗逸，贤才之隐滞，则承旨而征求焉"。书院是中国古代社会的一种教育组织，以私人创办为主，不同于官学和私塾。从唐代兴起到清末，书院经历了千年的兴衰发展，数目巨多，分布范围极广。河南是书院集中的地区，历代兴建书院超过千所。书院在各个时期都发挥了培育人才、推进学术文化发展的重要作用，在中国教育史和文化史上占有突出地位。书院建筑作为中国古代建筑的一个重要类型，已引起建筑学界的重视和研究。

书院建筑可以分成为两种类型：一种是实用性较强的讲学用建筑，如讲堂、藏书楼、山长室（书院主持人生活、工作室）、书斋等；另一种是带有祭祀礼制性的建筑，如祠庙、牌坊等。两者的结合代表着书院建筑礼乐相成的特色。

书院在千余年的发展中形成了各种各样的类型。按其服务对象，可以分为家族书院、乡村书院、府州县地方书院、皇族书院、少数民族书院、军事书院和教会书院等。各类书院各有特色，但基本的功能是一致的，即讲学、藏书、祭祀。

最早出现于唐玄宗时期的长安丽正书院、洛阳集贤书院实质上就是藏书、校书、刻书的地方，也就是"修书之地，非士子肆业之所也"。随着书院的兴起与发展，书院内的藏书越来越丰富，和国家藏书、私人藏书一同构成了我国古代的三大藏书体系。河南的书院也如此。从唐代兴书院以来，不论书院规模大小，都拥有一定的藏书。尤其是清代，河南的书院事业蓬勃发展，藏书与管理也日益成熟，在我国图书馆事业发展史上占据着重要地位。例如，光绪十七年（1891）南妆光道的豫南书院"新建斋房、殿堂共 70 余间，并购入图书典籍等"。此外，清代的河南书院比较重视刻书，有比较充足的学田收入，并且书院内聚集着众多著名的文人学士。例如，百泉书院的孙奇逢是清初全国三大名儒之一，嵩阳书院的耿介、朱阳书院的窦克勤、上蔡书院的张沐、南阳书院的李来章、大梁书院的钱仪吉、文清书院的苏源生等都是当时河南乃至全国的著名教育家、理学家或考据学家。嵩阳书院编刊《离阳书院志》、明道书院编刊《明道书院志》、林县的黄华书院刊印《（乾隆）林县志》、辉县的百泉书院刊印《（道光）辉县志》等，这些书的刊刻对研究清代时的河南有着重要的参考价值。

宋代印刷术的发明和进步，使刊刻出版图书数目增多，质量也变高，进而促进了书院藏书事业的发展。大梁书院有藏书楼4座，均高3层，建筑面积达6 000平方米。丰富的藏书为书院学生研讨学问提供了充足的条件。清朝200多年间，大梁书院逐渐取代了嵩阳书院、应天府书院、百泉书院的地位，成为河南文教、出版业的活动中心。当时，大梁书院刻印的书籍分为两类：一是刻印书院内部师生研究成果，进而推动了书院的著述活动；二是刻印学生上课学习用的教材、阅读参考书，增强了学生的读书自学能力。大梁书院刻书、藏书盛行，保存了许多珍贵的文献典籍，也为书院形成浓厚的学术氛围起到了重要作用。

2. 河南书院的遗存与分布

书院之设始于唐代，至宋大兴。据历史资料显示，在唐至五代（418—859）的340年间，全国共创建书院40所，其中3所是官府所建，37所为民间所建，而且书院最先出现在民间。在丽正、集贤之前的近百年间只有3所民建书院，而在其后则出现了35所，说明了官府的作用不可低估。宋朝以前，河南已经创办了嵩阳、应天府和龙门书院，后来又新建了鸣皋、明道等13所书院。在北宋时，河南书院数量位居全国第二，仅次于江西。从整个宋代的书院建置数目可知，长江流域的书院数量占全国总数的74.43%，黄河流域仅占3.25%。南宋时期，河南书院仅有一所。到了明代，书院则较为集中地分布在南阳府、汝州等地。清代则是河南书院发展史上一个重要的时期，书院在数量和分布上都有了很大发展，先后设置了292所书院，除南召县外，全省各个州县均设置书院，基本实现了书院的普及。在具体分布上，各府州之间呈现出明显的等级差异。可以说，清代河南书院发展的特征之一是官学化程度加深，之二便是数目上远远超过前代。

明清时期，开封的大梁书院是一所闻名于世的大书院。大梁书院原名丽泽书院，坐落在南薰门内蔡河北岸，成化十五年（1479）迁到丽景门外千米左右，在繁台东侧。明末，黄河水淹开封城，书院被冲毁。

在距离襄城县西南10多千米的紫云山中，有一座十分有名的紫云书院。成化四年（1468），户部尚书李敏丁忧回乡，在这山水秀丽、风景宜人的紫云山中建屋二楹，读书讲学。后来，他任山西巡抚，将书屋和古籍捐献给国家。成化十八年（1482），赐额"紫云书院"。

（二）河南书院建筑的形制与特点

1. 建筑组成与空间布局

书院建筑属于古代文化教育建筑类型，是一个多样性、多功能的建筑组合。书院内设置供奉祭祀场所，并尊崇礼拜先贤，弘扬传统文化。可以看出，书院建筑是一种以民间院落空间为主体、结合庙宇建筑布局特点、带有园林环境的乡土文化建筑。从文化层面上看，书院具有物质功能和精神功能，将文人、士大夫的文化趋向和审美趣味展露无遗，并通过建筑实体向世人传达书院建筑文化的精神，即"礼乐相成，斯文宗主"。

书院礼制性建筑布局十分严整，是严格按照祭祀礼仪规范来建造和布置的，特别是祀孔建筑系列自成一种规制，由棂星门、泮池、礼圣门、礼圣殿等组成。这些礼制性建筑拥有深刻的内涵，带有象征性和寓意性。棂星门的权星原为灵星，也就是现今的天田星。据文献记载，汉高祖亲自规定祭天要先祭灵星。北宋仁宗在祭天地时，曾设置灵星门，门为木制，且有木棂，后来演变为棂星门。后来，人们将权星门置于孔庙之前，表示以祭天的最高礼仪来敬奉孔子。又有说，棂星门标志北斗文星主宰的境界，代表着开启文运重地。泮池多是半月形状，上架一小石，常建在文庙、学宫之前。清代称考中秀才为入泮，跨过泮池意味着科举高中，带有祈福象征意义。礼圣门是敬奉孔子的一道仪门，与礼圣殿相对应，形成院落，用于举行祭祀礼仪活动。这些建筑物的铺垫和延伸，烘托出主体建筑礼圣殿的神圣和尊严。书院是组合了祭祀礼制性建筑和讲学实用性建筑的群体建筑，一般是前庙后学或左庙右学，也有两者交织在一起的，但礼制性建筑在书院建筑中占主导地位，体现了礼乐相成的社会行为规范和道德教化的原则。书院建筑又常常与风景建筑相结合，营造出了一种悠闲清雅的意境。由于文人参与，中国园林便出现了"诗情画意"的格调。书院与园林是异造同源，都有文人参与，共同反映了文人的情趣和爱好。

中国书院牌坊是一种书院教育标志性建筑，由古代的坊门演化而来，它在中国书院教育史上沿用了近 500 年，是书院建筑不可或缺的组成部分。书院的设施主要包括建筑、学田、图书等。书院建筑中最主要的就是祠堂、讲堂和斋舍。拥有了这些建筑，书院才能开展正常活动。祠堂是书院建筑中的重要组成部分，主要用来祭祀创建者和本学派的大师。有些书院还建有圣殿，用于祭祀孔子等先师。

2. 河南书院的建筑文化特色

（1）洛学兴院，理盛学昌

宋代河南书院中，与洛学有关的书院就有 8 所，占宋代河南书院的一半。由此可见，河南书院的兴起原因虽然很多，但最不容忽视的是洛学在中原地区的形成与传播。在当时，因传承洛学顺势而生的书院或与之有关的书院有明道书院、春风书院、鸣皋书院、嵩阳书院、太极书院、颍谷书院、显道书院等。① 明道书院。它也叫大程书院，位于开封府扶沟（今河南扶沟县）。② 嵩阳书院。在熙宁二年（1069），王安石主张实行变法革新，程颢、程颐与之政见分歧，不为朝廷重用，退居嵩阳书院。嵩阳书院学术民主气氛浓厚，有利于洛学思想的推广。③ 太极书院。其故址在河南省辉县百泉，苏门山麓百泉湖东侧。程颐于哲宗元祐、绍圣年间游学苏门，并结茅而居，潜心讲学。后来，有许多问道求学者到来，他们所居之地就成了聚落，因名程村。可以说，河南书院成就了洛学，为繁荣学术、构建主流社会意识形态做出了突出的贡献，而洛学同样为书院的发展和振兴做出了贡献。

中国传统知识分子的人格特征决定了书院的读书人对社会、政治的关注。这正是"风声雨声读书声声声入耳，国事家事天下事事事关心"的东林书院的精神本源。

（2）仁山智水，形胜之地

书院往往"择胜地""依山林"，多修建在名山胜地。这安静的读书和办教育的理想场所与中国文人寄情山水的美学思想是紧密相连的。尤其是佛教自汉末传入中国，经过三国、两晋、南北朝、隋唐五代的发展，日渐发达，佛徒广建寺庙，勤修禅道，隐约有取代儒家学说正统地位之势。范仲淹、段坚、朱磷等学者创办书院的目的之一是要维护儒家学说的正统思想地位，从而达到宣传儒学、对抗佛教的目的。于是，这些学者仿效佛教禅林的形式创建的书院就成为自固壁垒、排佛尊儒的重要场所。南阳书院历代的创办者都把自然环境的优化作为育人的一种重要手段，如花洲书院选择邓州风景名胜处建院，诸葛书院选择孔明躬耕地南阳卧龙岗创立。另外，南阳书院、志学书院、养正书院、敷文书院、崇正书院、清阳书院、白水书院、豫山书院、堵阳书院、味经书院、南轩书院、紫山书院、方城书院、文兴书院、寥野书院等均依山傍水，环境幽静，适合院生读书学习。17 所书院都选择名山胜地建址，将空间布局与自然进行有机融合，把南阳特有的地域文化变为各级书院的一种天然的教育资源，可见书院创办者的苦心。这是古代各级官学所望尘莫及的。

明清时期，开封的大梁书院闻名于世，它的建立有两方面的考量：一是选择古都开封的杨家湖畔及古汴水经行处，院址乃北方水城开封的名胜之地，环境幽静，水面开阔，注重优美的自然环境对院生的熏陶作用；二是院舍的建筑布局强调天人合一，由于几代创办者的精心营建，大梁书院的藏书楼、先贤祠、仕宦祠、明伦堂、斋舍、考棚等建筑层次分明，相互辉映，与假山、溪流、石桥、木桥、应房、浴室、小亭等共同构成了典型的书院环境。尤其是先贤祠的设置，与官学仅供奉孔孟牌位形成对比，尤为独特。

（3）嵩阳书院，名扬天下

中国古代书院起于唐代，到清末改为学堂，前后存在 1 000 多年，对传播文化、培养人才产生了深远的影响。开元十二年，朝廷在洛阳明福门外建丽正书院。有人把这看作中国书院之始。但丽正书院实际上是为朝廷收藏和校勘图书的地方，与后来书院作为聚徒讲学的教育机构不同。中国严格意义上的书院起于五代。根据历史资料，建于五代时期的河南书院有两所：一是洛阳龙门书院；二是登封太乙书院。龙门书院和太乙书院是中原地区最早的两座书院，也是中国最早的两座书院。其中，太乙书院是嵩阳书院的前身。

嵩阳书院位于今河南省登封市的嵩山南麓。李国钧主编的《中国书院史》中介绍嵩阳书院背靠嵩山峻极峰，西依少室山，东临太室山万岁峰。书院被山峦环拱，与古代书院多在山水名胜之地的情况相一致。清代叶封撰文在《重修嵩阳书院记》中说道：先是崇福宫有太室书院，建自五代周时，宋至道间赐九经，景佑间重建，改称嵩阳书院。嵩阳书院始建于北魏太和八年，一开始命名为嵩阳寺，为佛教寺院，有僧人数百。据东魏太平二年《中岳嵩阳寺碑》记载："大德生禅师，以此山，先来未有塔庙，禅师将欲接引四生，卜兹福地，创立神场。北背高峰，南临广陌，西带浚涧，东接修林。于太和八年岁次甲子建造伽蓝（寺院），筑立塔殿。"隋炀帝于大业年间将其改名为嵩阳观。后有道士在此炼丹修行，就成了道教活动场所。唐弘道元年春、冬，高宗李治同武后到嵩山访游，将嵩阳观作为行宫，名为奉天宫。唐开元年间，在嵩阳观旁、汉柏右侧建天封观，唐玄宗命道士孙太冲在此炼丹。此事在李林甫撰文的名碑《大唐嵩阳观纪圣德感应之颂碑》中有记载。清乾隆《登封县志》说："嵩阳观、天封观为一地。盖二观旧址，本不相远，而彼废彼兴，实通为一地。"后唐清泰年间，进士庞士曾在嵩阳观聚众讲学，为太乙书院在此创立打下基础。后改称太乙书院，嵩阳书院正是由太乙书院发展来的，这是嵩阳书院的初始阶段。

北宋是嵩阳书院的大发展时期。宋初仍沿用五代旧名，称为太乙书院。马端临在《文献通考》卷六十三中写道：宋初有四书院，曰庐山白鹿洞书院、嵩阳书院、岳麓书院、应天府书院。由此可见，嵩阳书院在中国古代书院教育史上的重要地位是不容置疑的。嵩阳书院存在了 1 500 多年，作为教育机构也有近千年的历史，这在整个书院史上都是不多见的。它在整个嵩山文化的形成与发展中起着重要作用。

（三）民间戏楼与乡村聚落建筑

1.河南民间戏楼（台）的历史与遗存

戏楼（台）与戏曲相伴而生。中原地区是中国戏曲的主要起源地。从史料看，早在夏启时期，中原地区就已有优伶出现。至两汉和隋唐，洛阳已是"百戏"活动的中心，并通过有关"兰陵王""踏摇娘"和"参军戏"的文物出土得到了证实。

"诸宫调"创始于开封，《目连救母》搬演于开封，北宋杂剧则形成于开封。仅从明万历十年（1582）算起，400年来先后曾在河南境内流行过的剧种（不包括话剧、歌舞剧、杂技、马戏、木偶戏、皮影戏、相声剧等）就有近70个。

东汉时建于洛阳城西的"平乐观"是中国最早出现的专供宫廷使用的演出场地。至隋朝大业年间，洛阳端门外划定的剧场绵延数千米，可谓"三百里皆来观"，可见当时建筑之规模。而民间剧场的出现，记载最早的便是开封相国寺的"勾栏"（也称瓦舍、瓦肆）。

北宋的"勾栏"就设在瓦子里。"瓦子"按照《梦粱录》的解释是"瓦舍者，谓其来时瓦合，去时瓦解之义，易聚易散也"。大观（1107）前后，东京城仅东角楼一带就有"大小勾栏五十余座"，最大的"可容数千人"，如丁仙现、王团子、张七圣、李师师等均曾在此作场演出。观众"不以风雨寒暑，诸棚看人，日日如是"，甚至那种不怎么起眼的"每日五更头回小杂剧"也竟"差晚看不及矣"。据《燕翼贻谋录》载："东京相国寺，乃瓦市也。僧房散处，而中庭两庑可容万人，凡商旅交易，皆萃其中。"可见，相国寺也曾为勾栏瓦肆。

"勾栏"之外，还有"戏棚"和"露台"作为演出场所。"戏棚"即唐代的"乐棚"；"露台"分为寺院庵观和村落街头两类。《东京梦华录》称萧住儿、丁都赛等为"露台弟子"，其意与后世所谓的"梨园弟子"相当。"露台"一词最早见于《史记·孝文本纪》："尝欲作露台，召匠计之，直百金"。东汉时也叫"灵台"，原为祭祀所用，至五代时始用于伎乐表演。北宋间广为兴建，加顶盖者为"庙台"，与祀神无关的则称"草台"。因为庙台原称"乐亭""舞亭"，所以在河南的某些地区，至南宋以后又改称"乐楼""舞楼"。据查，这样的乐舞楼建于宋、金而又有踪迹可寻者尚有20余座，多分布在豫西、豫北一带，豫东、豫南尚未发现。

北宋风俗画《清明上河图》据说同期同类有二三十件，以张择端所绘为上乘。但恽公孚所藏及明代仇英等摹本却绘有戏棚（高台）和正在"作场"的杂剧表演，形象性很强。河南博爱县月山车站曾出土一面北宋铜镜，上面的勾栏演出图很有研究价值。元代的演出场所，据《青楼集志》载曰："内而京师，外而郡邑，皆有所谓勾栏者，辟优萃而隶乐，观者挥金与之。"而农村的草台和庙台在建筑式样上比唐、宋时期发展得更进一步。

康熙以后，随着生产的恢复，陕商人特别是山西商贾开始大量涌入河南。据沈思孝《晋录》载:"平阳泽潞豪商大贾甲天下……"由此可知,晋南商帮早在明代中叶开始向全国发展,但主流仍限于大、中、小城市。雍正初年,其在中州的财势已达无孔不入的程度。不仅各种票号、钱庄、银号日趋兴隆,"会馆"之设也比比皆是。至清末民初,河南省各地会馆数量已达400余所,有潞泽、山西、陕西、山陕、山陕甘、湖北、两湖、山东、江南、江西、两江、四川、广东之属,其中山西会馆占总数的约70%,山陕会馆占25%以上,其他合起来不过5%。比"会馆"兴起更早的关帝庙至此也大为兴隆,概算全省大小关帝庙总数当不低于2 000座,平均每县都在10座以上。就二者的关系而言,凡山西会馆则必有关帝庙,因为山陕商人奉关羽为"保护神",礼敬有加,所以"祀神""报赛"也自然要用那兴之于三省(晋、豫、秦)三州(蒲州、陕州、同州)的三角地带的梆子戏。乾隆一朝,河南新建戏楼近700座,其中附属于山西会馆或关帝庙的竟达40%以上。民间有"商路即戏路"之说,由此可知中原地区在戏曲文化上的亲缘关系。发展到清末民初,河南保存的各类舞楼戏台尚有万余座,但经过战乱和"文化大革命"等人为损毁,现在河南省戏楼(台)大约已不足800座。这些遗存中有不少建筑珍品,如社旗县山陕会馆的"悬鉴楼",周口、洛阳等地的戏楼,这些戏楼有很高的建筑和艺术价值。

河南现存的戏楼建筑有两个特点。一是会馆戏楼保存较好,建筑艺术价值较高。会馆是古代中国一种独特的人文景观。随着商业经济的发展,国内一些交通便利、商业繁荣的城镇也出现了同乡或行业会馆。会馆戏楼早期和神庙结合在一起,是同乡公人在一起敬神祈福的场所,后来发展成了酒楼、茶园、戏院式戏楼建筑。二是乡村戏楼分布广,有一定的乡土建筑和民俗研究价值,但现状岌岌可危,亟待保护和研究。

据统计,河南历史上戏楼建筑遗存最多的县是洛宁县186座,灵宝县(今灵宝市)232座,陕县280座,林县301座,嵩县330座。据《洛宁县戏曲志》记载,截至1986年12月,洛宁县境原建古戏楼186座,现尚存40余座。

洛宁县王范镇是闻名豫西五县的首镇,也是重要的商品集散地,戏剧活动十分活跃。"永宁民俗淳厚,崇尚礼义,弦歌之声,交乎州里。"(《永宁县志:"风俗篇"》)所以,境内之古戏楼鳞次栉比,一个中等村就有两三座,并且几乎村村有"关帝庙",还有各姓建的祠堂,而建祠、建庙必建戏楼。

这些古戏楼有的建筑较简陋,土坯墙、木柱脚,也有砖歇山式,砖柱土坯墙,更有朵华的砖硬山,台前两根大雕花柱玉立,雕云图、海藻、勾缠花束,透花补角,动兽鸱吻,琉璃瓦熠熠生辉,挑角飞脊宏伟壮观,且房顶多为后低前高,便于扩音,充分显示了当地先人的聪明才智及科学创造。可惜几度沧桑，幸存无多，又为占据单位随意改建，大部分面貌非昔。

2.乡村聚落公共空间中的戏楼

戏楼是早期演出的主要固定场所，作为一种建筑类型，体现了中国传统农耕体系下产生的文化景观。现在保存下来的戏楼大多是明清时期建造的，具有三方面特点。一是大多与寺庙相伴而生，即凡有寺庙必有戏楼。这是因为旧时演戏与祀神有密切的关系。民间的戏曲演出活动大多在庙会期间进行，通常是借祭祀神灵之名而起到娱人的作用。二是戏楼多建在寺庙前，与庙门相对，庙门朝南，戏楼则相对朝北。有的戏楼直接与寺庙相连，台口正对着寺庙大殿，戏楼下部为庙门，穿门而过就可进入庙内，称之为"头门戏楼"，如伊川县鸣皋五虎庙戏楼。三是建筑规模、形式大同小异。台基高七尺（约2.33米），宽二丈五（约8.33米）到三丈（10米），深二丈（约6.67米）到二丈五（约8.33米），样式和普通民房差不多，都为砖木结构。除寺庙戏楼外，还有专供人们娱乐的单独的戏楼建于热闹市区，如伊川县兴隆镇（白沙）过街戏楼。

戏楼的建筑形式蕴含着文化意义。从文化人类学的角度看，戏楼作为乡村人生活的一种参与和创造，它在文化心理、社会关系、村落起源、村落的公共空间格局和环境景观等方面都体现了与村民生活的密切关系。在乡村聚落公共空间中，戏楼的主要作用体现在以下几方面。

（1）选址在聚落公共空间。戏楼的选址大多在交通便利和人流量多的广场、十字街、庙宇等位置，有利于招揽观众，也方便人流集散。这使戏楼建筑成了村落公共空间的中心，拥有显著的位置。

北方天气较为干燥，雨水较少，多风沙，因此戏台多为封闭式结构，利用砖石等材料砌成实底的台基和厚实的墙面，且台口敞开的面积小。河南、山西、陕西、河北的部分地区还流行三面封口一面观看的戏台。屋顶多用粗大的木材，坡度平缓。这类建筑和普通民居差不多，给人厚重朴实的感觉。繁城镇会馆戏楼始建于清道光十六年（1836）。繁城是京汉公路的一个重要驿站，较为繁华、热闹，这里聚集了来自四面八方的客商，有"十三省加一外国"之说，俗称"小上海"。在这里经商的客户大多来自山西、陕西二省，他们资力雄厚，商品众多，且常年驻守在此，不但建了洽谈生意、留住商人的会馆，而且在馆门前建了一座戏楼，也就是会馆戏楼，用以丰富人们的文化生活，地址在今繁城献街学校。戏楼为砖木结构，屋顶用小青瓦铺盖，五六兽，四面挑角，总高约10米，前台有四根木柱支搽，后台有两间化妆室，戏台高约4米，长约8米。两边有上下进场门接连前台，可三面观戏。中梁上书"清道光十六年建""总鉴工工道主史老四"字样。戏楼两侧各有两间配房和一凉亭，用于游人观赏歇息，戏楼门前有一石碑，上记建造时人员、集资数额、动工竣工时间等。观众场最多能容纳上万名观众。

据《伊川县戏曲志》记载：伊川县古戏楼遍及乡间，几乎村村皆有。仅鸣皋镇就有五虎庙戏楼、城隍庙戏楼、山陕会馆戏楼、北斗寺戏楼、火神庙戏楼（两座）、牛马王庙戏楼、南岳庙钟鼓舞楼等。由此可见戏曲发展历史之悠久、普及之广、境况之兴盛。

（2）文化传播的场所。戏楼在建筑上有一个重要的特色，就是它的细部装饰，且不说戏台台前立柱上的对联，单单是屋脊、壁柱、梁枋、门窗、屏风以及其他细小构件上的雕刻、彩绘、装饰，内容就十分丰富，运用彩绘和雕刻（浮雕、透雕、浅雕）等多种手法，表现出雷云纹、回锦纹、戏曲故事等。临颍县有两座娘娘庙戏楼，一个是在城关镇东面 1 500 米的东娘娘庙戏楼；另一个是位于繁城镇西面 1 500 米的西娘娘庙戏楼。它们的屋脊高为 12 米，戏台高为 2.4 米，台宽 10 米，深 7 米。传说二月初六是娘娘的生日，所以每年的这个时候就开庙会，在戏楼唱戏，以示庆贺。戏楼约毁于 20 世纪 60 年代，今仅存有戏楼对联一副。上联：三五步走遍天下，五六人百万雄兵；下联：千里路程眨眼到，百年夫妻弹指终；横批：出将入相。由此可以看出，戏楼（台）建筑具有文化教育功能，是民间不可或缺的文化传播的场所。

第四节 中原地域建筑文化的保护和再生

一、河南地域建筑的价值与保护

（一）河南地域建筑的价值分析

所谓再生，有两层含义：其一，说明保护地域建筑文化遗产的紧迫性，因为传统的地域建筑文化一旦消失，就不可能再生；其二，再生不是磨光，而是重铸，新的思想、新的形式不可能在旧的机体里自然地生长出来，这需要建筑师与时俱进地创造。

河南现存地面传统建筑多达 1 000 余处，具有时间上的连续性，类型上的多样性，技术上的先进性，独特性、艺术性等特色。具体而言，从石器时代的人类聚落遗址和早期城址，从东汉以降到清代的地面建筑，除前面已论及的聚落、堡寨、古都、水城、窑洞、民居、古村镇、园林、衙署、会馆、寺院、书院、砖（石）塔、戏楼等类型外，还有城垣、石窟、石阙、陵园、牌坊、华表、石柱、天文台、桥梁、水利工程等类型，大多具有重要的建筑、文物和文化价值。

（1）建筑价值，即河南地域建筑的创造性和艺术水准。这也成为不同历史时期建筑设计及营建技术的代表，河南古代建筑在全国有多个第一。建于北魏永平二年（509）的登封嵩岳寺塔，高 37.05 米，是中国现存最早的单层密檐式砖塔，也是唯一一座十二边形塔，在结构和造型上均有独到之处。此塔经历 1 400 年风雨侵袭，至今巍然屹立。嵩岳寺塔的建筑结构特点为形体简洁，平面规整，结构均匀对称，连续性强等，增强了整体性，加之基础牢固、塔址选择适宜，使之有足够的抵御地震的荷载能力。大多数塔檐下，砌筑有呈封闭状的拔檐砖层，这与近代建筑的圈梁作用相差无几，加强了塔身壁体的整体性。塔身的壁体都较厚，且高度一致，塔内不用塔心柱，内筒空间分为上下九层。十二边形塔适应和抵御不同方向的地震能力强。宋代及其以后的塔，门窗位置逐层变换，避免了受震后出现垂直裂缝，增强了塔身的抗震强度。塔身之上有十五层密檐，自下而上均匀递减，其面阔逐层收敛，使塔的外部轮廓呈抛物线形，不但使塔体线条优美，刚柔相济，而且相应均匀地减少每层重量，使整个塔体的重心下降了许多，增强了塔体的稳定性。此外，建材选料讲究，如塔砖泥质细、火候高、密度高等，单块最大抗压强度达 414 kg/m^2，远高于现代普通红砖的抗压强度；塔身砌筑的砖与砖间的黏合剂是黄土泥，但这种黄土泥与普通的不同，经处理后掺入米汁类有机物，黏合强度更高，提高了抗震性能。于北宋初年建成的木构建筑济源济渎庙寝宫和于宋代晚期建成的登封少林寺初祖庵大殿，经历数百年乃至上千年后，至今保存基本完好。

（2）文物价值，即河南地域建筑的历史性、独特性和典型性。河南地区有洛阳白马寺、开封龙亭、开封铁塔、包公祠、大相国寺，还有嵩山少林寺、汉三阙、嵩阳书院、登封观星台、中岳庙、汤阴岳飞庙、南阳武侯祠、三门峡函谷关、淮阳太昊陵、巩义宋陵等一大批优秀古建筑群。其中，新乡市凤凰山南麓的明代潞简王墓采用了明代皇陵的形制，坐北朝南，沿中轴线设棱恩门、棱思殿、明楼、宝城等建筑，依山坐岭，俯瞰着卫水平原。与该陵相邻的次妃墓地宫石门上的龙首雕刻因为在地下而未被风化，仿佛如新，栩栩如生。卫辉市潞简王府遗址现存有一高台建筑，被称作望京楼，高约 25 米，东西 35 米，南北 19 米，全部为砖石筑成，是河南一座独特的无梁殿建筑。高台上现存一石坊，俗称"如意坊"。

（3）文化价值，即河南地域建筑中承载的中原文化的内涵和底蕴。例如，安阳殷墟被国家文物部门列为 20 世纪中国 100 项重大考古发现之首，洛阳龙门石窟是中国三大石窟之一，两者均被列为世界文化遗产。它还可体现出当地的信仰观念、风俗习惯、宗教信仰、审美意识等特点，表达出了特定时代人们的集体经验，即文化上的认同感和归宿感，具有象征意义。例如，豫北和豫西民居建筑充分反映了当地的生活环境和生存状态，显示出了人们的价值观念，具有文脉上的延续性和人情味。正如日本建筑师祯文彦所言："每个人对城市空间都有一种归属感，如对自己的住宅、街道、上学或上班的路，常去的热闹地方，又如长期旅行回来后对自己街道有一种亲切感……"在漫长的历史过程中，人们把健康的生活经验、智慧、价值观念、审美情趣等沉积于民居营建过程中，这是大众集体构想的结晶，是不断把现实生活结构在一个空间组织中的典型反映。

（二）保护的原则与方法

当今人们越来越重视保护优秀的地域建筑遗存，保护的范围也从单体扩展到群体、街区，乃至更大的文化环境。比如，2007 年开始的把中岳嵩山作为文化整体申报世界自然与文化双重遗产的工作。对"保护"问题的研究是地域建筑文化中极为重要的方面。在整个中国传统城市与建筑文化分布格局中，河南占据着重要的历史地位，保护河南传统地域建筑文化具有重要的意义。河南历史建筑是封建社会中、后期河南辉煌历史的物质见证，在中原文化形成与建筑文化演进中占据着不可或缺的地位。在河南，以物质实体形式保存到今天且仍为人们所使用的历史文化名城非常珍贵，其是其他类型的历史遗址、文物古迹无法相比的，是一种极其宝贵的文化资源，也是一种易受破坏的、不可再生的资源。因此，在城市化的大潮中，急需对之实施合理的保护。对老城传统景观进行保护，有利于中原历史文化的传承，有利于维持历史的延续。在现代社会条件下，保护的不仅是历史文化信息的载体，还有巨大的社会和经济价值。对现有老城传统街区景观进行认真的保护和整治，有利于避免城市形象的单调和类同，突出城市的地域特色，同时可以创造城市文化、社会和经济结构的多样性和灵活性。通过保护可推动当地社会经济发展，改善居民生活条件，提升城市品位。

此外，政府还要处理好保护与发展的关系问题。对一个城市来说，发展应是社会、经济、文化、环境各方面的均衡发展，应该是可持续的。对具有丰富历史文化价值的古城来讲，其发展策略及模式与一般的城市应有所区别，发展应该以保护为前提，对十分珍稀的城市历史文化遗产要有充分的认识，充分尊重城市的历史和文化，延续城市历史氛围，挖掘其历史文化遗产的价值与潜力，从而增强城市特色。城市建设应把提高和改善居民的生活环境作为根本目标，把历史文化的传承和协调发展当作基本准则。

在具体的保护实践中，应依据不同的建筑类型采取不同的措施，不应一刀切。保护要多层次，应在对保护对象的属性、位置、价值、周边状况等详细调查和分析基础之上相应采用重点保护、一般保护、风貌协调保护、保留片段等不同的方式。保护并不是简单被动的保存，而是使旧的东西留存下来，为其注入新的生命，使之具有活力，从而让其周围的都市环境、居民生活方式、社会习俗按历史应有的轨迹延续下去。

为了使新旧建筑协调共生，创造良好的城市形象，除了对新建建筑的密度、容积率等指标进行规定外，还需要对新建建筑进行布局、体积、色彩、用材等方面的严格控制。新建建筑的性质、位置、周围历史建筑分布状况等的不同，控制的标准及严格程度也应不同。对新建筑的控制不是为了限制，而是进行必要的引导，使新建筑以合理的形态融入城市环境，从而与原有建筑或历史遗产协调。

所以，在保护规划的制定与实施过程中，主要有以下措施：

1. 整体性保护

应综合考虑城区街道、胡同、地块、院落、建筑等各个层次的保护问题，对"实"的建筑形态与"虚"的空间肌理的关系问题进行综合考虑，坚持风貌保护的整体性。

2. 动态化保护

要以动态的眼光看待保护与更新，克服静态的形而上学的保护与更新观念，应充分考虑保护建筑和地段的生活延续和功能利用问题。

3. 注重"居民参与"

通过政府导引、政府投入、住房分配制度改革等措施，加大宣传力度，调动居民参与的积极性，让对传统风貌的保护成为每个居民的自觉行动。

4. 因地制宜保护

应充分考虑现状条件，采取合理的保护与控制结构。

5. 进行"小地块"划分

应使地块划分"微型化"，更新改造规模"微型化"，更新控制"微型化"。

6. 贯彻可持续发展

坚持降低保护区人口密度，改善市政条件，提高城市的绿化率，控制建筑密度，优化街区环境，从而增强老城的可持续发展能力。

二、当代河南地域建筑探索

在当代社会文化的背景下，地域建筑的创新应该包含保护、发展、创新的多层内涵，这不仅需要建筑师融入时代的潮流，积极汲取各个国家和地区的优秀建筑文化，还要对中国的优秀建筑文化遗产进行保护，发掘地方文化特色，在现代建筑设计中融入传统的精华，导入现代生活的内容，体现出对人的关怀，满足人们的精神需求，创造出让中国人认同的情感空间。这要求建筑师有较为广阔的文化背景，并掌握当代建筑发展的趋势。具体而言，要关注以下几方面：

（一）地域性建筑语言的更新

1.地域建筑空间的延续

依据现代地理学理论，地理概念必须是一个得到历史认同的概念，地域建筑文化的发展必须以区域经济和文化为基础。根据河南的地理和经济条件，全省被划分为东、西、南、北、中五个经济区域，这些地区也是相应的地域建筑文化研究的重点。例如，位于河南城市圈中心的郑州、洛阳、开封市，其城市文化都具有鲜明的自身特点。郑东新区位于郑州市总体规划东部的圃田组团，总面积150平方千米，2002年完成规划设计，2003年正式启动建设。总体规划是在日本建筑师黑川纪章所做的概念规划的基础上修改完成的，中心和龙湖的构想成为郑东新区的两大特色，也是备受争议之处。所谓CBD中心，是郑东新区的核心区，也是郑州市的中央商务区，规划面积约3.45平方千米，由两环60栋高层建筑组成，内环建筑高80米，外环建筑高120米，两环之间是繁华、舒适的商业步行街和24小时不夜城。环形建筑群中间布置有国际会展中心、河南省艺术中心和高达280米的会展宾馆等标志性建筑。龙湖是一个6.08平方千米的人工湖，是郑东新区规划的点睛之笔，同流经市区的几条河流、郑州国家森林公园等共同构成城市生态区，也称龙湖区，规划面积约40平方千米。

鱼塘的水源主要是地下水。龙湖的设想是以部分地下水和部分中水为水源。使用中水现在是城市的一种趋势。在郑东新区，与此相关的基础设施也在建设之中。人工湖用水与饮用水不同，其对中水的质量要求只要使用较便宜的净水设施即可实现。这坚定了黑川的设想："中国古代就有修建运河、改善生存环境的先例，据我了解，现在中国正在实施一项名为'南水北调'的宏伟水利工程，这一工程因挑战难度大而受到了全世界的瞩目。如果可能的话，我希望龙湖能用上一些'南水北调'的水，这样的话，龙湖和郑东新区肯定将受到全世界瞩目。"

2.自然与文化环境的和谐

只有从特定的地域环境、文化出发，深化对建筑环境本质与规律的理解，才能形成"人—建筑—自然"三者的有机统一。生态建筑的理念也是这样，它根据当地的自然生态环境，采用生态学、建筑技术科学的基本原则，运用现代化科学技术手段，科学处理建筑与其他领域相关因素间的关系，使其与环境之间成为一个有机结合体。位于修武县净影寺风景区内的狭长山谷内的净影寺度假村充分考虑当地自然山地环境，采用建筑单元沿主轴线穿插、变化的方法，来统一大小不同的使用空间，以多层、坡顶为主，形成了类似自然村落的有机组合。主轴二层连廊采用玻璃顶棚，游客在室内活动中就可以看到周围山景，感受到四季的变化，使室内外环境产生对话，给人以建筑融于自然的体验。

3. 文脉语言的建筑隐喻

隐喻的方式符合建筑语言非客观再现的实质，同时隐喻有极强的装饰性，因此它十分有效地表达了现代建筑设计中文脉、历史、环境等的地方化。用语言学和解释学常用的"隐喻"一词来描述建筑语言的表达方式，实质就是再造一个可理解的世界，把扩展的语言学模式用于非语言符号领域，采用一种直接的"传递"方式对建筑语言进行释义。这种释义是对"在"的释义。建筑语言的存在是一种从自然到文化的生成过程，人的介入和物质材料的符号化在其中起到了基础和能指的双重作用。正如格雷夫斯所说："隐喻乃是将一个能指的形式从一个恰当的所指转换到另一个所指上去，因此将含意赋予后者。"但符号本身并没有什么意义，它的意义来自阐释。而一切阐释都是通过语言媒介发生的。阐释是对语言所表达内容的理解。如果把建筑看作"有意义"的，那么通过建筑语言的阐释，建筑（现象世界）就变成了可阅读的、可理解的"文本"。在释义的层次上把隐喻引向建筑语言，其作用即是把那些内在的、真实的关系呈现出来，使建筑语言在其特定的结构关系中获得一种隐喻的意义，由此把建筑语言的内涵和感染力展示出来。

在现代建筑象征主义作品中，许多成功的例子都是有机结合了形象与建筑的环境、功能、经济、技术，其形象通过建筑语言被表达出来，这本质上是一种隐喻。例如，E. 萨里宁设计的纽约环球航空公司航空港、赵隆设计的柏林爱乐音乐厅等。而在后现代主义中，隐喻成了其特征之一；在建筑中强调历史传统，把隐喻作为视觉上构成文脉的手段，大量使用传统建筑语汇和片段。"条条大路通罗马"，无论采取何种释义方式，只要建筑师能够从隐喻与建筑语言的关系出发，在实际工作中正确地认识和使用隐喻，对增强建筑语言的表现力不无裨益。

建筑中"隐喻"的表达方式不同于文学中的"象征手法"。例如，著名的悉尼歌剧院被文学家赞誉为具有诗情画意的最完美的建筑，而在建筑师眼中就是一个特例，它是一个成功的大雕塑。因为建筑不同于文学，不同于绘画和雕塑，建筑语言有其自身的规律和要求。在某些"象形化"的建筑中可以看出，建筑是文学化的、非建筑化的。德国建筑师本尼奇指出，"就形式而言，人们往往有着诸如此类的认识'误区'：凹形—庇护，凸形—对抗，低矮—宜人舒适，松木—复归大自然……形形色色建筑中出现了那么多不可信任的、欺骗人的构件，仅仅因为设计者在试图追寻历史形式而已"。在现实生活中，某电影公司办公楼设计成放映机状，某汽车销售中心设计成汽车造型，等等。这类建筑大多给人以"想当然式"的感受，把建筑语言当成随意加工的广告素材，生怕别人不知道该建筑的性质，这种贴标签式的做法反映了大众审美趋向的迷失和设计者创造力的贫乏。

（二）建筑本体的回归

中国现代地域建筑文化只是基于中国现代的实践，而不是"传统"的光大。"传统"可以为现代化建设提供营养，但绝不能成为现代文化的价值源。这就涉及建筑观念方面的问题，而观念的进步标志着思想的解放。建筑虽不等于哲学，但只有思维达到哲学的境地，建筑才可能走向成熟，这是因为建筑活动的全部目的在于趋向本体的努力。那么，建筑本体为何？这就要求建筑师借助哲学对自己的创作进行分析和思考。回到建筑本体的思考，这是研究相关问题的逻辑起点。

1. 对地域建筑本体的思考

从哲学本体论来看，本体论的西文为 ontology，意为关于世界的本源或本体的学说，即研究存在本身的形而上学的一个分支。海德格尔的"基本的本体论"认为，本体是人的存在本身，存在就是本体。哲学从本体论开始，反映了人类认识的秩序：从外部世界、客体开始，然后返回自身，研究客体，进而探讨主体和客体的统一。

建筑本体的问题可以从两方面来认识：一方面是建筑的本源和目的。人与自然的关系是建筑发生的原点和归宿，建筑作为人类的创造物是人生存于自然的标志，它的发展以人类早期生活的本能发现和经验为基础。从建筑起源上看，建筑形态最早是人们对自然形态的利用或通过简单的物（建筑材料）的叠加方式形成的。建筑的历史可以说是一个形态产生、发展和演变的历史。人类早期为了某种功利目的而产生了改变自然物形态的想法，从而实现他们所意识到的目的要求。建筑形态间的结构关系就是一种秩序，与人类的社会生活、文化活动相关。

另一方面与建筑原型有关。伽达默尔在《真理与方法》中指出，"原型"是在建筑本体意义上把生活功能模式化的一种表达。可见，原型体现了形态的基本结构，并直接体现着建筑秩序的要素。

建筑形态的演变就是原型的发展和扩充，秩序要素间的关系也因此由模糊走向明断。边界、通道、模式和方位四要素在聚落、村舍、建筑群体、广场及城市中心的形态中得以强化,体现了建筑形态从起源到发展过程中对本体的追求。空间与形态二者成为建筑不变的本体。

所以,建筑的目的不只是为了追求建筑与环境的平衡,还是为了人的存在。建筑的本质是由建筑目的决定的,它给建筑以质的规定性,并让建筑适应了文化的发展。建筑文化、人与自然一同构成了建筑存在的大系统。另外,建筑自身也具有独特性。独特性不是一成不变的,它随时代的发展而进步,赋予建筑以新内涵和新形式。这种独特性有许多方面,如功能性、技术性、社会性、艺术性、空间性、生态性、文化性等,并且在建筑发展的各个历史时期受到不同的关注。

2. 回归建筑本体之路

从本体概念出发,建筑亦可被称为人类创造的空间形态。在建筑与人的关系中,人们更多地关注建筑形态本身和使用者的要求,忽视一类人,这类人就是建筑师。为什么不同的建筑师面对同一建设基地和功能要求却有着迥异的设计方案呢?这是由建筑师的设计水准和综合素养所决定的。建筑师是建筑创作的主体,一个国家建设水平的高低与建筑师队伍的整体素质息息相关。

尤其是20世纪90年代以来,受全球化和商业化建筑的影响,国内外建筑师合作设计的次数增多,国内建筑创作水准大幅提升,从现代主义、后现代主义到解构主义,当代建筑师的设计观念受消解主义哲学和建筑的影响不断扩大,因为在消解主义者看来,语言本身就具有消解性,建筑作为语言也具有同样的性质。消解即否定结构的永恒性,指出结构的建构性,因为结构是建构起来的,也是可以消解的。消解主义的本质就是要消解带有传统精神的"结构",从而对西方文化自古希腊以来追求"整体—结构—中心—本源"的思维模式提出挑战。这亦影响到了中国建筑师及其设计思想,这是传统建筑理论无法解释和评述的一种新的形式和探索,是建筑自身独特性在新世纪的发展,在本体意义上主要有三种表现:

(1)建筑的异化

建筑在自身发展过程中,从确认自身走向解体自身,异化为"风景",因为建筑本身即是自然异化的产物,建筑走向"风规"是实现自身异化的结果。但这与"有机建筑"有着本质的不同,"有机建筑"是理性的物化,是自然形态的模仿和适应的根本,而"风景"是与自然内在结构的一致,在偶发与随机中生成。比如,加拿大建筑师卡洛斯·奥特设计的位于郑州东开发区商业中心的河南艺术中心占地10万平方米,总建筑面积7.7 369万平方米,是一座由六个椭圆球体组成的湖边集合体,在基地上加以轴线的曲线处理,从而出现了打破空间的对称布局。从空中看,仿佛一只"蝴蝶"的建筑组合,形成了动感与张力。卡洛斯·奥特的复杂化构思在这里创造了一种假定的意义形式,但这意义形式是未决定的,就像一个空的戏剧舞台,功能上、体验上、事件上的可能性与多样性将造成一种震撼的效果。这座建筑成为中心人工湖边的风景,从中可以看出一种秩序与非秩序的并存、同时相互创造和相互破坏的观念,表明建筑不一定发明新的东西,它只要学习且延续自然景观。

(2)语言的消解

消解并不同于解体,因为它除了解除对象的隶属性关系之外,还需要建立新的体制。它不是虚无的破坏主义,也不是片面的重组过程。消解是从语言内部扰乱形象,"这是一个搅乱、错乱、弯曲、偏离、扭曲而不是一个打散、拆卸、毁坏、分离和瓦解的建筑",最终建筑隐藏了自身,从而重现了自身的新面目。这正是新近落成的河南安阳殷墟博物馆给我们的感受:整体建筑采用地下沉入式,使建筑"消失"而与地面环境融为一体,在地下创造了一个新的空间环境,平面布局采用"回字形",暗含甲骨文的"洹"字,隐含了当时商城临洹河而建的历史信息。建筑立面的消失,增强了建筑空间的语言特性,走进其中,深感"里和外之间的区别被彻底搅乱了,形式再不会被简单地由内向外确定下来。几何形状显得更加旋绕,因为建筑物和房间而形成的闭合意识被打破了"。

(3)存在的游戏

建筑作为人的一种存在方式,随着"游戏"的进行而得以新陈代谢。正如美国学者迈克尔·默里所分析的那样:"'游戏'的思想在当代哲学中有着普遍的应用,它所征兆的当代哲学的重要变化是值得我们去研究的,这种思想可在尼采和海德格尔那里找到,而且在维特根斯坦的语言游戏中起到了重要作用,语言游戏中表现出来的秩序完全不是逻辑秩序。"传统的中心结构试图用组织的固定性、确定性和整体性来限制游戏,而"游戏"则允许运动的存在、无法确定的东西的存在,承认广泛的可接受的补充物的存在。游戏是反固定化、反中心的,并不存在作者的绝对权威,不存在绝对的本体论上的所指,它具有一种无限的力量。这样一来存在就开始瓦解了,随后产生了对现实的新的探讨。德里达认为:"存在必须根据游戏的可能性来确定,在场或者不在场,别无他法。"比如,在河南邓州雷锋纪念馆的设计中,建筑师赵冰通过红旗的隐喻和点、线、面的布局,改变了人们对政治性纪念建筑的传统认识和构成方式。巨型的红旗和五星、鲜明的色彩对比产生一种视觉冲击和变化,成为雷锋精神的现代阐释，正统的语说方式以一种形式的游戏存在，这是一个能指的建筑，不是一个所指的建筑，是一种形式语言的游戏。

建筑本体的两个方面表明建筑的发展具有重复与变化的双重含义。实质上，重复本身保证了建筑的规定性和延续性，正如奥多·凡·艾克所强调的"原始文化所建造的房子永远不变"，而不能简单认为发展只是由小到大、由低到高的过程，不能片面地用一向代替多向、以一种方式代替所有可能性。而变化是为了使建筑与时代和地域文化的发展相适应，当人们把建筑看成某种意念式的文化形态时，指的正是建筑的不同风格。同时，建筑本体的回归强调一种哲学思考，建筑虽不是哲学，但任何艺术只有达到哲学思维的高度才能称其为成熟的艺术，地域建筑之道也是如此。

第五章 "一带一路"倡议下中原服饰文化的建设与发展

第一节 中原文化地域汉族服饰图案特点的演变

一、服饰图案概述

(一)"图案"溯源

图案是可以用来装饰的各种图形,可以在视觉上给人以清晰的感官体验。在古代典籍中有一些与"图案"词义相似的词汇,如《汉书·礼乐志》中的"披图案牒"、杨慎《艺林伐山》中的"按图索骥"等,"按图"即为"图案",还有"文""文章""纹样"等也有"图案"的意思。

早在西方产生设计时,我国就已经有"图案"的使用了。20世纪20年代末,包豪斯设计学院在德国魏玛成立,它主要注重培养设计人才。随着现代设计理念传入日本,人们渐渐把"design"翻译成了"图案""设计"和"意匠"等词。其实,早在"design"的现代设计理念建立之前,日本就有图案方面的教学存在。比如,国立东京艺术大学(原日本东京美术学校)在19世纪80年代末就开设了"图按"课,后改"图按"为"图案",意思表达更加准确。

在中国,传统工艺美术的前身是设计,现代设计学科的发端也是始于工艺美术学科的教学架构,是工艺美术的构成基础。1918年,在西方包豪斯设计学院成立的同时,陈之佛在浙江甲种工业学校任教,就撰写了一本图案讲义,这是中国人自己编的第一本图案教科书。现实中存在将"纹样""纹饰"与"图案"相混淆的现象,主要原因是中国传统工艺美术和文物考古的出现比较早,而图案一词出现的又较晚。词汇具有"实质含义"与"文字表象"两个性征,一个词出现的早晚与其内涵的深浅是没有关系的。在汉代,"图案"的本源词汇和实质含义就已经存在了,只不过随着社会发展,其表述发生了改变。现在说起"图案"这个词,它不仅仅代表图案,也包括"纹样""纹饰"等含义。可以确定的是,这三个词不是并列的关系。

(二)图案的造型与意象

通俗来讲,各种图形组成的模块能称之为"图案"。众所周知,没有哪幅图案是由一个图形构成的,图案具有一定的复杂性,它往往是按照一定的原则和目的来构成的。创作者在创造图案时,往往是通过其"象"来表现其"意"。后来的研究者分析、研究这些图案时总是尝试着去最大限度地还原图案创造者最初的动机,也可以称之为思想。即使这个动机是无意识自主形成的,但一定是存在的。王弼在《周易略例·明象》中提出了:"夫象者,出意者也,言者,明象者也。尽意莫若象,尽象莫若言。"这句话的意思是说"象"和"意"具有一定的关系,它们是不可分割的。刘勰在《文心雕龙·神思》中写道:"独照之匠,窥意象而运斤。"本意是说工匠通过自己心中不同的形象来挥动斧子,其实是表达了"所有的创作在开始之前就已经有清晰的目的了"这个意思。王夫之在《周易外传·系辞下传》中提出:"天下无象外之道。""象由意出"的主张说明主观的"意"与客观的"象"之间存在必然的联系。

图案的造型方法与绘画等造型艺术不同,它具有更多的表现手法,除了生活中的具体形象以外,一切抽象的形象也都是图案造型的基本手段。众所周知,点、线、面是图案造型的基本构成要素,可以运用这些基本要素,加上一些色彩上的处理,运用统一和对比、平衡和对称、节奏和韵律等形式美法则,再结合材料、工艺、技术及功能等方面进行总体意匠,这是图案造型的基本方法。

图案源于生活而高于生活,作为一个非个体创造的艺术品,它发展了相当长的时间,是人民大众的智慧结晶。这也是为什么很多科学家要对图案的思想内涵进行分析和研究的原因。一叶而知秋,正是这个道理。因此,我们要利用小的布局,来获取更多的知识。从政治学角度来讲,政治可以在图案中体现出来。另外,我们研究不同历史时期的图案,也可以追溯了解到当时的文化内涵。我们不禁产生许多疑问:第一个图案是在什么时期形成的呢?它为什么形成于这个时期呢?在何时被广泛使用的?又是在什么时候渐渐消失的……图案作为一种人类的艺术思维模式,其自身的变化中一定包含着政治、社会、历史、经济等多方面的原因,人们研究图案就是要探究这种思想的本源,找寻文化的共性和个性。

（三）服饰图案的演变轨迹

人类的一切活动都是有目的、有意识、有创造性的，图案与设计也正是由此而产生的。从设计学角度研究服饰图案，能够发现图案本身不同的表现手法及其与服饰的关系；从民俗学角度研究服饰图案，能够发现不同地域不同人群的特色思维模式与图案的关系。

服饰图案的运用经历了从原始时期对蒙昧美的追求，到图腾崇拜，进而演变为权力、地位象征，并最终成为广大民众心态的反映的过程。可以说，服饰图案的发展轨迹就是一部人类文明的发展史，服饰图案的演变折射出了人类社会在政治、经济、文化等方面的变化。

二、先秦时期服饰图案的发展轨迹

先秦有狭义和广义之分。从狭义上来讲，它是指秦始皇焚书坑儒前的那一段时间，称为东周之春秋战国；从广义上来讲，它是指从原始社会、夏商周、春秋战国至秦统一前的漫长历史时期。黄摩崖把先秦比作中华文明的头颅，它是中国古代历史的发端阶段，也是图案纹样的重要形成期。从无到有，从简单到繁杂，从仅对自然事物的客观描摹到主观的加工塑造，图案的发展经历了一个相当长的历史阶段。

（一）原始社会纹样搭建了现代图案的基础

原始社会是人类社会发展的第一个阶段。根据现有的资料可以知道，当今存储着大量原始社会的服饰物，包括头饰、颈饰等，它们的制作材料大多来自自然环境，包括猛兽牙齿、鱼骨和贝类。在原始社会，人们佩戴这些饰物不仅是为了装饰，更多的是代表着一种荣耀。因为古代并没有出现过纺织布料，所以所谓的"服饰"并不是现代意义上的纺织品服饰。虽然目前，我们并没有发掘出原始社会"如实"的材料及图案，但是从同一期的其他日常用品中可以窥见图案的身影。

人类是极其有智慧的。在没有文字的原始社会，我们的先民竟然已经创造出了由繁复的图形组成的千变万化的图案。当时图案已经发展到了相当成熟的阶段，其形式多样、结构复杂、配色和谐。比如，仰韶文化中的鱼纹和花瓣纹、齐家文化中三角纹和菱形网纹、大汶口文化中的卷云纹和折线纹、龙山文化中的兽面纹和云雷纹等。这些是现在社会图案的基础图形，就连目前图形的构成方法都沿用着原始先民的构成方法。

（二）夏商周时期是服饰图案的开端

纹样是从夏商周开始变得更加精细的，动物类的纹样增多，神话题材纹样中运用了极具创造性的变形夸张手法。器物表面已不只是以单元纹饰或连续纹样为主的装饰风格，开始出现局部形象的单独使用。

中国文化源远流长，博大精深，有几千年的发展历史。我国最早有文字记录服饰图案出现最早的朝代是商代。经济影响文化，商代的手工业发达，青铜业、陶瓷业、玉石雕刻业、种植业和纺织业在当时都是首屈一指的。由于纺织技术的高速发展，以前的皮革、丝麻已经满足不了当时人们的需求，他们开始织造丝绸，这说明商代已经掌握了精湛的工艺。

在奴隶社会，奴隶主拥有很高的权力，穿的都是绣有一定图案的象征贵族的衣服。图案在服饰的表现上，主要以云雷纹、回龟纹、菱形几何纹为主，纹样的装饰部位大多分布在服装的领口、袖口、前襟、下摆、裤角等边缘处或腰带上。服饰上的纹样是为服饰主体服务的，通常会有一些细小的变化。这些变化对如今图案的发展产生了深远而有意义的影响。

奴隶社会装饰图案的设计灵感往往来源于动物，缺少浓重的主观色彩，只是对一定事物的复制和粘贴。而随着社会的发展，人们对图案的美观要求越来越高，表现出了明显的主观意识，这种意识就是图腾的萌芽。最开始，人们只是把一些普通的动物作为图腾崇拜物，如鱼、鸟等，并把这些创意表现在生活用品中，如酒具、餐具上绘制特有的图腾，还绘制到了装饰品和衣服上。

到了周朝，出现了华美的暗花绸和多彩的刺绣品。冕服就是用它制作的，供给极少数统治阶级穿着。"十二章纹"是冕服上特有的图案。所谓十二章纹，就是十二个图案，衣绘日、月、星辰、山、龙、华虫，称上六章，裳绣宗彝、藻、火、粉米、黼、黻，称下六章。这十二个图案是人们主观选择、设计出来的，其象征意义远远大于装饰意义。十二款图案的出现说明人们已经不仅仅把图腾崇拜作为唯一的服饰图案装饰，还开始主动选择一些自然界的物象纹样来装饰自己，有目的地来表达特定的思想。另外，这十二款图案的设计也表现出当时的人们已具有一定的审美意识和塑造事物的能力。但是，这种审美意识有着明显的社会局限性，主要表现在奴隶主与奴隶之间的等级差别上。也就是说，统治阶级将这些图案视为阶级的标志，使原本自然美好的物象蒙上了浓厚的阶级色彩。

从周代的文献来看，十二章纹在当时是存在的，至于在周代之后是否被各朝各代沿用，是不是与服饰的关系密切，目前还没有足够的文献和考古发现可以证实，有待专家进行更多的专题研究。

（三）先秦时期服饰图案的特点分析

商周时期，服饰图案纹样种类单一。在织花类的图案纹样中，基本上是以几何纹样为主，花纹尺寸较小；在表现手法相对自由的刺绣、彩绘类纹样中，会有稍微复杂点的花卉图形，尺寸比织花类图案大了许多。

工艺和内容产生了大变化是在战国时期，最突出的一点是开始大量使用龙凤纹样。我们都知道，龙凤在中国文化中具有特殊地位，其象征意义大于装饰意义。在当时，龙凤纹样也只是雏形，虽然不能与晚清发展成熟的龙凤图样相比，但是也反映了一定的文化历史。早期的龙凤纹样具有纤细秀丽的特点，晚期的龙凤纹样则体现出了一种威严感。当时常见的纹样组合有蔓草龙纹、凤鸟花卉纹、龙凤虎纹、蟠龙飞凤纹和龙凤合体相蟠纹等。

一般来说，龙凤纹样是帝王才可以用的，是权力的象征。而战国时期的龙凤纹样造型柔美，没有丝毫压抑和凝重感，能给人以和谐、恬静、愉悦的感官享受。这说明先人在表现政治含义时，也不断提升审美情趣，使服饰纹样的设计具有了较高的艺术欣赏价值。

战国是一个转折点，此时人们已不再对自然物象进行简单的描摹，而开始在自然形象基础之上进行加工、创造，进行全新设计。比如，龙凤纹样就是创造力的体现。它是基于自然形象的艺术创造出的全新组合形象。不得不说，先秦时期的图案经历了很长时间的发展演变，达到了较高的艺术水平，从严谨的设计风格转变为了自由的设计风格。服饰图案也受到了秦瓦当造型的影响，开始注重图案的完整性，而不是仅仅拘泥于细节和局部的刻画。

社会意识是由社会存在的发展而决定的。古代文化的发展离不开当时经济的发展。战国是一个大变革的时代，旧的奴隶制度的解体，宣告着新的封建制度的产生，同时在文化领域，百家争鸣，可以说是一个绝佳的文化发展的大好时机。文化的发展变化也影响了当时的服饰与穿着，主要体现在由商周时期严谨的服饰纹样风格变为了战国时期宽松舒适的服饰纹样风格。在长达 2000 多年的发展历史中，从彩陶纹样发展到了服饰图案纹样，这也是一种变革，是一次体现了华夏先民高超的艺术创作能力和原生审美意识的变革。

三、秦汉时期服饰图案特点

秦朝是我国历史上第一个多民族统一的封建制国家，但仅存在 15 年，服饰制度还未健全，加上秦朝出土的服饰原件少，特色不鲜明，因此在研究秦汉两朝的服饰图案时，一般都会将秦朝与汉朝两朝放在一起来讲述。

（一）两汉时期服饰图案的考古发现

先秦时期，内陆的丝绸产品就已经销售到了北方游牧民族地区。汉朝丝绸之路的贯通更是大大拓展了物流空间。正是通过这条路贯通了欧亚大道，将中国的丝、绸、绫、缎、绢等丝制品向中亚和欧洲输送。它不仅是一条商路，更是一条象征着友谊的路。通过经济上的往来，各国之间的联系越来越紧密，促进了东西方文化与科学技术的传播与交流。可以说，丝绸之路是一个宝库，是为如今的文化保护而构建的一个天然宝库。

相较我国大部分地区的气候，新疆的气候有利于文物的保存。新疆多沙漠、戈壁滩，这些地方年平均降雨量少，年蒸发量高，并不具备人类生活的条件，只适合几种耐旱植物生长。因此，对保护文物极为有利。两汉时期的许多珍贵纺织品文物都是在沿古丝绸之路的考古活动中被发现的。与之前的同类文物相比，两汉时期的纺织品的出土数量明显增多，织物相对完整、体积大，并且大多数文物出土时色彩都非常鲜艳，基本可以看到原始的颜色。

根据传世文献记载，"五德"服色理论就产生于秦汉时期，主流色系均依据所属五行来确定。《史记·封禅书》中写道："始秦得水德，今汉受之，推终始传，则汉当土德，土德之应黄龙见。宜改正朔，易服色，色上黄。"西汉存在"汉为火德"的说法，但未被官方采纳。新莽时，根据"五德"服色理论，崇尚黄色。东汉《后汉书·光武帝纪》中记载："壬子，起高庙，建社稷于雒阳，立郊兆于城南，始正火德，色尚赤。"这些文献大致勾勒出了秦汉主流服饰颜色的变化，即黑、黄、赤。

（二）秦汉时期服饰图案的特点

秦汉时期基本延续了战国时期的服装样式，但由于历史演变，产生了很大的变化。

每个历史时期内，价值观和审美观都具有趋同性，反映在不同主体上的艺术风格与特点也是近似的。商代的青铜纹样在那时是大众公认的美，因此青铜纹样被用于各个领域。这种"美感"其实是原始宗教情感的体现，在当时的社会是大家竞相追崇的美的标杆。由此可以推断，对一种事物的追捧可以影响到其他事物，如在青铜盛行时期，服饰图案也呈现出类似青铜器纹大气稳重、秩序感强等特点。战国之前的服饰图案给人的感觉多是严谨和规整，到秦汉时期，服饰图案开始朝着明朗、奔放的风格转变，图案的组成元素日趋丰富，构成形式也更加多变。

正如商周时期的服饰纹样受到青铜纹样的影响一样，秦汉时期的服饰纹样也受到了同时期流行纹样的影响。受秦汉时期瓦当纹样的影响，秦汉时期的服饰图案呈现出大气、简洁的特点，纹样形象富于变化。

四、三国、两晋、南北朝时期服饰图案特点

纵观历史，从东汉到南北朝的 400 年是非常值得关注的，因为这是一个非常动荡的时代。造成社会动荡的原因有很多，如连年战争和政权更迭等，尤其是北方与西北游牧民族大举侵入中原，导致中国历史上人口的大范围流转迁徙。一方面，原有的丝织业种植与纺织格局被打破，丝织业的中心也随之发生改变；另一方面，登上皇权宝座的新贵迫不及待地要享受奢侈的生活，对丝织品的需求量非常大，客观上刺激了丝织业的发展。

南朝各朝对丝织业极其重视，通过设立"锦署"专门负责朝廷及后宫的服饰制作与供给，甚至为了南北方丝织技术的平衡，将北方技艺高超的人带往江南，在这种态势下，民间蚕丝业发展非常好。北朝各朝对丝织业的管控也很严，由官府掌控丝织产业，对民间私藏、私用织机和工匠严厉打击。为此，官府设立了"绫局""丝局"和"司染署"等部门来管理丝织业。

这一时期的服饰纹样在继承传统两汉纹样的基础上，产生了很多变化。在这一时期，东西方文化交流大大加强，带来了大量异域文化元素。不同要素的融合，产生了一批颇具"混搭"风格的创新纹样。同时，宗教题材的加入也为这一时期的服饰图案注入了新的内容。

（一）三国、两晋、南北朝时期服饰图案的考古发现

从整体来看，魏晋南北朝时期中原地区服装纹饰的考古资料少而零散。

1978 年，河北沧州吴桥发现一座北朝墓葬，出土了五件女俑，她们都穿着红色竖条纹的外衣，其中文吏俑一件，腰带上饰有弦纹四条，执事俑两件，一件红色上衣饰有卷草纹，另一件胸前饰有花草纹。

忍冬纹源于北方少数民族，是一种汉族服饰中常见的装饰纹。2009 年 4 月，山西大同市云波里路发现一座北魏平城时期墓葬。在墓室东壁的壁画中绘有墓主图像，墓主坐姿，身披大氅，大氅上的纹饰为网状忍冬纹。

另外，在河北磁县的湾漳曾发现一座高规格的北朝墓葬，考古工作者推测墓主为北齐文宣帝高洋。墓葬壁画中的卤簿仪卫图中有禊氅（稍眊）的图样，禊氅上布满了圆圈状纹饰。

2000 年 12 月，在山西太原王家峰村中发现一座北齐墓，经过证实，墓主为北

齐太尉、武安王徐颖，字显秀。墓室北壁墓主人两侧侍女服饰上的联珠纹对兽、花草图案，东壁侍女裙边上和西壁马鞍袱上的联珠纹圈人头像为典型的波斯萨珊风格。公元 6 世纪中期流行的联珠纹源于萨珊文化的影响，经由粟特地区传入中原。该墓的联珠纹不同于先秦时期青铜器上的联珠纹，更有特色，也更复杂。

（二）三国、两晋、南北朝时期服饰图案的特点分析

截至目前，三国、两晋时期的纺织品刺绣实物发现不是很多，但一些古文献中倒是有所记述。比如，魏文帝曹丕在一封诏书中提到的"如意虎头连璧锦"、《三国志·魏志》中记载的"绛地交龙锦""绀地勾文锦"、东晋《东宫旧事》提到的"丹碧杯纹罗""七彩杯纹绮"等，这些纹样出自三国时期的文献典籍，记录的也都是当时的纹样信息。通过与之前两汉时期文献及出土文物的仔细比对后发现，它们具有极高的相似度，对两汉时期纹样的继承程度较高，但仔细观察又有很多差别，还有一些纹样里出现了之前从未见过的图形元素，甚至全新的题材。

对于三国、两晋、南北朝时期的工匠艺人而言，两汉时期的纹样在他们眼中就是传统图案。按照这个逻辑，笔者将这一时期的服饰图案分为三类，并结合出土实物和有关文献进行论述。

首先是传统服饰纹样。这里所说的传统型服饰纹样并不是说与之前的纹样完全一致，只是与以前的纹样有很大的相似性，不论在构图还是组成的元素上，与两汉时期的服饰纹样的差异并不明显。比如，1995 年在新疆民丰尼雅遗址出土的汉晋时期锦绣文物中的"五星出东方利中国"（《大漠文明丝路遗韵》）、"讨南羌""王侯合昏千秋万岁宜子孙"等文物，与之前出土的东汉织锦基本相同，是有代表性的传统纹样。还有一些基本算是传统纹样，如 1967 年在新疆吐蕃阿斯塔那北区发现了北朝古墓，墓中出土了云气动物纹锦，当时的云气纹不同于传统的纹样，已经发生了重大的变革，更具有图形感，不再具有汉代云气纹的流动感，兽纹也是与之前的兽纹形似而神异，失去了原有的动物的野性与生机勃勃。这说明了不同时期审美标准的变化，北朝已不再崇尚汉代流行的恢宏气势的山、云等题材的纹样。

其次是创新服饰纹样。不同地区文化的相互影响与交融，使当时的服饰图案中出现了大量之前根本不存在的新的图形符号和视觉形象，新元素与传统元素的交互使用构成了具有时代特色的创新纹样。比如，《邺中记》中记载的"蒲桃文锦""凤凰朱雀锦""韬文锦""桃核文锦"等就是一种创新服饰纹样。

随着不同地区文化交流的加深，服饰上的新纹样也越来越多，"忍冬纹""联珠纹""葡萄纹""蔓草纹""树纹"等新的元素是这个时代的特殊印记，尽管这些花纹

的出现后并没有流传开来，但这不得不说是一个良好的开端。上述纹样，我们可以从不同国家的服饰、器具等中窥见一斑，忍冬纹最早是被古希腊乃至欧洲整个中世纪广泛使用的一种装饰纹样，在希腊化时代的后期至罗马帝国时期，伴随着帝国的扩张传播到恒河和印度河流域，成为印度佛教装饰中的一种常用形式。

忍冬纹最初是随佛教传入中国的，它流行于南北朝时期，到唐代逐渐演化成为独具中国特色的卷草纹雏形，之前较为纯粹的忍冬纹图形已较少使用。宋元之后，原始形态的忍冬纹已经基本消失，完全变成了蕴含着中国人审美意象的卷草纹。从新疆地区的北朝和隋唐时期的遗址中，可以发现以异域图形为服饰纹样构成元素的出土文物。

1956年，甘肃敦煌莫高窟出土了一件北魏时期的精美刺绣，其花边在由联珠纹构成的龟背形几何网架上填充希腊式忍冬纹，十分具有异域风情。1959年，新疆民丰北大沙漠也出土了一件高昌时期的圣树纹锦。为什么将它称为圣树呢？这是因为树的形状类似西方的圣诞树，造型非常精美，构思十分巧妙。

再次是宗教服饰纹样。佛教文化源于印度，传播到中亚细亚后通过商旅往来渐渐向东方渗透散播，传入我国的时间大约是在汉魏六朝时期。从现有的出土文物来分析，最早将佛教形象应用在服饰纹样中大概是在北朝末年。1966年，新疆吐蕃阿斯塔那北区50号墓出土了一件天王化生纹锦，该纹锦中的"莲花""佛像"和"天王"等都是宗教纹样。

总的看来，三国、两晋、南北朝时期的图案纹样发展迅猛，形式丰富，风格多样，在传承汉代织绣图案的基础上，加入了多种创新手段，突出了东西方不同文化之间相互交融、佛教落地生根的时代特色。

五、隋唐时期服饰图案特点

如今提到隋唐盛世，人们不禁发出感慨。隋唐（581—904）的经济、政治、文化都发生了前所未有的改变，尤其是在唐太宗李世民统治时期，史称贞观之治。"当今远夷率服，百谷丰稔，盗贼不作，内外宁静。"这是当时李世民自夸的言论，但也确实反映了当时国力的强大。从政治学领域可以知道，经济决定政治，并影响文化。在隋唐盛世，高速发展的经济也决定了当时文化的兼容开放。

自南北朝以后，由于佛教的兴起，植物图案的种类快速增加，带有异域色彩的外来图案莲花、牡丹花和忍冬纹成为汉族服饰图案中司空见惯的寻常题材。唐代，人们崇尚丰满，无论人物造型还是花卉纹样，都体现出繁华富丽、风韵饱满的意蕴。

文化的开放性，不仅体现在思维上，也体现在服饰上。隋唐时期对官员穿着的服饰有品级的限制，对民间服饰则没有明显的限制。民间服饰的纹样花色极为丰富，在所有类型的服饰图案上都有明显的发展与创新。圆润的造型、对称的结构、艳丽的色彩、辉煌的气派是盛唐服饰纹样的突出特点。

（一）隋唐时期服饰图案的考古发现

总结所收集的纹样和记载的文献，可以得出一个结论：在唐代服饰中，花卉、云纹、瑞草等都占有极大的比例，它们在当时是非常流行的花纹，主要出现在妇女的服饰上，尤其是在领口、袖口、长裙和披风上。

1959年3月，在山西太原金胜村发现一处唐代墓葬，墓的东西壁画上各有一名侍女。侍女穿花卉长裙，长裙上分布着单朵花卉和折枝花卉。据发掘报告可知：西壁侍女裙上花卉为红色；东壁侍女有披帛，披帛上也有花卉的图案。

1958年2月，在陕西长安县（今西安市长安区）东北南里王村发现了唐中宗皇后韦氏弟弟韦洞的墓葬。这是一座贵族墓，墓中石墩画像中有两名身着花卉纹饰的侍女，其中一名女子有三角形花卉纹样的束腰，另一名侍女衣袖上各有一单朵花卉，裤脚则有碎花纹饰。除了石墩画像外，墓中还有壁画。壁画中有两名男侍，他们都穿着有花卉纹饰的衣服。

除了时兴的花纹图样外，唐草也是值得一提的主流图案。它是一种包含若干种植物的叶茎纹样，因在唐朝流行而被叫作唐草。1987年7月，在山西太原南郊化工焦化厂发现了一座唐代早期墓葬。墓葬壁画中有两名侍女，均身着长裙，长裙上均有类似茎叶的痕迹，根据图案形状推断可能是瑞草。

唐朝的主流纹样还有云纹。1971年，在陕西省礼泉县的郑仁泰墓中发现了衣服的胸前与袖口处均有云纹的仪卫俑，其花纹很清晰、美丽。

（二）隋唐时期服饰图案的特点

隋代服饰风格趋于华贵，并一直延续到唐代。唐代最时兴的女装形制是襦裙，裙腰以绸带高系于腋下，长裙飘逸垂地。裙上的图案一般有雉、斗羊、翔凤、游鳞等图样，并以多种颜色的刺绣表现出来。隋唐时期，印染花纹已经非常发达，分为多色套染和单色染，大大提高了服饰的美化效率。受到西北民族服装的影响，隋唐时期的服饰（特别是女装）更具有流行性和时尚性。同时，东西方的交流使旧有的传统服饰融入新的文化，呈现出一片生机勃勃的文化交融情景。这一时期的服饰多种多样、色彩艳丽，归因于当时稳定的社会秩序、开放的着装风气、丰富的服饰资讯。

不得不说，这是一个时代最显耀的成绩，尤其是在服饰上。隋唐时期，为后人留下了巨大的精神宝藏和物质财富。将服装的纹样印在彩塑的衣服上，为各种美丽的图像印在壁画上提供了一个良好的开端。不得不承认，如今出土的敦煌莫高窟中具有代表性的佛像都有精美的服饰，这不仅表示当时工匠的技术已成熟，还代表当时图案文化发展达到了高峰。隋唐是一个创新的时期，人们一改以往模仿的习惯，而让自己的思维追求自由地创造。在花草虫鱼的基础上，创造出了龙凤这些不存在的东西，而这样的图案体现了当时皇权至上、君权神授等一系列思想。

这里面提到的创新不仅体现在衣服上，还体现在鞋上。此时正流行着翘圆头鞋，这种鞋有非常讲究的图案和非常精致的做工。还有丝鞋，其中最经典的是虎头绣鞋，因其精美而流传至今。但它和现在的虎头鞋还是有所区别的，如鞋头没有以前那么翘了。另外，男鞋的样式和现代的鞋样也有相似之处。这些都说明唐代服饰的发展已经达到相当成熟的程度。

六、宋元服饰图案特点

两宋时期外族入侵，民族矛盾大大加深。就内忧来说，先是两宋一改唐朝的开放和霸气，变得保守而拘谨。社会政治的转变，再加上当时程朱理学对人们精神的捆绑和压制，总体来看，社会的主流氛围变得沉重压抑，这也影响了当时的服饰风格。此时不再流行唐朝时期的豪华与富贵、开放与豪爽，而更崇尚儒雅清淡、朴素保守的风格，在街上最流行的当属淡妆容、呆板的补服和宽松的衫裙。

（一）宋元时期服饰图案的考古发现

两宋时期，政治上的混乱带来了民生凋敝。这一时期，奢华享乐成为贵族生活的主旋律。这种风气不仅没有因为宋朝国力衰弱而有所收敛，反而越发放肆。但社会发展的脚步没有停止，随着技术的进步，当时的生产力与城市经济都得到了较大的发展。南宋王朝的建立加速了江南地区的开发，对外贸易也非常活跃。丝织产品的深加工工艺得到了空前发展，南宋缂丝和刺绣技艺达到了新高度。11—14 世纪，北方游牧民族的入侵，使不同地区之间的文化有了交融。尤其是游牧民族的统治者深深折服于汉朝文化的魅力之下，他们心甘情愿地向汉朝学习，与汉朝进行交流。这是民族文化大融合的有力见证，也解释了为什么元代的出土文物有异域风情。

宋朝流行的纹样有写实风格花卉、菱形纹、叠胜纹等，其中花卉纹依然是主流纹样，包括单朵花卉、团花、碎花三大类。

2010 年 11 月，河南登封市唐庄乡发现一座北宋晚期墓葬（编号 2010HDGM2），墓中壁画有三名人物的服装上有纹饰。

1987年8月，河北怀安县王虎屯乡下王屯村发现一座宋元时期的墓葬，墓葬中的壁画上一妇女的上衣接近领部有明显的花卉纹饰。1998年2月，河南新密市平陌村发现北宋晚期墓葬一座，墓室壁画中一女子的围腰上也有黑色花卉。

相较单朵花卉和团花而言，碎花在当时更受人们欢迎和喜爱，因为不论男女老少，不论地位阶级，人们的衣装上均有不同的碎花款式，其应用度远远大于其他两种流行的花色。

1999年8月，河南登封市城关镇黑山沟村发现一座北宋代末年墓葬。据出土的买地券得知墓主名叫李守贵，墓葬年代为哲宗绍圣四年（1097），从墓室壁画中可以看到明显的碎花图案。

1993年2月，于河北张家口市宣化区下八里村发现辽代张文藻墓，墓中壁画散乐图中的三名乐师（《济源市东石露头村宋代壁画墓》）和儿童嬉图中的两名儿童的外衣上均有碎花纹饰。

2004年12月，于河南省济源市东石露头村发现北宋晚期墓葬一座，其画中10位侍女中有6位身着白底黑碎花裙，碎花雕刻得极为精致，可以看出碎花的组成是四个黑点。这种类型的组合方式和1953年在西安三彩女坐俑上的碎花纹有异曲同工之妙。在宋朝，菱形纹是流行的三大纹饰之一，很受追捧，在大多数的出土文物中都可以看见，在此不赘述。

1993年，在河北省张家口市宣化区八里村发现两座辽代壁画墓，编号为M5和M6。从考察中得知，M5的墓主是张世古，于辽天庆七年下葬。此墓与之前在附近发掘的一座墓葬的墓主张恭诱为父子关系，由此推测这一片墓葬为家族墓葬。在另一个墓主不详的壁画墓中，西壁绘有一位身着绿裤子、上饰白圈的舞者，白圈中点红点，可以判断为碎花图案。而张世古墓中壁画上绘有乐舞图，描绘的是一支乐队，乐队前排三名成员的裤子上饰橘黄色菱形纹。不仅壁画墓中有大量服饰图案的信息，中原地区大量的砖雕文物中也能发现相关信息。如今，国家博物馆陈列着来自河南洛阳偃师市的两块宋代的砖雕。

此时流行的花纹除花草类纹和菱形样之外，叠胜纹也是极其受到重视的，那它的构成是怎么样的呢？它是由菱形纹与叠胜纹组合而成的纹样。大多数女子把这种纹样绣在裙子上。

2003年7月，河南登封高村村南发现一宋代壁画墓。从宋代壁画中可看到宋代生活中的饮食场景。有一幅烙饼图，图中三个妇女的衣裙上都有菱形纹、碎花纹和叠胜纹。2008年3、4月间，河南荥阳豫龙镇槐西村也发现一座宋代晚期墓葬，其东壁、北壁的壁画中同样发现有这三种花纹的装饰。

（二）宋元时期服饰图案的特点分析

10—14 世纪，汉服有了新的改进。当时，外族频繁入侵，在政治上、军事上都带来极大困扰，但战乱也促进了不同民族的交流与融合。契丹、党项、女真、蒙古等民族的优秀元素和特色织造手法加入了以汉族为主导的服饰体系中，使汉族的纺织品种类与艺术深加工水平达到空前高度，同时对辽、西夏、蒙古的纺织技艺产生了积极影响。不同民族的融合，不但促进了纺织技术的创新，而且使文化得到大繁荣和大发展。此时，云肩也登上了传统主流汉朝服饰的历史舞台，为人们所接受和喜爱。

服饰的改变带动了丝织物的革新与图案的革新。1988 在内蒙古巴林右旗辽释迦佛舍利塔出土了一件帝王级的橙色地丝织物，带有典型的汉族风格，丝织物上绣有"团云龙纹"，龙戏珠。但是，内容是契丹人游猎生活的场景，可见当时影响之大。此外，还有许多相类似的物品和纹样，如卷云、龙凤、牡丹、唐草等。可以看出，汉服的影响力也在随着国力的增强而增强，被许多异域民族接受。

1. 服饰图案的写实风格

宋代出现了非常多文人骚客，艺术上流行工笔画，内容多见于大自然，如花草鱼虫。这些反映在服饰上，则有不同的美感。唐朝将大朵艳丽的花卉绣于衣服上，宋朝则开始流行清淡写实的风格，但是这不影响宋朝花卉图样的发展，织绣图案中的花卉品种极为丰富，常见的有牡丹、芙蓉、菊花、梅花、山茶、芍药、海棠、长春花、蔷薇、松竹马兰、秋海棠、梨花、月季、朱槿、秋葵、栀子、木香、玫瑰等。那时，人们还对牡丹山茶、蔷薇菊花、梅花茶花水仙、牡丹芙蓉、荷梅等花形进行搭配。不得不说，当时宋人将花卉的装饰功能发挥到了极致。

除了喜爱花草外，宋人对唐宋流行的主流配色同样重视。他们对许多纹样进行了组合，如花卉与人物、动物、器物、云纹、菱形纹、叠胜纹等，形成了菱纹菊花、芙蓉彩球、缠枝牡丹荔枝童子纹的成果。而利用新兴的制造技术，巧妙结合阴阳图设计的花中套花、叶内套花等都是绝无仅有的图案。所谓花中再套花、叶内套花，即牡丹的花心里有莲花、芙蓉叶内有梅花等。

元朝统治者虽然作为一个骑射民族，不擅长农业，但十分重视手工业的发展。因此，手工业尤其是纺织与实用技术在元朝都得到了不小的发展。技术上的革新促使了汉朝服饰的进步与传承。

2. 服饰图案中的吉祥题材

《易·系辞》中有"吉事有祥"的记载。《庄子》中有："虚室生白，吉祥止止。"

唐代成玄英注解:"吉者,福善之事;祥者,嘉庆之征。"绘绣成纹样,即为寓意纹样,也称"吉祥图案"。根据元代费著《蜀锦谱》记载,北宋时期,蜀锦的纹样中就已经有"云鹤""如意""八仙""金鱼"等为后世广泛使用的吉祥图案中的经典题材。另外,从出土文物中也可窥见一斑。例如,北宋时苏州虎丘云严寺塔的锦上添花,福州南宋黄昇墓出土的松竹梅,内蒙古耶律羽幕的莲花鸳鸯,江苏武进南宋墓的步步高,山西辽墓出土童子戏花,福州南宋黄昇墓的四合如意,山东邹县李裕庵兀墓的寿星、灵芝、龟、鹿、鹤,八仙拱寿兀代缂丝图轴,山西辽墓出土婴戏莲等,都是对吉祥寓意的发展。

元代是一个分界点,在这之前没有定式的装饰纹样。元朝以后,构图基本固定。如果给图案发展划分时期,那么宋元时期为吉祥图样的雏形时期,如大家所熟知的"蝶恋花"图案,到了元代基本成型。南宋的鱼藻纹和蜻蜓戏莲纹,与"鱼戏莲"有着异曲同工之妙,完全是一种思维模式的产物。南宋时期的纹样只有雏形,因此使用不广。但是,随着时代的变迁和人们创新意识的不断提高,到清朝的中期,类似鱼藻纹等图案都有了进步和完善。

元代的花卉纹样具有写实的特点,主要是因为承袭了宋代的风格,不同的是吉祥寓意的纹样图案更加丰富突出。随之,一批固定的纹样组合图案产生了,有芙蓉花与牡丹花的组合纹样,借"蓉"与"荣"的谐音,被赋予"荣华富贵"的含义;还有牡丹花与海棠花的纹样组合,"棠"与"堂"同音,被赋予"满堂富贵"的吉愿。

七、明清服饰图案特点

明代的棉花种植技术已经成熟,河南是当时主要的棉花产区。棉花的大量生产决定了农民的主要副业就是棉纺织手工业。仅在明朝政府统治的50余年,明政府征收棉布的数量就整整增长了2倍,从60万匹增长到180万匹。很多锦缎衣片也是出土于河南地区的明代墓葬中,种类繁多且数量巨大的印蓝棉布在民间得以保存。纺织业的良好发展,给服饰的繁荣打下了基础。宋元时期孕育发展了服饰图案的吉祥意义,而花卉纹样的设计组合越来越多地体现吉祥主要是在明清时期。为了表达吉祥的寓意,纹样创作不再受到约束,开放、自由的创作手法得到极大发展。最主要的是随着社会生产力的发展和社会关系的变化,服饰图案的功能也受到了影响。人们不再仅仅追求图案的美观性,而更加关注图案的内涵寓意。表面的装饰意义被忽视,图案寓意反而被推崇,这是传统花卉纹样艺术发展历史的重大跨越。

明代与清代服饰差异很大。明代汉族服饰是社会主流服饰,而清朝统治者为满族，社会流行的是满汉融合的服饰。在服装图案与织成品纹样上清朝承袭了明朝，以儒学思想为根基的吉祥纹样继续发扬光大，但还是有比较明显的差异。对比来看，明代的纹样色彩浓重，色系偏深、形状上粗犷豪放不羁；清代纹样色彩清淡、图案多秀丽之姿态。除此之外，还在构图方法、设计图案和着色搭配上有明显的差异。清代的刺绣技艺水平和工艺的精细度比明代高很多，做工细致精美。清朝末期，服饰纹样的道路走向了相反的方向，纹样图案烦冗堆砌。与前朝不同，明清时期出土了大量纺织品，并且有很多保存完好的服饰流传于世间。虽然作为陪葬的纺织品实际上是用途特殊而专门制作的，与日常服饰在品种的选择与特征上有较大的区别，甚至有天壤之别，但是大多传世品都是日常穿着的服饰。因此，此类实物的研究价值性、代表性和真实性，远远超过了文献资料与考古发现。

汉族服饰图案基本稳定成型大约是在明代，清代主要是发展图案的主题内容，在构图和内容上不断创新完善，没有较大改变。但任何事情发展都是太满则溢。刺绣与缂丝技艺达到巅峰是在清代，伴随的问题是不断累加的图案呈现出了冗杂感和重复感，精湛的工艺让人们对精细的刺绣图案产生了审美疲劳。在图案和纹样中叠加的吉祥寓意到达了烦冗的境地，而民俗寓意在这个时期内得到了极度发展，真实地诠释了"图必有意、意必吉祥"这句话。

（一）服饰图案的表现手法丰富多样

汉族传统服饰图案兼具造型美和意象佳的特点。那些原本没有任何特定意义的图案构成元素，千万年间以物质形态存在着，却由于被人们赋予了特殊含义而变得被趋之若鹜。为表达图案中的世俗观念，人们发挥了令人惊叹的想象力，并借助象征、寓意、比拟、谐音、加字等一切能想到、能用到的手段传情达意。

自然中，石榴多籽，人们在图案中加入石榴，认为穿着有此种图案衣服的人可以多子多孙，生殖繁衍。葫芦、葡萄等藤本植物，其藤蔓有不断向上蔓延又开花结果的自然属性，因此被赋予生生不息、生命力旺盛、子孙满堂的寓意。

借助一些题材寄托情感是吉祥图案常用的手法。能否达意关键是题材的选用。民众熟知并接受的民俗故事、神话传说多被选为吉祥图案的题材，或者文学作品。例如，用"莲花"寓意"纯洁无瑕"；"桃子""仙鹤""松柏"等寓意"长命百岁"；用"鲤鱼跃龙门"寓意"科举"高中。

将物质题材赋予人的某些精神是一种常见的手法，叫作比拟。例如，在寒冷的冬天，梅花傲然绽放在雪中，梅花冬天开花的自然属性和枝干坚硬挺拔的姿态，多用于比拟清高的文人形象；并蒂莲双双开放的特点可用来比拟忠贞的爱情；松竹梅常用来比拟志同道合的好友。

在服装图案上直接使用文字表达吉祥如意也是一种常见的方法，如众所周知的"福""寿""喜"字等，把一句话拆开当成图案排列也是一种惯用方式，即使阅读顺序不够明显，但凭这七个字的知名度，不用刻意规定阅读顺序，就可以有相同的吉利寓意。例如，"百事如意大吉""吉祥如意""百事如意""吉祥如意"，每个字都含有吉祥的寓意，可以两两随意搭配。其实两汉时期这种手法已经频繁使用了。"万事如意"锦、"延年益寿"锦等就来自东汉时期。经过考察研究发现，两汉及魏晋时期在图案上加字的手法运用生硬，没有做到字与图的互动，缺少字形与大小变化，并且在表达手法上艺术的修饰较少。明清时期的加字图案显然高明许多，达到了字与图的相互融合，且适时调整字形与位置。事实证明，这种打散式排列丝毫不会影响文字的信息传达功能。

（二）服饰图案的等级含义被强化

明清时期既是服饰图案表达手法的多样化时期，也是等级观念在服饰图案表现的时期，政府对服饰上的纹样图案进行了严格要求。虽然明代汉族服饰占据主导地位，清代服饰有满汉融合的趋势，两朝服饰在形制上区别较大，但图案寓意和服饰纹样的等级化规定是相同的，可以说是同根同源，一脉相承。

自封建王朝开始到元朝，每个朝代的帝王及官民使用的服饰图案都是有严格限制的，每个朝代大多参考前朝规定。这种服饰图案等级化是中国封建社会官服的主要特征之一，但是在图案表达上还是比较隐含的。明代首创的补服制度将图案与等级紧紧捆绑到一起。一个标记用一块补子表达，人的身份地位一目了然，就像一张名片。明清时期，不同官阶补子上的图案丧失了艺术审美性，只表示官职高低。在众人眼中，二品官服上"锦鸡"纹样美观性比较差，但是也比八品上的"黄鹂"看起来"美"。其实，丑的原因是这种"图案"并不是正常角度上的图案，而是代表行政官阶的一种符号。此时，在服装图案的纹样中，政治内涵占主导地位，而美观已被忽略。不管是受主观意识影响，还是因为某些图形设计客观上被设计制作者忽略，都会影响到对图案审美的评判，评价标准也会改变。历朝历代的正史对官服都有详尽记载，如《明史·舆服制》《清史稿·舆服制》对明清时期的官服制度、图案纹样、服饰形制等都有具体详细的描述。

明清两代各自不仅继承了前代服装经典，在谐音图案和寓意图案上还有创新，也将图案的等级观念发挥到极致，清朝服装图案尤其明显，既强调图案的纤细精巧，又追求烦琐的风气，图案复杂程度达到巅峰。正是由于繁杂烦冗，最后只能走向了灭亡，物极必反，后世服饰图案因此必将有所革新，更在乎图案的寓意性与内涵。

八、民国时期服饰图案特点

（一）封建社会衣冠制度被废除

辛亥革命是我国社会的重大事件，不仅改变了社会制度，还使封建礼乐制度瓦解崩塌。衣冠等级制度作为阶级划分的制度，也因其不平等的内涵而被取缔。民国初期颁布了《服制》，规定了所有人都要遵循服装平等的原则，在有重要活动的时候穿西方服装，日常一律穿普通服饰。有历史记载，"宫廷内外，一切前清官爵命服及袍褂补服翎顶朝珠，一概束之高阁"，这代表着衣冠等级制的结束。民国时期引入了西方服装，使国民穿着发生了巨大改变。"洋洋洒洒，陆离光怪，如入五都之市，令人目不暇接。民国的建立，各方面都有浮面的清明景象"，这是对当时男女老少服装的记载。民国时期的服装经历了一个表面中化，实质西化的过程。从 20 世纪 20 年代开始，旗袍成为汉族妇女普遍穿着的服装，并一直延续到 20 世纪中叶。

（二）民国时期服饰图案突出民俗意义

服饰制度的变革也使服装上的图案等级制度从此消失了。

实际上，清朝后期，民间就兴起了民间美术，服饰图案在民间的应用越发普及，寓意图案也广为民众所接纳。近代汉族民间服饰图案显示了文化特征与生活情况相结合的两重性，并且凸显了时代、民族、身份、情感的特征。

在中原地区，服装出现了与其他地区完全不同的特色，与陕北地区的粗犷和色彩浓重完全不同，也不是江南水乡的柔情与清淡雅致，汉族服饰图案独树一帜，在 5 000 多年的文化历史滋润下，形成了自然、率真平淡、朴实无华的风格特色，承载了地域民俗文化内涵。

服饰图案表面是美化服装，实际上包含着人们对生活的祈求，也记录着人类社会政治文化上的改变及审美民俗风情方面的变化，成了一种记忆符号。

（三）民国时期服饰图案是等级身份的标记

等级观念自古以来就存在，民国时期也如此，虽然图案等级制度崩塌了，但是人们在服装的面料和图案题材上做出了极大区分，通过服饰可以直接区分社会等级。

首先是服装的面料，面料有等级区分。富贵阶层用的是绸缎，而百姓用的都是棉布或土布，尤其是农村妇女的衣衫，上衣下裙用的多是廉价的土布。其次是服饰上的绣工。富裕阶层的服装领、襟、袖、裾等处都滚有宽阔花边，绣花技术考究。社会的较高阶层盛行奢侈之风。在农村，这种考究的服装也有人穿，但通常是在重大场合穿。每个妇女都有一套这样的服装，如结婚礼服、嫁妆之类的。此类衣服面料多是丝绸，服饰寓意吉祥、图案精美，并且绣工精致，艺术水准达到官贵人家的绣衣水平。再次是服装图案的选材寓意不同。服饰图案选择加官晋爵、追求功名主题的都是官员与富贵阶级，追求荣华富贵和幸福美好的多是一些年轻女性。取材上有象征富贵与权利的凤鸟牡丹、金蟾、金鱼，还有花花草草、鸳鸯蝴蝶、张生莺莺、亭台楼榭等诗情画意类，不会出现劳动生产类图案。农村的服饰图案多由底层女性一针一线亲手缝制，内容质朴，题材生活化，如家禽、菜地、孩童、农舍，或者是小媳妇挑着扁担给丈夫送饭的乡村情趣，生活化艺术展现得淋漓尽致。服饰图案不仅展现了政治文化与审美的差异，也是区分阶级的特殊符号。

第二节　中原文化地域汉族服饰图案的主题和艺术表达

一、中原文化地域汉族服饰图案中的情爱主题

汉族服饰在中原地区发展得多姿多彩，蕴含着中原特有的地域特色。是表达生活方式与生活习惯的物化载体。对情爱的追求，是一个永恒不变的主题，而汉服也承载了这种情感。在汉族民间爱情故事的经典中，或者是民俗故事中，都可以体会到不同地区和种族有不同的情爱表达媒介和方式。本节内容是对中原文化地域汉族服饰中情爱主题图案的艺术表征与民俗内涵的进一步讲述和理解。

汉服中对于爱情的表达有两种，分别是爱恋和生殖繁衍。这两个环节相互联系，不可分离。汉服图案中经过特殊的构图元素和视觉图案组合，形成了各式各样的寓意。鱼莲组合类和凤鸟牡丹类是兼具爱恋与繁衍寓意的图案，除此皆是单个寓意的图案。例如，"蝶恋花""鹊踏梅"等象征爱恋之意；"榴开见子""瓜瓞绵绵""瓜里生子""麒麟送子""花篮绣球"等象征祈子繁衍之意。不同的图案蕴含共同的寓意，充分体现了汉族服饰图案的丰富性。

（一）情爱主题图案的产生背景

在生产力落后，国家间战乱不断的冷兵器时代，战争主要拼的是人口。兵源越多，胜利概率越大。在那个时代，一个家庭生育后代，不仅是为了自家子孙繁衍不息，更重要的是为了保证国家安全。无论是统治者还是平头百姓都追求多生儿女。特别是生一个儿子，所以就有"不孝有三，无后为大"的说法，不生殖繁衍就是最大的

不孝顺。这不仅是对自己父母，还是一个家族对君主的不孝。无独有偶，"有人就有势，人多势众""子孙昌盛，家大业大"都是与"多子多福"的传统思想观念一脉相传的。这种思想依旧影响着21世纪的广大农村地区，虽然大部分地区科学技术发展迅速，但是人们思想已经被禁锢了千年，多子多福的图案寓意依旧被一部分人用在民间服装上。

（二）爱恋繁衍交融类图案的艺术表征与民俗内涵

1."鱼莲"类图案的艺术表征与民俗内涵

"鱼"和"莲"是构成"鱼莲"的要素，组合方式大多从追逐爱恋开始，终极目的当然是生殖繁衍。从"鱼"与"莲"的位置关系上，可以展示从爱恋到结婚到生子的完整过程，即"鱼扰莲""鱼戏莲""鱼钻莲""鱼泛莲""莲生贵子""莲生藕"。正是现实生活中男女从相识、相交，到结婚、生育的完整过程。

"鸳鸯采莲""鸳鸯戏水"，这些图案，常常与"鱼莲"图案，或者"蝶恋花"图案组合，形成综合图案，强化表达寓意。

在中原，汉族民间男子大多用"鱼"或者"鸳鸯"来表示，而女子多用莲花表示。花的种类繁多，莲花一直为人们所喜爱，最主要的原因是绝大多数的植物是先开花后结子，而莲花在盛开时就可以看到莲房（莲蓬）和莲子，不仅结子速度快而且结子数量特别多。当时的人们比较淳朴，缺乏生理知识，为尽早生子，多生孩子，就满心追求吉祥，期望得到神的眷顾。

"荷花"是莲花的另一个名称。在春秋战国时期，因其最初作为佛教图案的一种元素出现而被广泛使用，因此多象征着"吉祥""净土"和"洁净自爱"之意。随着时代发展，在民间，荷花有了另外一种含义，就是繁衍。老百姓在生活中发现了莲花的快生多产，因此被当成吉物，并且将它与自身生活联系在一起，附加了美好寓意。于是便有了"因合（荷）得偶（藕）"寓意生殖繁衍的图案。这种图案在中原汉族民间服饰中应用非常普遍，表现出普通人对丈夫、妻子和家庭生活最单纯的追求和情感体现。如果以莲花为主的图案中，"藕"和"童子"的形象没有出现，表明的寓意是停留在未育之前，还没有表达繁衍之意，只是传递了对婚姻的渴望；假如出现莲藕和孩童形象，那爱恋求子之意就确定了。

图5-1和图5-2是汉族服饰特有的配饰，它是绕在女人头上的一根或窄或宽的绣花布带。此物在不同的地方有不同的名字，如捏子、摸额、头带、头条、勒子、包头、眉勒等。最常用的是眉勒，女人用它抵挡寒风，还可以当作装饰品。

图 5-1　因合得偶眉勒　　　　　图 5-2　鱼钻莲眉勒

　　汉族最常见的表现爱情和繁殖的图案是鱼莲图案。因为没有受到应用限制，它可以用于母亲和儿童，可做服装也可做配饰。所有生物中繁殖能力最强大的是鱼类，这对于一向重视传宗接代的民族来说，无异于偶像。在"鱼戏莲""鱼拱莲""鱼穿莲"中，"鱼""莲"分别是男性生殖器官和女性生殖器官的隐喻表征。

　　2. "凤戏牡丹"类图案的艺术表征与民俗内涵

　　图 5-3 是中原民间常见的"凤戏牡丹"图案。事实上，所谓的"凤戏牡丹"是一种模糊的叫法，根据凤凰和牡丹之间的位置关系，只有"凤扰牡丹""凤打牡丹""凤穿牡丹"等图案。民间有"龙戏凤""凤戏牡丹""凤穿牡丹""狮子滚绣球"等图案，在这里凤凰比作男性，女性比作牡丹，表示男人对女人的追逐，表达恋爱交合的寓意。

图 5-3　凤戏牡丹

　　人们欣赏的动植物并不仅仅局限于外在形态的审美，而是借助物象的自然形态，使用想象、比喻等手法，表达对人的伦理、情感及精神的需求，这就是借物寓意。中原民间最喜闻乐见的服饰纹样之一就是各种凤鸟花卉类图案，寓意大多是对爱情和婚姻的赞美及对美好生活的渴望。这种图案有两种构型要素：一种是鸟类、凤凰、昆虫等动物；另一种是花科植物，以牡丹、梅花、菊花等较为常见。丰富多样的图案，由于姿势和构图的不同，有多种不同的命名。

"蝶恋花""双雁交尾""两鸟连尾（或连身）"等图案与以上的禽鸟花卉类图案相比含义相似。而含义相似，元素组合不同的图案也有很多，如"鹰踏兔""刘海戏蟾""狮子滚绣球"之类，究其隐秘的含义也是对美好婚恋爱情的象征。

牡丹是中国独有的花卉，素有国花之称，洛阳市是牡丹花的主要种植区。唐代时期，洛阳就享有"洛阳牡丹甲天下"的美誉。牡丹花因丰满、婀娜多姿、缤纷，被誉为花之君王，象征着权利和财富。凤凰是一种瑞鸟，象征吉祥，配合牡丹共同组成一幅吉祥图案。但是，牡丹象征着王权，使用范围是有限的，平民不能使用。

图 5-4 是这个经典图案在汉族服装上的应用。在民国前，中原汉族女性穿裙子，将长方形的布片裹在腰部，大量重叠成为裙装。较为常见的有马面裙、百褶裙、凤尾裙、筒裙等。汉族裙装的基本款型就是马面裙，在马面裙的局部发生一些变化就是其他的裙型。最有讲究的是马面裙裙头的白布，寓意着"白头偕老"，暗含着对婚姻的美好祝愿。

图 5-4　凤戏牡丹马面裙

在马面裙两侧的裙幅打上细密规整的褶子就是百褶裙。"八福罗裙"是百褶裙的别称，一共有八褶，分别从正面两侧向后各折四褶。正面和背面的幅面较宽，主要花样绣在此处，辅助花样绣在其他幅面上。在民国以前，官宦豪绅家的女眷常服多是各种裙装，而平民却少有穿的。民国以来，底层民众逐渐崇尚穿裙装，但也只在重要节日或婚礼庆典上穿。从民国开始到 20 世纪中叶，裙装始终是中原地区汉族女性婚礼服饰的重要组成部分。之后停滞了半个世纪。进入 21 世纪后，随着社会生产力的全面发展，社会各个层面的开放，传统文化得到了人们的重视，节日仪式、民族服饰及传统汉服和婚俗，受到年轻人欢迎，裙装又重新焕发出光彩。

除了常见的马面裙和百褶裙，凤尾裙也是汉族女性以装饰为目的的裙装。民国以后，西式服装流入，传统服装受到了冲击，裙装逐渐演变为套穿式样。但在外观上改变不大，大多保持着马面裙的特征。到民国中期以后，作为城市女性的日常穿着，裙装中的传统特征才慢慢消失，但是作为礼服依旧不失传统服装的本色。在广大农村地区马面裙仍是婚礼裙装的主要款式。

20世纪初，中原地区的刺绣手法主要用于装饰节庆的服饰。有相关记载表示"因花布奇少，虽有绫罗绸缎，其花色品种亦十分单调。因此，价值较高的衣、裤、鞋、帽等，都靠妇女的手工刺绣来装饰点缀，以增加美观。"绸缎和棉布是裙装的主要面料，高级绸缎多是富贵人家小姐所用的面料，并且绣工精美；棉布刺绣裙子多是平民家女孩所穿；而底层民众和农村女孩多穿着自织布缝制的服装，几乎没有刺绣服装，带有刺绣图案的高级裙装可能一辈子只穿一次，那就是出嫁时，面料虽有绸缎，但棉布占据了大部分。

民国时期是汉族服饰形制和图案的创新时期，服饰图案中的花与服饰设计思想同样大胆奔放。富贵之花牡丹，因其特殊的含义，只有特殊或权力大的女性才能穿着使用。服饰等级制度被废除前，民间是不可以随便使用贵为花王的牡丹花的，只有在特殊时期才可以使用，如婚庆礼服。新娘们花团锦簇的肩披，腰上扎的或者马面裙，甚至是凤尾裙上，都会被频繁使用牡丹花。据说新娘的衣服有时是和皇后一样的凤冠状头饰，表明普通的女人在这一天，和皇后有相同的荣耀。根据传统习俗，官员们遇见了娶亲的行列也得回避让道。

（三）爱恋类图案的艺术表征与民俗内涵

1．"鹊梅"类图案的艺术表征与民俗内涵

图5-5的"鹊踏枝"图案最早出自唐代教坊曲，是词调名，后来因为宋代的晏殊词而改名。其实，梅就是"媒"，梅也是"美"。在古代，喜鹊曾被称作"神女"，民间将喜鹊看作喜鸟。梅花枝头有一只喜鹊，暗喻为"喜上眉（梅）梢"，寓意将有好事发生。

喜鹊与古钱组合的图案与此寓意相同，寓意"喜在眼前（钱）"；喜鹊与蜘蛛组合的图案，寓意"喜从天降"。除此之外，"鹊踏枝""喜鹊踏梅""鹊儿弹梅""喜鹊闹梅""喜上眉梢""喜报三元"等图案都是以喜庆婚恋为主题的吉庆纹样，都被大量用在中原汉族服饰中。

图 5-5 鹊踏枝

鹊梅图案在绣花鞋中使用频率很高，在豫西把绣花鞋也称为"扎花鞋"。20 世纪 50 年代之前，中原的农村地区过年时大都穿绣花鞋。绣花鞋在图案和体量上差异较大，有的绣花布满了整个鞋面（图 5-6）和两侧鞋帮（图 5-7），有的仅在鞋的前面（图 5-8），还有小家碧玉型的，只在鞋尖处点缀一下。不论是局部点缀，还是满绣，各有各的特色和韵味，哪个更好也绝不是仅凭面积评述的。

图 5-6　满版绣花　　　　图 5-7　鞋面绣花　　　　图 5-8　局部绣花

从民间穿着的普遍情况来看，年轻的女孩和少妇喜欢穿鲜艳颜色的绣鞋，如红色、绿色、紫色等；随着年龄的增加，中年妇女逐渐穿浅颜色；老太太遵循传统也会穿鞋，但大多是偏暗的颜色，通常只在一边或鞋头绣朵小花简单地装饰。

2. "蝶恋花"类图案的艺术表征与民俗内涵

"蝶恋花"是民间爱恋主题最常见的图案，有深厚的民俗渊源。中原民间流传已久的"扑蝶舞"与服饰图案中的"蝶恋花"有相同点，蕴含着相同的文化和思维。

蝶恋花图案在其他服饰品类中使用也很频繁。蝶恋花图案的民俗意义与其起源密不可分,"蝶恋花"这个名字最早出自唐教坊的词牌名,自宋代开始流传,名家柳永、苏轼、晏殊都以《蝶恋花》为名作词,产生了很多同名的优美辞章,大多写了男女之间缠绵情意。中原人民将翩翩起舞的蝴蝶与娇艳花朵组合为图案,目的是展现幸福的爱情和圆满的婚姻,完全没有原词牌名的悲哀之感。此图案上蝴蝶代表了男性,花卉代表女子,蝶在花朵周围环绕,暗喻了对爱情的渴望,"蝶恋花"也直观表现了爱情美好和婚姻幸福,反映了人们对至善至美生活的向往。

二、中原文化地域汉族服饰图案中的祈福主题

每个人对理想生活的要求都是祈求财富,辟邪免灾。在普世价值观中,名和利是人性的基本需求。中原文化地区汉族的人生观、价值观,体现在服饰祈福主题图案中。第一,祈富求名,如"名利双收""名利双全富贵偕""名利兼全福禄偕",普通百姓认为当官发财就是最大的福气;第二驱灾辟邪,祈祷幸福。祈富求名和驱灾辟邪是一个事物的两个方面,表达的是同一个人生目的,它们共同构成中原文化地域汉族服饰图案的一个重要内容,即祈福主题。

(一)祈富求名类图案的产生背景

祈富求名就是对财富和仕途的双重追求,"富"就是财,"名"就是仕,这也是福运的核心内容。

"福禄寿喜财"源于"财"和"仕",名、仕即为禄,禄本身意思是入仕后所得俸禄,引申为财源滚滚需要求得功名,客观上表达了普通百姓对物质生活富足的追求。"五福"源于《尚书·洪范》,包含祥福、仕途、健康、喜庆、财富五个方面,体现了老百姓的人生期望。但是,随着时代的进步,"五福"逐渐变成了"四福",只包含"福禄寿喜"。在表面上减去了一个"财"字,显然不是因为财不重要被忽略,而是因为"财"字深深地包含在其他四个字里。

中国几千年封建社会的观念不止反映在物质形态领域,最主要是展现在意识形态领域。禄的本意是劳动报酬,如成语"无功不受禄",但当"禄"作为"俸禄"来讲时,就慢慢变了味儿。俸禄的本意是古代官员的工资。当时"官本位"思想盛行,引发的客观事实是入仕当官吃皇粮,拿俸禄发大财的潮流。所以,"禄"的含义不是简单的工资,而被扩大成财富的象征。而财富源于官员,人们理解的就是名利不分离,有名就有利。

在"官本位"思想为主导的时期,社会公认的成功标志就是当官发财,人们所

追求的目标就是当官，认为想要拥有美好而幸福的生活，必须进入仕途。当官就会发财，官位高，财运好。因此，不是因为"财"不重要被省略，而是因为财可以通过禄实现，所以不需单列。

老百姓对美满生活的向往及对自身价值的追求用视觉语言表达，就是祈富求名主题的图案形象。简单来说，千百年来人们追求的目标就是升官发财。本节不对价值观作任何评价，只是揭示当时社会的真实现象和主导思想，研究其存在的历史及社会原因。

祈富求名的图案非常丰富，如"冠上加冠""一路连科""独占鳌头""刘海撒钱""指日高升"。另外，还有一大类图案构成是以"吉兽"形象为元素的，将人类社会的情感表现成动物的形态。这些图案被运用到服饰装扮的方方面面，时时刻刻展现着父母期盼孩子仕途顺利，名利双收的心情。

（二）"冠上加冠"图案的艺术表征与民俗内涵

鸡是中原最早饲养的家禽，与人们的生活密切相关。"鸡"和"吉"是谐音，所以鸡在民间被视为吉祥的象征。形体高大气度不凡的公鸡，被称为"雄鸡"，它威风堂堂，颇有大将风度。"雄鸡一唱天下白"是李贺的名句，他借自然规律中雄鸡在白昼来临之际的鸣叫，赋予了公鸡"为世界带来光明"的形象。另外，因为"公"与"功"同音，"鸣"与"名"同音，所以公鸡啼鸣又有了"功名"之意。

汉族吉祥图案中用到公鸡的图案大概有三种：其一是寓意"功名富贵"的公鸡与牡丹组合；其二是寓意"冠上加冠"的公鸡与鸡冠花组合；最后一种非常特殊，运用于葬礼的丧服图案中，因为公鸡被赋予了保护灵魂到达极乐世界的神圣责任。

在这里只研究第二种，即以公鸡和鸡冠花为元素组合的图案。"冠上加冠"一词出自清代赵翼所著的《陔馀丛考·成语》："画蛇添足、冠上加冠，二皆陈轸说楚令尹昭阳之言"。其原意是说多此一举，属于贬义词。在民间，该词却成了褒义词，无论赠予为官之人祝贺升官的贺词，还是预祝升官的吉言，抑或做服饰上绣制的吉祥图案，均受人欢迎，充满了祝福含义。其正面含义在民众间广为流传，没有人再去注意它原本的贬义。

"冠"字，第一解为花卉名鸡冠花之"冠"，第二解为公鸡的鸡冠，第三解为古代官帽之"冠"。"冠上加冠"引申为"官上加官"，如两只带冠公鸡的组合、公鸡与鸡冠花组合、两只鸡冠花的组合等，都是民间喜闻乐见的祈富求名图案。此种吉祥图案构成简单，大多绣在空间不大的生活用品上，如枕顶、荷包这种小尺寸用品上。另外，"冠上加冠"经常作为组图之一用于较大服装上的吉祥图案，共同构成寓意丰富的服饰精品。

（三）"吉兽"图案的艺术表征与民俗内涵

民间还有"吉兽"图案，大都寓意吉祥，以"吉兽"作为服饰主要元素的图案是祈富求名类图案中比较特别的一种形式。

在民间，猪不仅是丰收和财富的象征，还与做官有关。在科举考试中，商家会专门烹制熟猪蹄大肆售卖，因为"熟蹄"和"熟题"是谐音，引得学子们争相购买。他们为了图一个"熟悉测试"，进而"朱榜题名"的吉兆。再加上"猪"和"朱"谐音，因此又有了诸事如意的意义。

图5-9是一个猪形围涎，在民间儿童服饰中非常常见。它像一个圆形环围巾一样围在小儿颈部，后部开口，有半身式与全身式样两种。给孩童使用的围涎俗称围嘴，起到遮挡作用，目的是防止口水和食物污染衣服。

设计孩童的衣服采用猪为图案的分为两类：一类突出猪头，另一类突出猪蹄。图5-9的这个猪形围涎，就是被刻意夸张了猪蹄部分。由此可知，绣制此围涎的母亲或者外婆，心中寄托了孩子长大获得功名的深层期盼。而图5-10的猪头鞋则完全突出了猪头，弱化了猪蹄，其寓意自然也是不一样的。

除了围涎，小孩穿的"眉眼鞋"也表达了人们求名的心理。眉眼鞋也就是日常说的虎头鞋，部分地区也有狮头鞋。因为是有眉有眼的动物，所以叫"眉眼鞋"（图5-11），意思就是穿了眉眼鞋，孩子长大后知眉眼高低，做人灵活，不吃亏，懂得看眼色行事，可以当官。

图 5-9　猪形围涎　　　　图 5-10　猪头鞋　　　　图 5-11　眉眼鞋

最特别的是中原人做眉眼鞋特别讲究。最吉祥的必须是姑姑亲自做，并一次做三双鞋。鞋的颜色也很有讲究。男生穿红色的鞋子，女生穿绿色鞋子，这与中原地区长期盛行的"红男绿女"是高度一致的。"红官绿娘娘"的俗语也是中原民间流传的，含义是孩子们都可以成龙成凤,男孩当官员,女孩成娘娘。不仅鞋子的颜色有要求,制作也有特殊的要求。在鞋底中央留一小块地方不纳实,含义是"心里空",期望小孩将来聪明。

眉眼鞋和虎头鞋在外观上没什么区别,但是因为人们的心理需求不同,而被赋予了不同含义。这种现象在汉族服饰图案中非常多,如"鸳鸯戏莲"与"一路连科"图案外表相似,而内涵完全不同。

三、中原文化地域汉族服饰图案中的生命主题

每个人都渴望长生不老,对于永生的追求不受种族、国界、宗派、性别的影响。在中原传统文化的观念中,吉祥万寿是适合所有场合、所有对象,没有禁忌的祝福词。服装图案中的吉寿图案与中原民间庆寿习俗和尊重老人的传统紧密相关。人们不仅追求长生不老,也希望老人长寿和健康,人们仰慕至极之事就是四世同堂甚至五世同堂。

(一)长寿类图案的产生背景

民间追求长生不老主要是受统治阶级的影响,这就是所谓的"上行下效"。有资料显示,东汉开始,官方就有了祭寿活动,唐代也曾有相关宫廷政令,如《通典·礼四》中记载"大唐开元二十四年七月,敕宜令所司特置寿星坛,宜祭老人星及角亢七宿"。道教的教义和主旨就是长寿永生,并创造了让人们印象深刻的"八仙"形象。

长寿图案不仅应用于服饰上,更多的是在年画中的使用。中原人对年画有特别的兴趣,印刷术出现之前年画都是通过木材雕刻和彩色印刷来完成。不同于服饰图案的表现类型那么宽泛,年画专用于年节,内容大都是吉祥祈福之类,长寿主题占据了很大比重。经典年画有松鹤延年、仙桃捧寿、麻姑献寿、八仙庆寿、鹤鹿同春等。这些主题的图案元素众多,内容丰富,形象相对复杂,很适合年画这种画幅尺寸大、规格标准的物品。这些图案在服饰中的应用非常有限,基本集中在小孩的服装或者大型活动的服装。图5-12的寿星仙桃就是一个童装刺绣图案。由于空间狭窄,所以刺绣简单,构图也略显单调,显得不如其他图案生动丰满。

年画的画幅大、形式统一、构图规整,有利于表达内容复杂的图案主题。而服饰图案,要受衣物及饰品的面料、位置与使用方式的限制,因此画面构图较零碎。便只有那些形象灵活、边缘随意、组合方式自由的纹样才便于安排设计。例如,花花草草、寿桃、蝙蝠、仙鹤、猫虎、佛手瓜、如意纹、田字等,它们都是极具代表性的象征图形,也是中原地区广为流传的长寿主题图案元素。

图 5-12 寿星仙桃

（二）福寿图案的艺术表征与民俗内涵

1."福在眼前"与"五福捧寿"图案的艺术表征与民俗内涵

"福在眼前"是中原地区汉族服饰中最典型的一款祈福图案。"蝙蝠"和"铜钱"构成了整幅图画。蝙蝠的蝠与"福"同音，铜钱的"钱"同"前"，而硬币的孔是"眼"，就表示"福在眼前"，蕴含对着美好生活的渴望。

还有一种情况，就是图案中没有钱币元素，但仍能够恰如其分地表达"福在眼前"的意思，是因为图案的载体是一个特殊的服饰用品。图 5-13 的眉勒，上面只有如意纹与蝙蝠，与钱币有关的元素都不存在，但眉勒用时恰在眼旁，眼前晃动的正式飞动的蝙蝠，那么"福（蝠）在眼前"之意表达得再明确不过了。

图 5-13 福在眼前

只因蝙蝠的"蝠"与福气的"福"同音，这个其貌不扬、甚至是有点丑的飞禽，竟然成了被人们世世代代仰慕的吉物。鲁迅先生在其杂文《谈蝙蝠》中对此现象做出了精辟分析："这也并非因为它吞噬蚊虻，与人们有益，大半倒在它的名目，和'福'

字同音。以这么一副尊容而能写入画图，实在就靠着名字起得好。"将"蝙蝠"与民间吉祥图案的关系剖析得极为透彻。

广为中原民间喜爱的福寿图案还有一个，就是由蝙蝠作为主导元素的"五福捧寿"。据《尚书·洪范篇》所载："五福，一曰寿，二曰富，三曰康宁，四曰攸好德，五曰考终命。"攸好德的意思是所好者德；考终命的意思是能善终不夭折。长寿排在五福中的第一位。世间众生的首要追求就是健康，所有人都想生命长久。所以，"五福捧寿"图案的中心必定有一个象征长寿的元素。这个长寿元素有的是经变形的寿字样图案，有时也用寿桃或寿星来代替，体现了福寿一体的汉族文化哲学思想。

2．"三多"图案的艺术表征与民俗内涵

祝福之词中的"三多"与"九如"合称为"三多九如"。最初记载的是《随园笔记·庄子天地篇》："华封人祝尧曰：'使圣人富，使圣人寿，使圣人多男'。尧辞之曰：'多富则多事，多寿多辱，多男多累'。"这是人们用具象的自然之物来寓意抽象理想的标准范例，同时体现了中国古人的辩证思想，任何事物都是一分为二的，有其利必有其弊。"九如"即如山、如阜、如陵、如岗、如川之方至、如月之恒、如日之升、如松柏之荫、如南山之寿。而典型的"三多"图案由佛手瓜、桃和石榴组成。佛手瓜也叫"多福佛手"，谐音"福寿"，寓意长寿；桃，美称"仙桃"，也叫"多寿寿桃"，祥福之意广为人知；石榴也叫"多子石榴"，因其子多寓意多子多孙。这三种果实将多福、多寿、多子这三种吉祥意义组合在一起，故称其为"三多"图案，经常用于服饰及配饰上（图5-14、图5-15）。

图5-14 肚兜边饰

图5-15 荷包

"三多"图案是中原地区汉族民众最喜欢的吉祥图案之一，它形象生动直观、构成要素简洁、寓意适应广泛，因此用到服饰上便捷美观，也是相传最为久远的。相对应的是"九如"图案，因为寓意的专属性较强，内容较为繁杂，形象生涩，识别性不强，渐渐被人们所遗忘。

第三节　中原文化地域汉族服饰图案工艺及保护传承

一、中原文化地域的汉族服饰图案工艺

中原地区的女红工艺在服装设计制作中，主要有绣花、贴补绣、割绒等。此外，还有其他一些辅助性工作，如彩绘、晕染、钉珠、缀穗。女红对于女性的意义并非显示技能，而是人生地位的存续与失落。中原地区有几千年封建社会的根基，在封建统治的社会环境里，女人靠女红来追求自己的存在感，也是汉民族社会文化的重要内涵之一。

（一）刺绣工艺

刺绣工艺的基本针法相同，只是叫法不同。不同的绣种受不同地理环境、人文因素、物产特点、风俗习惯的影响，保留了各自的特色。不可否认的是，在形成独特艺术风格过程中，针法的运用起到了关键作用，走线的方向、角度，以及肌理、纹路，使绣品呈现不同的视觉效果。

从唐宋开始，刺绣分为两类。一是装饰刺绣，俗称画绣。其源于塑像刺绣，逐渐发展为模仿名人的书画题材，其目的是恢复真实的视觉效果，追求现实的艺术。二是延续实用性的刺绣技术，就是女红，作用主要是美化服装和生活必需品，提升服装产品的整体性能。这两个类别齐头并进，互相支撑。本节论述了服装领域的实用刺绣，就是人们所说的"女红"。

（二）贴补绣（贴布绣）工艺

贴补也叫贴布绣，在民间流传甚广，因技术不同，可以分为包花绣、剪贴绣、挖补绣、包纸绣等。

贴补绣创造了类似于浅浮雕的效果，因此儿童鞋，儿童帽和刺绣的眉眼都常用此装饰，此外一些云肩也是由贴补绣完成。

（三）包花绣工艺

包花绣就是把填充物包进绣料中再进行绣制。大多数民间填充物是棉花。准确来说，包花绣的工艺中绣的成分极少。使图形边缘封闭及将其固定于底衬或其他下层布料的手法是缝，而不是绣。

中原民间刺绣辅助工艺有近十种，其中应用最广泛的一种就是绷花。绷花就是单

针线穿针，从中心点开始起针，再从背针收回到背针点，几针缝一个放射状图案，或圆形或半圆形，或扇形图案的花朵。虽然图像非常简单，但花朵的特点很明显。除了绣植物图案外，它还常被用于童装设计刺绣，如在虎头鞋头上绣一些小花，能立即使虎头鞋增加几分灵巧。另外，单线突出了"简"，这恰恰衬托了主要纹样，建立了图案的层次感。

二、汉族服饰图案的保护与传承

"衣"排在衣食住行的第一位，一部人类文明的演进史可以用一部服装发展史解释。中华民族历史文化变迁真实反映在中原地域文化的汉族服饰上，可以说汉服是历史的重要载体。图案是服装上最为瞩目的视觉符号，不仅严密切合服装的形制和功能，而且起到装饰美化的作用，此外，还具有文化价值。风格、色彩、题材、制作技法、材料的日新月异，反映了时代的变化及地域特点与民俗文化的内涵。对服饰图案的研究有助于社会学、历史学、宗教学、考古学、艺术学、人类学、民俗学等学科的发展。

虽然许多公司长期致力服装保护领域的技术工作，但我们不得不承认就目前的科学研究水平来看，还不能保证衣服的材料和实物永久保存，即使可以复制一个相同的复制品，也只是延长了存世时间，因为复制品仍具有纺织纤维的物理特性，不能永久保存。为了持续研究传统服装图案，我们现在面对的最大问题是如何记录有关服装款式和珍贵图案的信息。这一问题的研究价值超出了研究课题本身，成为一个更为紧迫的问题。建立数据库和使用数字技术来永久保存即将消失的物质文化遗产信息应该与服饰研究同步进行。数据库是存储信息和传播信息的媒介，也是借助计算机存储和管理信息的软件工具。构建汉族服饰图案数据库的目的就是利用现代科学技术手段实现物质文化遗产的保护和传承，这是一种行之有效的手段，也是一项迫在眉睫的工作。

第六章 "一带一路"背景下中原文化的发展与传承

第一节 中原文化的传承现状与困境

一、中原文化的传承方式

电影作为文化的一种传承手段，经历了不断的改革和发展，已然成为一条重要的文化输出动脉。为了清晰地描述用电影传承中原文化的现状，本章将选取河南电影各个类型的代表作，来归纳现阶段河南电影的艺术表现形式，并总结传承中原文化的方法和特点，详细阐述现阶段中原文化的电影传承方式。

（一）突出运用文化符号

不论是电影中豫剧极富中原特色的板胡音和唱腔，乡土喜剧电影中大量有趣方言，还是故事片中的中原风光的描摹，抑或功夫片中的少林寺、少林功夫、禅宗奥义……这些富有中原文化色彩的符号被充分地运用在电影中，展现了中原文化无与伦比的魅力，也使中原文化有了强有力的依托。比如，豫剧电影，它在国际影坛有着巨大的影响，并且为它的发展吸引了更多的年轻观众，其借用电影的形式，让豫剧的舞台剧目得以保存和传承。就豫剧的电影本身来讲，它尊重豫剧舞台美学的特征，从而形成了独特的地域风格和特色，吸引了更多的电影人才。

然而，我们也应当清醒地认识到文化符号的双重性质。特色往往也是扩大和推广的困境，这一问题体现在乡土喜剧电影中。方言在喜剧电影中的运用虽然有其独特的幽默与趣味属性，但是方言强烈的地域性或多或少会影响电影的受众群体。不过，河南乡土喜剧电影的创作已经注意到这一点，这是非常值得鼓励的，如在电影《谁

hold 住谁》中，方言已经被有意弱化，这是河南乡土喜剧电影跳出自身限制，进行创新的有益尝试。

（二）精巧架构叙事框架

在突出文化符号的基础上，叙事框架精巧也是河南电影荣获佳绩的不二法门。比如，在《念书的孩子》中，爷爷煤气中毒的情节里，就设置了很巧妙的悬念：在影片开头，多个伏笔透露着爷爷身体不好的信息，那么这次煤气中毒，爷爷会不会有生命危险，这种担心让观众集中注意力去关注故事的走向，同时带入了自己的情感，在确定爷爷没事时，观众也跟着松了一口气。类似的叙事技巧在《村官李天成》商量全民参股、众党员诉说创业的艰辛，李天成左右为难的时候，在《不是闹着玩的》中一位普通话不标准的老师教授村民普通话从而笑料百出的时候，在《新少林寺》中做饭和尚面对军阀自觉功力不够不知是该退却还是该迎敌的时候……都不同程度地与观众的情感体验产生了共振，让观众或感动，或大笑，或百感交集，对影片中人物的命运产生不胜唏嘘的真情实感，可见扎实的叙事功力是河南电影在传承中原文化的过程中起支撑作用的重要艺术特色，只有好的叙事才能使观众"入境"，只有"入境"才能对中原文化有更加深入的感知，从而自觉传承。

当然，以电影传承中原文化可以尝试更多的模式。例如，与电影《不是闹着玩》《给你一千万》相比，电影《谁 hold 住谁》去除了河南本土演员和方言，故事的内容、背景和主题不再局限于河南自身。如此广泛的剧本创作可以放在任何城市背景下进行演绎，并增强了与更多地区观众共鸣的机会。

（三）典型与意境相结合

"典型"与"意境"分别代表了东方艺术和西方艺术的特质。在不断涌现的河南电影佳作中，典型与意境的融合，为中原文化的传承提供了独特的审美体验。例如，豫剧电影这一大类，典型人物、典型事件在与中原传统戏剧艺术营造出的意境的相逢和相融中焕发了勃勃生机，成了河南电影中的一大品牌，对文化传承与交流贡献了可供学习的形式。再如，乡土电影中的代表作《念书的孩子》和功夫电影中笔者归纳的分析样本《新少林寺》，分别将"留守儿童"这一典型社会现象放置在祖孙、师生、邻里甚至是与一条狗的情谊所构成的意境中去表现；嵩山少林寺这一典型的中原文化地标同"禅宗"中的妙悟、宽恕的意境相结合，使观众在"绵绵若存，用之不勤"的缓缓渗透中，逐渐领略了中原文化沁人心脾的魅力与真谛。

河南电影中一些"境生象外"的空镜头的运用，是创造出电影浓郁诗情画意的重要手法。电影空镜头有些类似于传统绘画的"留白"，又不同于"留白"。空镜头并非空无所有，它又称"景物镜头"，指影片中做自然景物或场面描写而不出现人物（主要指与剧情有关人物）的镜头。所谓"一切景语皆情语也"。《念书的孩子》《村官李天成》等影片中许多空镜头的运用，都体现了无限的空间，凝滞的时间，且足以引发人们无限的遐想。诸如此类，导演在电影中有意无意地借鉴绘画的"留白"技法，使艺术意味藏存于"空白"中，所表现的模糊性和不确定性会激起观众对"空白"填补和创造的意愿，让观众的心灵与电影文本进行精神对话，从而体会影片所蕴含的"韵外之致"和"味外之旨"。

制作电影，如同诗人画家的吟诗作画，需要"思接千载，视通万里"的沉思与酝酿，并在具体的镜头语言中将想象具体化。正是导演的这种意象思维保证了电影艺术的意象美学追求上的整一性。而且，电影叙事技巧的运用根本上离不开导演的意象思维，或者说，只有在导演的意象思维当中，电影的各种技术手段才得以最大限度地服务于电影的意象表现，特别是随着电影"仿真"技术的日臻完善，电影意象创造越来越明显地表现出其"造梦"的属性，电影也已经越来越成为现代人文化传承与文化养心的不可或缺的"梦工厂"。

二、中原文化的传承困境

河南电影虽然在自身的发展中取得了很大的成就，但我们也应该明白，中原文化在以"电影"为基础的科技文化产业的普及过程中仍然面临着很大的困难。特别是河南本土喜剧电影的本土特色，在整个中国喜剧电影环境中，仍然缺乏自己的话语权和核心竞争力。河南本土具有作家群的优势，如河南本土的张一弓、田中禾、张宇、墨白、二月河等，但河南电影无论从量或质上都与河南作家群呈现出不匹配性。以上种种现象勾勒出河南电影在中原大地中的"盆地"景观。

（一）创作观念滞后

电影在日常生活中带有庄严的"仪式感"。当然，随着网络的普及及影像传播途径的多元化，伴随着观众远离电影院，这种仪式感正在逐步消解，可以说这是一种遗憾，但这种仪式感无论如何是不能被电脑取代的。因为电影能制造出震撼力的原因是银幕带来的"距离感"，这种距离感既有实际的物理距离，更有观众在欣赏过程中与银幕故事保持的适当的心理距离。虽然银幕无法取代，可电影的传播环境毕竟改变了，特别是带有明显地域色彩的河南电影，其本身还承担着中原文化传承的重任，电影的创作观念就需要做出转化。可实际情况是河南电影的创作主体在创作观念上面表现出明显的滞后性，具体表现为对中原文化挖掘不深入、影像思维落后和创意模式僵化这三方面的问题。下面将逐一进行分析。

1.文化挖掘不深

虽然把中原文化的作用总结为"河南影视资源宝库",但从现状分析来看,河南电影并未对中原文化资源进行深入挖掘,甚至整个河南省的文化产业发展都因为开发不足而陷入了"大而不强"的困境。挖掘不充分的重要表现在于反映出的中原文化形态是不足够的,因为河南不止有一个少林寺,而是拥有十大文化类型,这十大类型分别是① 以河南龙山文化、仰韶文化和裴李岗文化为代表的考古文化;② 以唐宋文化、汉魏文化和夏商周文化为代表的政治文化;③ 以杜甫、张仲景、张衡、朱载堉、庄子、岳飞、老子、吴道子、列子、韩愈、墨子、许慎为代表的名人文化;④ 以相国寺、少林寺、白马寺、龙门石窟为代表的宗教文化;⑤ 以浚县泥咕咕、唐三彩、汤阴陕县灵宝剪纸、钧瓷、淮阳泥泥狗、官瓷、朱仙镇木版年画、汝瓷、南阳玉雕、汴绣为代表的民间工艺文化;⑥ 以豫南民间歌舞、宝丰民间演艺、豫西社火、濮阳杂技等为代表的民间演艺文化;⑦ 以越调、宛梆、豫剧、宛梆、曲剧为代表的戏曲文化;⑧ 以鹿邑老君台庙会、关林庙会、汝州风穴寺庙、关林庙会、淮阳庙会、商丘火神台庙会、浚县庙会为代表的庙会文化;⑨ 以新县鄂豫皖苏区首府、确山竹沟中共中央中原局所在地为代表的红色文化;⑩ 以桐柏山、伏牛山、嵩山、大别山、南太行为代表的山水文化。

另外,河南还有十八区域文化,分别是郑州的商都文化、洛阳的河洛文化、开封的大宋文化、濮阳的神龙文化、鹤壁的淇河文化、新乡的牧野文化、焦作的太极文化、安阳的殷商文化、商丘的火神文化、驻马店的天中文化、三门峡的虢都文化、信阳的茶文化、南阳的汉文化、许昌的汉魏文化、驻马店的红色文化、平顶山的曲艺文化、周口的寻根文化、济源的愚公文化。但是,这里所说的大多数在河南电影中并未得到充分展现,有很多甚至是毫无踪影。对文化类型的认知不足,是大多数河南电影的创作者无法深入挖掘中原文化内涵的根本原因。

2.影像思维狭隘

因为对中原文化的不同层次和方面的研究不深入、不认真,所以被影像忽视的部分依然被忽视着,更谈不上用合适的方式来进行传播。例如,河南龙山文化、裴李岗文化、仰韶文化这些有代表性的史前文化,都没有得到大的关注。而在大力发展动画产业的今天,加之观影群体的变更,在以青年群体为观影主力的时代里,以动画电影的形式来表现中原文化着实是一种既能体现先进影像思维的方式,又能使中原文化在青少年中的传承效果显著提高的创意之道。可惜至今真正属于河南电影的动画电影尚未出现，属于中原考古文化的优秀佳作依然放置在期望与想象中。再如，对于几大古都的历史文化，更适合以虚拟现实的技术来表现，大胆创新，可使人有身临其境之感。还有中原地区的民俗文化，动画造型中除了可以融入了一些器物，还可以从人类学的视角拍摄一些重要的非物质文化遗产类的民俗习惯。

影像思维落后，除了没有充分运用多样的电影表现形式来表现文化，还体现在故事情节上。毋庸置疑，有的人认为，电影中精心设计的一些情节是以营销为主，而不是以内容为主，但实际上从很多方面看，还是以内容为主。而过于执着河南电影叙事功力的扎实性反而成为影像思维跟上时代发展转化的障碍——囿于传统叙事的缓慢节奏和老套的故事情节会丢失"网生代"的观众。这些在快节奏的互联网时代成长起来的新一代人群，习惯于在碎片化的时间里直观地表达自己，对跟不上时代的、影像思维落后的电影会产生疏离感，进而成为文化传承上的障碍。也就是说，现在的电影节奏弱，时代感不足，难以向前发展。所以，有一个与时代紧密联系的故事是一个电影出头的前提。这需要有极大的观察力和想象力，需要导演多发现日常生活中有震撼力的人事，然后通过引用这些去表达自己对新时代、新生活的看法。

3. 创意模式僵化

思维落后导致创意模式僵化，最先体现在塑造的人物性格单一，缺乏新角度。进入新世纪，河南发展迅速，人们的生活和精神气质都发生了极大变化。然而，河南人在电影中始终停留在传统的"农民"形象，当代河南人具有鲜明的时代特征和现代意识的艺术形象在电影中没有展现出来。

另外，要再次强调河南动画电影缺失的问题。因为动画电影是创意思维的集中体现，而且在挖掘中原文化的过程中有很多被忽视的民俗器物，事实上，它与动画电影有着密切的关系。例如，唐三彩、汴绣、朱仙镇木板年画、钧瓷、淮阳泥泥狗、南阳玉雕等都是优秀的动画素材，而这些对象本身都具有很高的文化价值。如果把这些具有中原特色的文物转换成动画造型，可以丰富动画艺术形象。民间器物通过适当的渠道在动画创作中使用，从更高层次来说，这不仅是河南动画电影，也是中国动漫产业繁荣发展的必然趋势。此外，这些民间器皿可以丰富动画的艺术表现，在动画创作中成功地运用当地的本土文化语言，结合人们现代审美需要，可以创造出广泛的动漫受众。同时，创作出的动画作品可以成为中原民间文化生存与发展的重要媒介，有助于提高河南传统文化的地位和普及程度，进而达到挖掘和传承文化的目的。特别是对濒危非物质文化遗产来说，这是一种很好的保存方式。可现实情况不容乐观，目前网络上只有少量的与河南豫剧有关的动画 Flash 流传，规模化的动画电影还未出现，中原文化中的大量具有观赏性的素材还处在待挖掘状态。

（二）市场链条残缺

链条的残缺性主要体现在以下三个方面：

1.缺少推广意识，认知度偏低。以电影《不是闹着玩的》为例。自2010年3月12日在河南省奥斯卡院线登录以来，该片在河南本地连续上映了40天后，才在同年的6月7日在北京举行首映礼，基本上属于自产自销型。这说明河南乡土喜剧电影在河南人群体之外的认知度是不高的，推广意识薄弱，导致河南电影几乎只在本土叫得响，对外却传不开。现代性气息的不足，也使运用河南电影传承中原文化面临着认同上的危机。

2.商业运作少，影响力小。中国电影的产业化市场化发展迅速，但是那些主人公是河南人的影片都没有什么成果。这与电影趣味性少和运作意识不够有关，但最重要的原因在于没有打好借势牌，在融合运用多个形式进行中原文化传承方面还拥有诸多潜力尚待发掘。在基础设施建设的同时，河南省目前结合资源优势，初步打造了六大系列文化品牌：以《梨园春》《武林风》等为代表的现代传媒品牌，以《风中少林》《禅宗少林·音乐大典》等为代表的演艺品牌，以寻根文化、古都文化、宗教文化、武术文化等为代表的文化旅游品牌，以洛阳唐三彩、禹州钧瓷、南阳玉雕等为代表的传统工艺美术品牌，以淮阳周口杂技和马街书会等为代表的民间演艺品牌，以中原文化行、黄帝故里拜祖大典、国际华商文化节、中华姓氏文化节等为代表的文化活动品牌。但是，河南电影在创作和推广的过程中并没有很好地实现与这六大文化品牌的对接，到目前为止还没有出现以河南本土原创文化品牌栏目《梨园春》相关的电影，这并不是投机主义，而是《梨园春》在台前幕后有那么多关于豫剧、戏曲的感人故事，它本身足够形成一个资源库，值得运用电影这一形式进行好好挖掘，在社会主义经济的条件下变成文化资本。在现代的背景下，要想让河南的电影向全国甚至全世界发展，就需要顺应文化走向世界的潮流，建立起一个电影王国。

3.缺少衍生产业，开发力孱弱。电影中的衍生品开发是文化工业诞生以来产业链上的创新环节，也是河南电影开发项目上最弱的一环。以河南豫剧电影《朝阳沟》为例，电影播放后产生了巨大的影响力，为杨兰春先生提供灵感之地的河南曹村也趁改革开放之势改名为"朝阳沟村"，但也只是停留在借名的程度上而已，对《朝阳沟》这部戏，对杨兰春的创作经历，对整个河南豫剧的文化并没有深入挖掘。2006年开发的"朝阳沟森林公园"因为经营惨淡反而成为村里的负担，没有实现河南省借"朝阳沟热"的势态推广旅游这一衍生环节的初衷，"朝阳沟村"也没有实现经济效益上的改观，目前仍然是一个以农业为主要生活来源的普通村庄，甚至村民都发出了"捧着金碗要饭吃"的感叹。可是，在河北的武安市管陶乡，也有一个"朝阳沟村"。在河北省著名的企业家兼村支书郭玉良的带领下，依托杨兰春先生出生地这一情缘，建成了朝阳沟 4A 级景区。以"戏剧《朝阳沟》文化山水情"的文化理念为宗旨，依托《朝阳沟》电影中的元素，将一户户农民村社改成"二大娘旧居""银环栓宝旧居"等一系列民俗村群落，建成了一个集休闲、观光、娱乐为一体的文化旅游景区，充分为游客落实到吃住行游购娱的方方面面，而且该村全民参股，户户分红，与河南的"朝阳沟村"的惨淡形成了鲜明对比。从经营方式上看，河北的这个原叫列江村（西沟）的"朝阳沟村"既然是杨兰春故乡，为什么不叫"杨兰春村"呢？如果以杨兰春著名戏剧编剧为金字招牌，那为什么不改名"小二黑村"？归根到底，河北"朝阳沟村"还是借助河南豫剧电影《朝阳沟》的影响力成功打造出了衍生品牌，这给后期衍生能力孱弱的河南本省电影业上了生动的一课。目前，河南省在只有少林寺（依香港电影《少林寺》名扬天下）旅游比较成功的现状下，如何变守势思维为开发思维，如何借助电影的衍生环节开发出更多更好的创意产品、文化旅游、交互体验等创新型衍生项目，是河南电影在中原文化传承的趣味性、亲近性和效益性问题上的巨大考验。

（三）人才动力不足

河南电影的各层次人才目前仍处短缺与乏力的状态，这首先表现在未充分发挥作用的河南作家群上。以河南作家为主体，包括国内河南籍作家组成的中原作家群是国内极具影响力的作家群。进入新时期以来，坚守在河南本土的张宇、二月河、张一弓、墨白、田中禾以及从河南走出去的刘建伟、周大新、刘震云、阎连科、刘庆邦等当代著名作家，从 1980 年开始就不断地创作出重量级的作品。河南电影要充分利用河南作家群的优势，一方面，可以把他们的作品翻拍成电影；另一方面，可以请他们帮忙写电影剧本。有了好作品、好剧本，就有望拍出具有河南特色的电影。

其次表现在人才培养方面。遗憾的是，河南至今没有专门的电影艺术学院。"百年大计，教育为本"，按照匈牙利马克思主义电影理论家巴拉兹·贝拉的话来说，"提高群众对电影的鉴赏能力，实质上意味着提高世界各民族的智力"。这对于电影制作，对一省的电影发展来说同样适用。从这点来看，此前总结的中原文化资源开发不足、创作人才思维闭塞、省内市场链条断裂等问题，均可从河南省电影人才培养教育的缺失上寻找到原因。对中原文化传承来说，这一点也是亟须解决的问题。

再次表现在人才的引进方面。其实从河南大地上走出去的优秀影视人才为数不少，而且成就颇丰。比如，2016 年引起轰动的杭州 G20 峰会的宣传片导演李恒君是河南新乡人；获得第 66 届柏林国际电影节主竞赛单元——金熊奖提名的电影《长江图》的导演杨超是河南信阳人。这些人都有高涨的为家乡拍电影的热情，像李恒君就表示："河南有很深厚的历史文化，我也非常期待，能把河南的这些故事，传递给更多人"。除此之外，还有对中原文化感兴趣的外地导演甚至是外国导演，如屡次以河南开封少林寺的禅文化和武文化为灵感来源进行电影创作的香港导演。如何扩大人才交流平台，加强对外合作，改善人才引进模式和升级合作方式是河南电影在调动省内各个机构资源的过程中必须要考虑的问题。只有解决好这些问题，才是真正加强发展引擎，使中原文化能够借助电影更好地传承下去。

第二节 中原文化与电视纪录片的互动

一、纪录片文化功能有助于提升中原文化软实力

（一）河南纪录片发展的文化轨迹

何苏六教授在《中国电视纪录片史论》中，将中国电视纪录片的历史分为四个阶段：政治化纪录片时期、人文化纪录片时期、平民化纪录片时期和社会化纪录片时期。河南的地理位置特殊，拍摄出的纪录片肯定会因传统文化的亮点而产生独特的影响。

20 世纪 80 年代前的河南纪录片由于受苏联的影响，采用了新闻的创作模式。因为是政治宣传的工具，所以文化意识一直被压制。1958 年 6 月 1 日，中国的第一部电视纪录片《英雄的信阳人民》在北京电视台播出，此片主要讲的是信阳人民抗旱的事迹，它意味着新闻纪录片时代的到来。因为在这一时期的政治环境中，纪录片总是强调宣传和教化，如《红旗渠》，风格比较单一，表现的都是集体主义和英雄主义，人物也不切实际，只是政府用来宣传的一个符号，而且忽视画面语言，只重视声音的宣传鼓动。

20 世纪 80 年代之后，纪录片开始向人文化和平民化转变，文化意识开始出现。

这个时期的纪录片在多个方面走向了多元化，不再单一。开始注重个人的存在，镜头也开始变得切合实际。创作人员也表示希望在电视上看到我们的民族历史，借此来表达民族成长的艰辛。这个时期的纪录片如《黄河》《丝绸之路》《话说运河》《话说长江》都表达了对本土文化文明的反思。《黄河》是一部长达 30 集的纪录片，以

黄河为线索，来对两岸的传统文化及风俗进行记录，这显示出了制作者的文化意识。《古都洛阳》则还是选择传统的创作模式，但是在画面语言等方面显现出了创作者的平民创作心态。全片开始的解说词这样写道："从黄河上升起的朝阳照例总是最先从黎明中见到这样香炉、寺塔、庙宇、钟楼的古老侧影。"一开始便以普通僧人赵刚作为全片解说词的开端，表现了对普通人主体地位的重视。此片还对白马寺、唐三彩和牡丹等文化进行了记录，体现了自觉的文化意识。

21世纪以后，纪录片开始被重视。这一时期所表现出来的对主流社会现实的重新关注，是中国电视纪录片一次最富价值的回归。这个时期的主要价值取向和主要因素有了变化：主要价值取向是文献和社会价值，主要因素是市场和社会责任。纪录片的主题也把它的品格提升到了另一个思想高度，开始变为对文化精神的再造。这一时期的纪录片因对主流文化的回归和观念的变革展现出了良好的品格。我们可以从以下三方面把握：

第一，创作理念开始转变成关注主流社会的价值观，真正把个人放在了社会文化的背景中，理性切合实际地创作，让纪录片不再是政府用于宣传的符号和文学的图解，而成为一门独立的艺术。纪录片《河之南》将中原地区的历史文化通过历史细节进行诠释，用一个个生动、真实的文化故事，勾勒出中原大地波澜壮阔的历史画卷。

第二，纪录片越来越写实，强调自身承担的社会责任，就连考察历史文化也是在现代背景下进行的。《大河之魂》是《河之南》的第四集，它用叙事的方式讲述了老子写下《道德经》的故事，从多个方面体现了对现实人生和中华文化的关心。

第三，开始注重市场作用，促使纪录片走向大众化。题材更加考虑观众这一因素。纪录片《河之南》就是以根源文化为对象，增加了它的信息含量和画面质量，包括思想、艺术、人民、文学和中原文化都城等各个方面，资料丰富可信。

（二）纪录片文化功能与意义

纪录片有文化承载与传播的功能，一方面可以表现为文献价值。因为现在的纪录片越来越真实，所以记录出来的历史，有特别重要的史料价值。"它成为各个国家隐性宣传自己的文化传统、生活方式、价值观念、地理风光的最佳载体，成为各个国家争夺话语权的世界性语言。"在我国，纪录片具有启迪警示的作用。中国是一个有着5 000年历史的大国，悠久的历史留下了璀璨的文化、历史，需要我们去记录和梳理。另一方面是认知价值。纪录片现在已经成为普通人审视认知的重要工具。人们从一开始就关注的就是它的审视功能。比如，在《北方的纳努克》影片中，创作者跟踪拍摄记录了一个家庭，通过这个家庭，展现了当地的文化，警示现代工业正在破坏传统的文明。《河之南》记录了中原文化发展的整个过程，不管是鼎盛时期还是受创伤时期，全面展示了历史文化的风貌，让人们骄傲的同时带有懊悔，进而引起对自身的审视。

纪录片文化功能的另一个重要方面是传播功能。它是建立在真实平等上的，通过人文风貌、生活传统和国家文化等各方面的价值观去建立共识，进而使文化的软实力得到提升。约瑟夫·奈认为，一个国家的软实力是"通过吸引而非强迫或收买的手段来达到所愿的能力。它源于一个国家的文化、政治观念和政策的吸引力"。现在，我国的纪录片越来越多元化，在文化传播上有了巨大的进步。

二、中原文化为纪录片创作提供了不竭动力

（一）中原文化为纪录片提供创作题材

中原文化博大精深，源远流长；中原是中华文明的发祥地。河南省委原书记徐光春曾经将河南文化概括为 18 个方面，分别是医学文化、民俗文化、英雄文化、汉字文化、史前文化、武术文化、思想文化、科技文化、神龙文化、姓氏文化、政治文化、商业文化、戏曲文化、农耕文化、诗文文化、名流文化、宗教文化、圣贤文化。河南所处的地理位置有着无法替代的独占性优势，历史文化资源特别多。洛阳有唐代东都的历史遗迹；开封有北宋的古风遗韵和地理的风貌。河南虽然是文化资源的大省，但没有传播载体，因此其他省份人不能充分地了解河南的文化。纪录片在交流方面发挥了特别大的作用，真实而独特的艺术魅力为河南吸引了众多粉丝。纪录片应该承担起传播文化的重任，真实地记录河南悠久的历史文化和日新月异的社会风貌。

从广义上说，纪录片的题材是不受限制的，但是精品肯定是那些有重要价值的题材。"一个新的、重大题材的发现，本身就是纪录片成功的先决因素。"创作时，不要刻意地追寻历史，要正确地抓住当代人的审美需求要素，并满足受众的心理需求。中原文化可以为纪录片的创作提供肥沃的土壤，主要体现在以下四个方面：

1. 以河南丰富的自然人文景观为主题的纪录片

中原曾经是中国的政治、经济和文化中心，是中华文明的发祥地，存留下来了独特的传统文化。例如，新乡的卫文化、商丘的火文化和后裔文化、焦作的太极文化、开封的宋文化、郑州的黄帝文化和商文化、三门峡的虢国文化、济源的愚公移山文化、安阳的殷商文化、濮阳的龙文化等。而且，河南的地理位置复杂，四面环山，黄河横贯东西。所以说，河南的自然景色已与人文的景观融为一体，这增加了纪录片的观赏性，也提升了纪录片的价值。

2. 以河南典型的历史人物为主题的纪录片

历史人物因为身上充满了传奇和故事色彩，能够很好地引起大众的关注，所以说，选对一个历史人物，是纪录片的一个重要方面。历史上，从传说中的伏羲氏到宋代把河南作为京城的朝代有二十多个。因此，这里诞生和曾经生活过的名人可谓不胜枚举。例如，文学家庄子、杜甫、韩非，政治家司马光、赵匡胤、曹操，思想家商鞅、老子，军事家史可法、袁绍、岳飞等。无论选了哪一个历史人物，都要尽力发掘其独特与重要的闪光点，塑造生动的人物形象，把中原文化的精神向观众展现出来。

3. 以河南当今经济社会发展为主题的纪录片

克拉考尔指出："任何纪录片，不管其目的如何，都是倾向于表现现实的。"要多关注现实，时代瞬息万变，而记录它是纪录片最重要的使命。在改革开放后的几十年里，河南省无论在哪个方面上都有很大的进步发展，这都可以成为纪录片的素材。但遗憾的是笔者没有在中国的记录库中找到河南历史变迁的影片。现在很多的城市、省份都开始主动制作纪录片来记录本市本省自身的发展史。比如，上海在 1987 到 1990 年就已经开始有了纪录片编辑室等纪录片的节目，还制作了《毛毛告状》和《房东蒋先生》等纪录片，质量非常高。在 2002 年，上海电视台还成立了纪实频道。

4. 以河南当今典型人物和普通民众为主题的纪录片

1970 年之前，我国的纪录片因为受苏联的影响，创作理念和手法僵化落后，拍出的纪录片总是被说成是形象化的政论，宣传教化功能突出，忽视了传播功能和纪录片的写实艺术方面的要求。现在我国纪录片的创作理念和手法已经非常娴熟，而且平民化的方式成为一种重要的表现方式，强调纪录片本身要充满人文关怀和社会担当。朴实勤劳的河南人形象就是中原文化的产物。卢展工把河南人的形象分成了四种：不畏艰难的、普普通通的、侠肝义胆的和踏踏实实的。这些年，河南也出现了人民好警察任长霞和不顾安危下海救人的民工魏青刚等令人感动的人物。在创作时，要挖掘英雄人物那些平凡又伟大的故事，让他们的形象大众化。对于普通的大众，应记录他们身上的闪光点，以此展现人性的关辉与时代社会的进步。

（二）中原文化精神在纪录片中的体现

一个纪录片最重要的灵魂就是文化。一部优秀的纪录片肯定有很深的文化底蕴，都以影像的方式对传统文化进行现代的诠释。中原文化并不仅仅对河南纪录片有深远影响，对全国的纪录片都有影响。它产生的影响可以从以下三方面考察：

第一，中原文化强调大同、和合的思想，也强调人们要团结互助、和谐，每个人都有价值，都值得被尊重。纪录片的这种精神，体现了对普通人的关注，如《山神》《毛毛告状》《沙与海》。老子天人合一的思想其实就是安于存在及社会和谐稳定。2006 年，河南台创作的《养蚕人家》记录的是一个养蚕人从不愿养蚕到养蚕致富的过程，体现出了表述了人类永恒的话题——人们在一代代的传承中，有和谐也有矛盾，但最终是走向新的和谐。

第二，中原文化具有吸收外来文化的能力。它使外来文化融于自身文化中，提高自身文化水平。这是一种能力，也是一种兼容的理念。以《河之南》为例，道、佛、儒文化相融合，中原文化的融合力表现得淋漓尽致。佛教的传入是中原文化面临的第一次挑战。经过了 500 年的融合，佛教最终融入了嵩山少林寺，禅宗便是融合的产物，标志着佛教中国化。纪录片发展到现在，与这个理念是分不开的。1979 年，中国和日本一起拍摄了《丝绸之路》，因为这次合作，我国纪录片的理念受到了极大的影响，开始注重纪实和兼容并包，加快了我国纪录片的发展。

第三，中原文化具有自强不息、爱国奉献的精神。《周易》："天行健，君子以自强不息；地势坤，君子以厚德载物。"这主要是说我们应该勤奋、不畏艰难、努力进取，也强调我们要懂礼貌，讲诚信，有信用。比如，《大河之南》中愚公移山的故事表现了百姓的那种自强不息；《西藏一年》讲的是八位西藏普通人的生活，其中有一个以蹬三轮为生的车夫，虽然遭遇了各种不幸，但他仍然保持着善良勤奋、积极乐观的心态。中原文化具有爱国主义传统，河南人素来有"天下兴亡，匹夫有责"，把国家和民族的根本利益看得高于一切的爱国主义精神，有"先天下之忧而忧，后天下之乐而乐"，把国家、民族的生存与发展放在心上的忧国忧民意识。

第三节　电视纪录片提升中原文化软实力的探索实践

一、革新创作理念，打造纪录片精品

纪录片的质量决定传播效果。我国纪录片的发展有一个从单一的形象化到纪实、再到现在的各种各样的创作理念的过程。这就告诉我们，纪录片的发展要跟随时代的步伐，即要坚持本土化的创作，关注现实社会，还要借鉴其他创作的优点，取其精华，创作出精品纪录片。

（一）纪录片创作理念的创新

先要做的就是坚持写实。在西方，纪录片就相当于文献、档案，所以在制作过程中要真实，不刻意记录那些特别"高大全"的人物事件，也不过于添加对社会阴暗面的看法。要倾听大众的呼声，记录社会百态真相。那些精品纪录片都在真实和艺术方面有特别好的成就。此外，我们要采取有效的手段去创作好的作品，但不能违背真实的原则。美国学者林达·威廉姆斯指出："纪录片可以而且应该采取一切虚构手段和策略以达到真实。"以《河之南》为例，它真实且全面地演绎了黄河沿岸众多的历史文化故事，描绘了一幅波澜壮阔的中原大地的画面。在第四集中，孔子去洛阳拜访老子，虽然历史书籍上没有记载这个细节，但是这肯定是一次非常伟大的会面。这种真实和艺术结合的方法，既满足了观众的欲望，也提高了影片传播中原文化的效果。

（二）纪录片创作模式对中原纪录片创作的启示

比尔·尼克尔斯将纪录片分为六种不同的创作模式：陈述行为模式、观察模式、诗歌模式、参与模式、反身模式和阐释模式。我国纪录片一般都是借鉴西方的创作模式，然后通过自身的实践，最后融合形成符合我国审美习惯的创作方式。20世纪80年代之前，我国的纪录片主要采用阐释模式；20世纪80年代之后，主要采用观察模式。20世纪80年代前的纪录片比较乏味。进入21世纪，我国的纪录片创作模式越来越多元化，纪录片中有多种创作模式出现。例如，《美丽中国》就是以观察模式为主，以阐释、诗歌和参与模式为辅。

纪录片创作模式的发展历程告诉我们，要主动吸收外来文化的先进思想理论，再结合我国的文化传统和审美需求，坚持走本土化的道路。我国丰富的自然资源和文化资源为纪录片提供了无数的题材。在拍纪录片的时候，要将历史和现实结合起来，以满足民众的心理欲求，为中原的发展提供精神动力。

（三）我国其他纪录片创作流派对中原纪录片创作的启示

《英雄的信阳人民》是在河南信阳拍摄的，是我国第一部电视纪录片。由于当时的创作水平有限，没有形成影响力和独有的特色。而且，河南电视台连一个纪录片的栏目都没有，也没有纪实的频道。所以，在中国的纪实类频道中，只能搜到20部河南题材的质量较低的纪录片。不同区域文化和不同经济社会的纪录片创作不同，总体上来看，主要有三种取得了令人瞩目成就的类型，分别是西部纪录片、海派纪录片和京派纪录片。

河南和北京都在中原文化的影响范围之内，而且河南纪录片也大部分都是中央电视台拍摄的，所以河南纪录片属于京派纪录片。京派纪录片一般都是国家级的媒体拍摄的，而且受中原文化、政治和社会因素的影响，所以投资规模很大，如《公司的力量》这部纪录片拍摄一集就需要一百多万的成本。京派纪录片主要强调宏大的叙事，所以肯定会在题材上有特别的要求，选那些有重大影响和宏大的历史和现实题材，体现出阳刚和崇高之美。以纪录片《河之南》为例，我们从 10 集片名中就能感受到叙事的宏大，10 集分别是《大河之源》《大河之民》《大河之都》《大河之魂》《大河之光》《大河之歌》《大河之艺》《大河之学》《大河之风》《大河之南》。

与京派纪录片相比，海派和西部纪录片对河南纪录片影响较小，但这两派纪录片也值得学习和借鉴。海派纪录片一般都是关注现实的题材，从小事着手，具有人文主义的情怀，因为受上海文化和经济高速发展的影响，注重把握时代脉搏。比如，名牌栏目《纪录片编辑室》推出的精品纪录片《大动迁》《德兴坊》《毛毛告状》等，创造了 36% 的收视奇迹。西部纪录片一般都是以自然环境为主题，表达出对普通人的关注。比如，《沙与海》就是以西部的沙漠为题材，记录孤岛上的渔民生活状态，体现出了坚韧不拔的人物性格。西部纪录片内容非常丰富，镜头非常精致唯美，语言既简洁又流畅，在历史和现实的视角间自由切换，揭示了西部的宗教和风俗文化。

二、《河之南》对提升中原文化软实力的实践探索

纪录片《河之南》记录了从夏到清的 4 000 多年的文明史，用叙事化的方式把中原各方面成就都展现出来，把河南文化的源头和核心地位显现了出来。从微观上看，以电视为传播载体决定了电视纪录片的语言系统是视听艺术。《河之南》首次全面而真实地再现了河南的历史文化风貌。该片在尊重历史事实的基础上，用故事化的策略展现了河南历史文化的波澜壮阔。同时，在纪录片的叙事、表意、抒情、节奏等方面，自然生动的同期声、恰到好处的解说词、富有韵律的音乐等声音语言也起到了重要作用。下面以《河之南》为例，从微观层面探讨纪录片的语言系统、节奏、结构和叙事等内容。

（一）用镜头语言阐释中原文化的厚重与丰富

画面语言是纪录片的本体语言，是创作者用以构成视觉形象的各种因素和方式，体现创作构思的各种手段和技法的总和。《河之南》以中原的武术、书画、政治、戏曲、经济、科技和思想文化为主题，确定了画面语言的使用和选择。纪录片选择的艺术镜头围绕中华文化和黄河的主题慢慢展开，描绘出一幅揭秘性很强的画面。比如，在第一集中，播的就是炎黄二帝等不为人知的一些特别具有史料价值的事实。纪录片画面语言有不同的表达方式，包括光效、构图、影调和色彩等。笔者分析了《河之南》第一集 43 秒后的六个镜头，都是利用了画面语言的表达方式。开头用一幅美

丽温情的夕阳黄河图来给人一种温馨的感觉，而且镜头使用切换避免了单一的视觉疲劳，传递了更丰富的信息。

（二）声音语言与画面语言交相辉映，推动情节发展

声音语言是构成纪录片的另一个重要方面，同样具备纪录片叙事、抒情、表意的功能，是纪录片空间造型的重要手段，与画面同步一体化地记录生活原生形态及其完整过程，并成为再现生活流程的主要因素之一。声音语言有音响、解说词、同期声和音乐等表达方式，其中解说词是重要的组成部分，对画面信息有很好的整理补充作用，还具有抒情和介绍背景的作用。比如，第三到第六个镜头中，拍摄炎帝和黄帝的雕塑，解说词恰当地补充了"他们用深邃而坚毅的目光凝视着东向的黄河，也凝视着中原大地和他们的后人们"等信息，正好弥补了画面信息的不完整性，使它有了很好的逻辑性。另外两个重要组成部分音乐和音响能很好地调动观众的主动性，增添了温馨和抒情的色彩。

（三）故事化的叙事方式

故事化叙事是纪录片表演艺术的一种重要方式。故事化叙事是指通过对所拍到的画面和声音的讲述来建构影片，促进情节发展。优秀的纪录片叙事手法考究、巧妙，将精彩的故事与知识性、科学性融为一体，潜移默化地去影响观众。《河之南》这部纪录片在叙事中采用了大量的故事化叙事手法。在历史事实的基础上，采用了大量情景再现的故事情节，为观众讲述了多个具有一定情节的小故事，增强了影片的情节性。例如，在《大河之魂》这一集讲述了影响中原大地中华文明的主要思想家的故事。在讲述孔子的解说词中说道："为了追求先王的礼仪制度，考察礼乐的来源，公元前五世纪的一天，孔子乘着一辆马车，到了当时的东都洛阳，面见了当时在东都洛阳图书馆当馆员的老子。虽然这次会晤的细节，历史书籍上并没有留下确切的记载，但可以想见，这次见面或许是两位哲人心向往之的事情。他们相见恨晚，但又互不认输，都被对方的深刻渊博和滔滔雄辩所折服，却又都坚信自己的思想更能解释宇宙、社会和人生。"这部电影向观众介绍了中原故事的史实，也满足了观众对电影的期待。

总的来说，《河之南》虽然还有很多不足的地方，如制作不够专业，影像不够精美，过于依赖声音元素，但是以真实为原则，以故事化叙事的手法为策略，积极发掘与当代人密切相关的心理，面向市场和观众，为今后的纪录片创作提供了有益的借鉴。

第一节　中国文化软实力建设存在的不足与面临的挑战

一、中国文化软实力建设存在的主要问题

如今的中国，充满了活力，并且日益拥有发展的眼光和智慧。我们不再满足于表面物质的成绩，而是关注一个问题：无论是在文化产业的发展上，还是在社会意识形态的提取和提升上，为什么中国文化软实力建设和西方社会相比还是有非常大的差距呢？我们必须正视这一问题，找到根源，明确自己的目标，从而使我国的文化软实力得到真正的提升。

（一）软实力和硬实力发展不均衡

自改革开放以来，贸易顺差带来了丰厚的资金储备，促进了我国经济的迅速发展，但在文化领域，文化逆差一直以来是我们逃脱不了的尴尬，文化赤字严重。我们在国际上缺乏文化品牌，企业实力薄弱，没有话语权。中国文化的生存空间日益受到软实力的不均衡发展的威胁。

1.文化创新力薄弱

文化创新在民族文化软实力中非常重要，是民族文化软实力的重要组成部分。文化创新在现代社会显得极其重要，一个国家的创新能力在知识、制度、发展观念等方面的应用与成就则是衡量一个民族文化软实力的重要标准。尽管中国文化创新能力薄弱，但并不是一贯如此。中国传统文化中本就蕴含着丰富的创造力和创新精神。世界发展进程的改变离不开古代中国的无数独特的思想和科学技术发明。然而在近代，中

国的文化创新能力越来越弱，对世界的贡献也越来越小。这种"文化赤字"成为一直以来中国人心中的痛，进而在近代兴起"西学东渐"的浪潮。如今，尽管中国已经成为世界上的制造大国和出口大国，但在思想文化方面却是一个弱势的国家。在过去的20年里，文化创新能力并没有随着经济的快速发展而显著提高。这个问题值得我们去思考和研究。尽管在历史上，中国有大量的曾为世界文化和思想的发展作出重要贡献的思想家和文学家，但影响世界的人还没有出现。著名科学家钱学森说："为什么我们的学校总是培养不出杰出人才？"这个问题说明了一个事实：近代以来，中国的软硬实力发展不均衡，文化赤字严重。

2. 文化软实力发展滞后

自改革开放以来，中国以经济建设为中心，所有的政策和政绩考核通通围绕经济增长的数字指标来设计。这使中国的软实力和硬实力产生了失衡问题。

在我国，政府机关、教育科研机构和媒体扮演着文化软实力的主要推动者的角色。这些文化软实力的推动者用一种自上而下的舆论引导社会关注文化软实力，忽视了群众、企业、非营利组织等的积极性和创造性。当代中国的文化软实力建设模式往往重视研究，而忽略了实践落实，缺乏针对性，不能很好地找出问题根源，对于文化软实力发展的需要不能很好地满足。由于这种发展模式脱离了群众，导致当代中国文化软实力的渗透力不足，缺乏有效和持久的发展动力。

尽管中国有非常丰富的传统文化资源，但是我们对这些资源的保护和利用是远远不够的，对现有的资源的利用和开发也是不合理的。多年来，许多好莱坞电影，如《花木兰》《功夫熊猫》等，深受世界的广泛欢迎。然而，中国文化中的花木兰和功夫熊猫的形象被颠覆，成为美国价值观的代言人，中国青少年的价值观受到了影响。另外，日本对《西游记》《三国演义》进行动漫改造；韩国用儒家文化的理念打造众多优秀韩剧等也是几个突出的事件。这表明，中国对本国的物质文化遗产和非物质文化遗产保护力度不够，时刻面临困难。以发展为名，将一些具有浓重历史文化的古建筑夷为平地，一些传统的工艺和艺术品后继乏人，这就是我国宝贵的文化资源所面临的现状。目前，中国对本国文化资源开发的不足主要有以下几个方面：一是缺乏整体布局和统一规划，埋没了文化资源的整体和核心优势；二是盲目开发，缺乏长远眼光，只注重短期文化资源的开发所带来的利益；三是开发粗放，前期论证不够完善，缺乏宏观认识，没有深刻的把握，往往是低水平开发和随意开发。

3. 文化产业整体水平落后，"文化逆差"现象严重

尽管中国的文化产业在近三十年的时间里迅速发展，但是与发达的西方国家

相比，中国的文化产业发展水平较低，且市场化水平低，创新能力不足，整体水平落后。

我国的文化产业从起步算起还不到三十年的时间，粗放式的产业发展模式造成了文化资源的极大浪费，直接影响着我国的文化产业国际竞争力。从产出效益看，资源分散和效益低下问题并存，我国的文化产业是在计划经济体制中产生的，不可避免地带着计划经济体制的某些特点。例如，大量不同的文化资源分别由不同的行政机关掌管着，进而受到不同机构的内部行政规章的保护。这就导致资源分散，即使有大量的经营单位，也不能实现集约化管理。这一状况，不仅在中小城市文化产业格局中十分明显，而且在中央直属文化单位中也不少见。地方文化产业单位的管理表现出的资源分散和粗放管理造成了很多不良的影响。比如，中西部地区大多数文化单位仍然将财政拨款作为主要发展来源，规模小，效率低，使资源闲置、浪费严重，不能满足人民群众对文化的需求。

信息技术和数字技术作为文化产业发展的强大动力，在其中起到了重要的作用。美国和日本将高新技术广泛应用于文化产业中，这一重要举措促使文化产业成为国民经济的支柱产业，促进了文化产业从生产到流通再到消费的全过程的高科技化，促进了相关产业的快速发展。例如，迪士尼把高科技和娱乐业结合起来，从 1993 年到 1997 年，销售额每年都有所增加。在文化娱乐业方面，我国还缺少高新技术的应用。例如，《英雄》《满城尽带黄金甲》的电脑特技基本上是在美国和新西兰完成的。我国与他们相比，没有可以将特效完成得很完美的公司，这也是电影制作高成本的原因。由于技术的落后与缺乏，导致中国对文化遗产的保护频繁受损。

当中国的文化产业融入国际市场后，宏观的竞争环境已发生巨大的变化。中国市场中进入了大量的跨国企业和外国文化产品，这对中国薄弱的文化产业产生了不小的影响。同时，在国际竞争中，由于中国的文化企业不熟悉竞争规则和国际惯例，经常吃亏。总之，中国滞后的文化软实力和严重的文化赤字都是需要我们去面对现代中国的历史事实和当代中国的社会现实。虽然如此，我们也要看到，我国的文化软实力正在逐步提升，并开始走上良性发展的轨道。关键是我们要时刻保持清醒的认识，用心去做，强调培育，创造一个能够让人充分发挥原动力的环境，使我国文化软实力能够长期持续地发展。

（二）文化软实力现实竞争力不强

1. 未能很好地解决价值体系的历史传承、开放吸收与创新发展三者关系

一个社会的价值体系具有历史传承性、开放吸收性和时代性等特点，其中的主流

177

是对历史的继承和时代的创新。作为一个社会主义国家，中国的社会主义意识形态与价值体系，既有对中国 5 000 年传统价值精华的继承，又有对当今世界各种文明价值体系优秀品质的开放吸收；重要的是，当代中国结合本国长期的革命战争和社会主义建设的实践，是在马克思主义基础上形成的无产阶级的意识形态和价值观。这是由意识形态的阶级性决定的。当代中国文化软实力在这三个方面做得不够好，仍然存在重大问题。

2. 对科学技术在意识形态与核心价值观传播中的重大作用重视不够，管理不够

目前，中国互联网对主流意识形态的挑战越来越不容忽视。例如，快餐文化、庸俗文化、腐朽文化、物质主义和拜金主义使民族文化的生存和发展面临前所未有的挑战。同时，一些网站不遗余力地为西方价值体系和意识形态宣传，给西方意识形态和价值观的入侵建造了舆论平台。

3. 文化软实力在培养国民的大国心态和大国意识方面做得不够

无论以什么物质标准衡量，中国都是当今世界的大国。但是，由于中国的独特历史经历，中国国民的国家认知始终在弱国与强国之间摇摆，在行为举止特别是思维方式上，时常在自卑与自傲两个极端摇摆，时而有着强烈的唯我独尊的民族主义情绪，时而又表现出一定的崇洋媚外、苟且偷安心态。中国社会这种国民心态和国民意识，特别不利于中国处理对外事务，也不利于对外交往。其突出表现为，在相当长的一段时期内，我们都无法在对外交往中正确地应对外部世界加之于中国的种种言行，也无法正确地对待外来文明对中国价值体系的影响与评判。尤其是部分国民无法正确对待来自外部世界的批评，常常表现为一触即跳或惶惶不可终日的浮躁心态，在批评甚至是恶意的诽谤面前缺少一种大度与冷静。

二、我国文化软实力建设面临的挑战

1990 年以来，世界政治格局发生了巨大的变化，在这种情况下，国际政治格局也日趋明朗起来。各国之间在国际格局变化的推动下依赖性明显增强，合作与对话已成为主流。但伴随合作而来的是，各国之间对利益的争夺也愈演愈烈，世界各地掀起了力量的对弈。在这种竞争与合作并存的环境下，崛起的中国势必在国际上增加了大量的竞争。中国的文化软实力建设面临巨大的挑战。

（一）在文化传播、话语权方面的建设任重道远

话语权即舆论主导力。国际话语权是指通过话语影响舆论，从而塑造国家形象，拥有主导国际事务的能力，增强关注国际话语权的能力，赢得国际话语权，然后能够

维护自身的国际权益，拥有反对别国的话语权的能力。它是民族文化软实力的反映，文化软实力强，话语权就相对强一些；文化软实力弱，话语权就相对弱一些。话语权通过媒介的文化传播来实现。拥有话语权，可以积极引导舆论向着有利于自身利益的方向发展，从而把本国的国际形象塑造得更好，赢得国际社会的认同和支持。国际竞争日益激烈。而我国的文化传播力量相对薄弱，尚未形成国际传播战略，因此文化传播和话语权建设任重道远。

（二）西方发达国家对我国仍然存在较大的文化"误读"

由于当今国际社会的诸多事务离不开中国的积极参与，因此西方社会对中国的关注渐渐多了起来，"中国热"成为西方社会的常规性议题。但是，在西方对中国的关注从零了解到全面深入了解这一过程中，也包含了西方对中国明显的文化"误读"。

中国的文化之所以被当代西方发达国家"误读"，有以下几点原因：一是西方用西强东弱的"东方主义"框架看待中国，用西方资本主义的经济模式和政治模式评论中国；二是西方发达国家用负责任的大国框架看待中国，要求中国担负起西方强加的国际责任。

总而言之，当代西方发达国家对中国的文化"误读"并不是由于简单的历史惯性思维，而是国家利益冲突。我国必须加快发展本国的文化软实力，尽力争取国家的话语权，牢牢把握国际社会对中国解读的主导权。

（三）国民素质的缺憾和人才的流失

改革开放以来，我国为了提高国民素质，作出了不懈的努力。通过推行经济体制和文化体制改革，实施科教兴国倡议等措施，提高了我国的实力。随着经济社会的发展，我国的国民素质得到了不断提高。在文化素质方面，仅在 2004 年，我国 93.6% 的人口地区基本普及九年制义务教育，青壮年的文盲率下降到了 4% 以下，全国小学在校生达到 1.12 亿人，学龄儿童净入学率达到 98.95%。在生理素质方面，我国公民的生理健康重要指标已经接近或达到发达国家水平，到 2008 年，我国居民人口平均期望寿命从改革开放初的 68 岁提高到 73 岁。我国积极响应联合国的号召，在联合国提出的千年发展目标中，中国的人类发展指数是所有发展中国家中提高最快的国家，由 1990 年的第 105 位上升到 2007 年的第 81 位。在道德素质方面，我国公民的道德文明素质正在提高。但是，我国在取得巨大发展进步的同时，国民素质也存在着巨大的缺憾。《人民日报》在 1997 年 10 月 20 日发表的一篇社论《着力提高国民素质》中，就曾非常明确地指出："中华民族曾经为人类创造过灿烂的文化，但由于长期的落后和不发达，我国的国民素质远不能适应现代化建设的要求，已经成为国家经济和社会发展的严重制约。"

当今世界，人才流失已成为发展中国家面临的普遍问题。在这个时代，全球化成为主流，我国经济发展已经融入国际大市场环境中，劳动力和生产资料的流动由市场经济的规律支配。当今世界，劳动报酬低的人才向劳动报酬高的地区流动，已成为自然趋势。而且，绝对的资金和技术优势由发达国家掌握着，发达国家主导着全球化的格局，劳动力从发展中国家流向发达国家实属必然。尽管我国经过了 30 多年的飞速增长，综合国力迅猛提升，但是在收入水平、生活水平方面与发达国家仍然有很大差距。美国和中国之间的人均收入比一度达到 1∶20 以上；日本的人均收入也是中国的 32 倍，即使按实际购买力计算也有 15 倍。中国的福州长乐是近年来中国向国外移民最多的地区之一，虽然年人均收入高于全国平均水平，但在移民前后的平均收入相差 20 倍，如果将无固定收入者因素计算在内，出国前后的收入更是相差 55.8 倍。再加上我国的居民生活水平和发达国家相比存在较大差距，近些年的食品安全事件频发，社会保障系统改革进程缓慢，使居民的不安全感比较强烈。总之，巨大的收入差距和生活水平差距驱动着我国的人才流向发达国家。

第二节　中国文化对外传播中受众分析不足的表现和原因

一、中国文化对外传播中受众分析不足的表现

传播主体定位、传播内容选择、传播形式及传播渠道未能满足受众需求，忽视受众反馈，是中国文化对外传播中受众分析缺失的主要表现。

（一）在传播内容选择上忽视受众层次差异

我国在对外文化传播中缺乏有效的受众分析，忽视传播对象需求，对传播受众的兴趣爱好等缺乏有效分析，且将文化传播看成是单向度的灌输式行为，缺乏对受众接受心理科学的揣摩，过于狭隘的传播内容的界定和传播渠道的择取，使文化对外传播内容在文化类型上、传统文化与现代文化的比例上及民族文化与对象国家文化融合上出现不协调、不平衡，难以满足不同层级受众的文化需求，不利于文化传播的全方位、多层次覆盖。

长期以来，我国在文化输出方面，并没有让外国人深入了解中国文化，更多的

是偏向于物质和艺术文化层面，在外国人面前只是呈现兵马俑、丝绸、茶具等。虽然国外受众通过这些内容能够了解中国文化的某一方面，但无法使中国文化的独特魅力得到真正的体现，海外受众难以体会到中国文化的内在价值，无法对中国文化产生认同。确实，仅依靠各种串接在一起的文化符号难以体现中华文化的思想内核，也无法构建中华民族真正的文化愿景。当前，中国对外文化传播中最薄弱的环节是直接体现中国文化内核的思想文化传播。

除此之外，中华文化缺乏对走出去的文化产品的更深层次的挖掘，使中华文化内容出现了一种令人担忧的潮流。以我国的影视剧发展为例，一些影视作品走出国门，面向国外，有的以夺人眼球为目的，呈现出文化中的冲突、破坏、斗争等内容，但文化层次过于浅显，过于夸大事实真相。实际上，这种影视创作不但亵渎了中国文化，而且会受到国际上许多国家的轻视，并对中国文化产生误解。

1.传统文化与现代文化比例不平衡

中国作为一个文明古国，有着几千年的悠久历史。中国传统文化具有独特的魅力，在全世界人民的心中留下了深刻印象。

中国的传统文化是现代文化的基础，现代文化延续了传统文化，二者都是中国文化的重要组成部分，在对外传播文化中都占据着十分重要的地位。但是目前，从中国文化对外传播内容的选择上来看，往往重视传统文化，而忽略了对现代文化的发展和宣传，这一点非常明显地体现在北京奥运会开幕式上。

在2008年北京奥运会开幕式上，中国传统文化令世界瞩目，从日晷、缶、论语、活字印刷术、书法、水墨画、文房四宝、长城、瓷器、茶叶、太极拳京剧、昆曲、指南针、丝绸之路到郑和下西洋等，淋漓尽致地展现了中国传统文化的博大精深及中国传统文化的发展脉络、代表符号。相比之下，中国现代文化的展示稍稍逊色。"现代中国的风采"分为星光、自然和梦想三大篇章。但在这三大篇章中，仍然离不开对传统文化的依赖，如第二篇章中属于中国传统文化的太极拳表演。在其余部分，虽然有钢琴曲弹奏、电子"鸟巢"的搭建、飞天梦想的展现等现代化节目，种类还算丰富，表演也精彩，但与之前展示的传统文化相比，却始终没能清晰地呈现中国现代文化面貌。

2.本民族文化与当地文化缺乏融合

通常，受众在跨文化交流过程中使用三种解码方式：一是"符合主流霸权"的解码方式，这种解码方式与编码完全一致；二是"协商式"解码方式，这种解码方式与编码某些内容一致；三是"对抗式"解码方式，它与编码内容是完全相反的。由此可见，在对外传播时，中国文化不能只从传播主体的角度进行编码。在没有分析、了解目标受众解码方式和文化背景的情况下，国外受众有可能误读"协商的"甚至"对抗的"解码方式。因为文化背景的差异容易对所传播的内容造成不良影响，包括预期效果没有达到，产生新的阻碍，影响以后的跨文化交流等。

文化的差异性是个应该被重视的问题。例如，对于中国来说，龙是中国的权力精神的象征，然而在很多西方国家，龙在传说中是魔鬼的化身。我国政府本想利用传递奥运圣火这样一个盛大的国际活动来塑造中国爱好和平的国家形象，粉碎某些国家媒体将中国妖魔化的形象言论，却不料龙的图案反而引起西方某些国家的误会。这正是没有重视文化差异所产生的不良后果。

对于中国形象片，香港浸会大学传理学院孔庆勤博士与中国民间智库"察哈尔学会"在广州举行的"2011公共外交年会"上，公布了一份关于中国对外宣传片的调研报告，他引述很多美国人的话说："看了这个广告很紧张，第一个想法是，中国人来了，而且来了这么多。这一国家形象片传播效果并不十分理想，让西方观众感到更多的是压迫感。"由此看来，自己认为好的在别人看来不一定会好，一味地把自己看来好的信息呈现给西方受众，而不顾及信息在西方语境下的释读，这令我们想要传达的信息大打折扣。

传播是双方面的，接收不一定就代表了接受，受众不是应声而倒的靶子，所以并不是仅靠一方努力就能达到自己所期待的传播效果。受众在面对他国文化时，具有主动性；在对他国文化信息文本认知的同时，会将其与自身的文化背景相对照。能使作品永生的唯一力量始终是文化内容，而中国文化内容就集中体现了中国的文化精神。为了更好地满足受众的需求，使中国文化具有持久的魅力，中华文化应该在对外传播中，更加关注文化内容的价值观层面，创新对外传播文化类型，紧跟时代发展的步伐，详细了解当地的人文环境。

（二）传播形式的选择忽视了受众兴趣和接受心理

不同国家、不同机构的各种民意调查数据表明，相当多的国家民众接受了中国作为一个大国崛起的事实。侯湘华介绍，目前已有145个国家与中国签订了政府间文化合作协定，并且已有近800个年度文化交流执行计划，我国已与上千个文化组织保持着密切的合作关系。据了解，迄今为止，已经有40多个国家提出了希望在当地设立中国文化中心。英国哲学家阿弗烈·诺夫·怀海德也曾表示，越了解中国文化，就越钦佩中国文化与中华民族。但不可否认的是，中国文化对外传播的效率也在降低，究其原因，中国在世界各地频繁地举办各类文化活动，活动在某些环节上出现失误，表现形式上考虑得不够全面。例如，多年以来，无论是通过何种组织去交流何种类型的文化，我国文化对外传播的主要形式都是歌舞表演和文化展览，从来没有变过。这种长期不加创新的重复，难免降低受众兴趣，再加上对国外受众分析不足，中国很多优秀的文化都没有合适的形式去表达，因而降低了中国文化表现形式的观赏价值，也导致国外受众对中国文化内涵了解模糊。我国在他国举办的各种展览中，这种缺点也有体现，外国人对中国古老民间手艺啧啧称奇，却没有多少人能够真正理解或想要去深入了解。

除此之外，我国文化对外传播中还存在另一弊端，即传播形式分散，不同的文化类型缺乏联系，缺乏传播整合效应。反观美国文化，其形成了一个强大的文化聚合体，潜移默化地影响着受众国生活的方方面面，不管是汉堡包、肯德基，还是牛仔裤、美国大片，虽然分属于不同的文化类型，但都从某种角度宣扬着美国的一些共通的理念，如崇尚自由、追求民主、崇尚冒险等。韩国也利用这种方法，渐渐利用韩式烧烤、韩式服装、韩式发型、韩式电影等多种文化表现形式，展现韩国的文化，在世界各地刮起阵阵韩流。

实际上，文化交流不仅是人与人之间的交流，更是人与人心灵的沟通与碰撞，通过心灵的碰撞，产生不一样的文化交流形式，促进文化的交流与传播。所以，在对外文化交流的过程中，不仅要传承中华文化，还要将国内文化与外国文化融为一体，让外国人很好地理解中华文化，体会到中国文化的魅力。要改变目前单一的对外文化交流形式，就要使文化形式更加丰富多彩，推进文化内容的多样化。要让外国人看得懂，看得进去，深入了解中国文化，这才是目前主要考虑的问题。

（三）传播渠道忽视了受众的需求与需要

中国人民大学文化创意产业研究所所长金元浦曾指出，外国人对中国文化的了解仍然很片面，主要原因是，传出去的中华文化大多以中华文化的细枝末节为主，并不是中华文化的精髓。这些中华文化的细枝末节不能反映中华文化的全貌，导致外国人对中国文化的认识片面化。

中华文化对外传播的主要方式有各种形式的人员往来、贸易、宗教、战争等。其中，人际交往无疑是最重要的途径，它包括政府外交、留学人士、旅人、移民等。如今，随着经济、文化的不断发展，范围广、速度快、影响大的大众传播日益凸显，大众传播逐渐成为中华文化对外传播的主要途径。官方的媒体宣传也有局限性，由于过度注重文化的意识形态与性质，使中国文化在对外传播的过程中传播渠道选择与传播方式很容易单一化。除此之外，当今是一个经济全球化、文化多元化的时代，把文化推广局限在政府的控制下，民间文化传播组织得不到较好的培养，中国整体的传播实力就失去不少机会。这是因为文化传播的生命力和竞争力的提高离不开市场的历练。国内也有不少踏踏实实把文化传播做到实处的文化传播机构，但是它们有一个共同的缺点：缺乏沟通，力量分散，无法形成整体优势。许多中国的文化产品找不到合适的传播渠道让外国人接受，更别谈让他们从思想上接受了。

在处理突发事件的时候，缺乏整合还有更多的弊端。中国媒体往往不能做到就事论事，互为补充，某些媒体还为博得关注度不惜以讹传讹，导致国内外谣言纷飞，或是集体失声，引起国外媒体和民众的猜忌。殊不知，文化内涵也可以体现在重大危机事件的处理上；通过一个国家处理危机事件的方式与渠道，体现出来的不仅是一个国家的传播实力，更是国家深厚的文化底蕴。

总之，传播内容选择、渠道整合、形式上的不足等，造成了中国文化对外传播的片面。如果缺乏对这种传播效果的有效分析，不能及时根据受众要求作出改变，一味注重规模、数量，必将陷入某种恶性循环。因此，在中国文化对外传播过程中，不能只考虑单一方面的发展和创新，应形成基于整个对外文化传播框架的全局意识，这样才能真正理解群众的文化需要，真正理解对外文化传播的精髓，掌握应有的正确方法，取得良好的传播效果与预期的成效。

二、中国文化对外传播中受众分析不足的原因

造成中国文化对外传播中受众分析缺失的原因是多方面的，既有国内政治意识形态和传统交流理念的影响，又有国际受众调查难度大等客观因素的制约。

（一）"传者为中心"具有较强的政治性与宣传性

传播者作为传播活动的中心环节之一，控制着传播的内容，也被社会环境所制约。我国一些领导人曾指出："我们国家的报纸、广播、电视等是党、政府和人民的喉舌。"这不仅体现了我国新闻媒体的性质，还体现了其在国家社会发展中的作用与地位。

中国的新闻传播事业对传播效果的追求不像西方商业媒体那么迫切，因为它们的创立大都是由国家出资的，传播效果是无形的，难以量化。在经济、政治、文化日益发展的今天，在全球一体化的背景下，我国不仅要重视对外文化传播，还要重视塑造良好国家形象的战略主导性。

（二）传统交流思想的影响

从历史上看，中国文化有悠久的发展历史，但在海空交通未开发之前，中国甚少

与外界交往。与西方征服世界的欲望相比,中国古人为了将自己与外界隔绝起来,修筑了古代长城,而不是选择进攻外界。中国近代的开放也是由于西方坚船利炮的逼迫。中华文化在海外大范围主动传播的机会较少,对传入的他国文化却有强大的整合力。文化本质上有一定的民族中心主义倾向,民族中心主义就是一种认为自己所属的文化群体优先于所有其他文化群体的信念。它体现为一种民族优越感,导致个体更加倾向于以本民族文化价值为衡量标准去理解其他文化。这种特有的行为方式和态度的表现之一就是强调自我、忽视受众的传播理念。

(三)国际受众调查难度大

国际受众调查的复杂性、多变性和难以确定性,决定了国际受众调查的难度很大。国际受众一般住在不同的国家,有着不同的文化背景和意识形态差异,这体现了其复杂性。我们往往需要投入大量的人力和物力,才能充分了解他们的生活状态,这使国内媒体难以正确定位国际受众,并且无法形成明确的受众群划分。此外,国际受众与其他国家的媒体接触较少,所接受的信息主要来自自己所在国的媒体,而他国媒体即使获得了一些受众调查结果,也往往不对外,更多的是处于一种"保密"状态,能为我国对外传播媒体所用的少之又少。在信息时代,国际受众的多变性更加明显。随着我国改革开放的深入,越来越多的外国人来华旅游或在中国定居,这说明国际受众的所在地不是一成不变的,随着所在地的改变,其媒介使用习惯或者意识形态也可能会发生某些改变,这又给国际受众调查带来了新的挑战。

第三节 文化软实力在当代社会发展中的地位日益凸显

一、文化在促进现代社会发展中的作用日益凸显

文化生产力是中国共产党十六届四中全会立足于党的执政能力建设而提出的概念,目的是强调以文化体制改革促进生产力的解放和发展。文化生产力在中国共产党的正式文献中出现,反映了文化在现代社会的生产力系统中起到越来越重要的作用。当今世界已经不是一个仅看经济的世界,文化软实力也越来越受到世界各国人民的重视。

马克思和恩格斯没有明确地对生产力的内涵作出一般意义的界定。在当时的社会历史语境中,他们出于批判资产阶级"颠倒的世界观"的需要,更偏重从特定社

的"物质生产力"角度来阐释生产力对社会发展的作用，即生产力是人类社会在与自然的物质变换实践过程中改造自然并获取物质生产和生活资料的能力。马克思和恩格斯看到了科学知识等文化因素在生产力系统中的能动性。比如，马克思在《经济学手稿》(1857—1858)中谈到科学知识对生产力的作用："自然界没有造出任何机器，没有造出机车、铁路、电报、自动走锭精纺机等。它们是人的产业劳动的产物，是转化为人的意志驾驭自然界的器官或者说在自然界实现人的意志的器官的自然物质。它们是人的手创造出来的人脑的器官，是对象化的知识力量。固定资本的发展表明，一般社会知识已经逐渐变成了直接的生产力，社会生活过程的条件本身也受到一般智力的控制并按照这种智力得到改造。它表明，社会生产力不仅以知识的形式，还作为社会实践和实际生活过程的直接器官被生产出来。"①

但是，在现代社会中，脑力劳动和体力劳动的分工在资本主义体系内已经演化到这样一个地步：物质生产和精神生产各自成为成熟而完善的生产体系，并且两个社会生产体系正在走向融合。这种融合同原始社会的不分你我的混沌状态不同，是两个社会生产体系在独立基础上以资本逻辑推动的融合过程。在这个过程中，一方面，科学知识等文化产品作为"物化"的精神因素以"固定资本"的形式投入物质生产中，极大地提高了物质生产力水平，使社会生产"从简单的劳动过程向科学过程转化"；另一方面，随着物质需求的不断满足和人的物质劳动时间的相对缩短，人们有了更多的精神生产时间和对复杂多样的精神需要的追求。于是，在新的物质载体之上发展起来的丰富多彩的文化"商品"极大地满足了现代社会人们的精神需要（包括作为奢侈品的精神享受和作为必需品的提升人的劳动能力、恢复人的充沛的精神状态需要的精神"充电"。前者属于马克思所说的资产阶级在文化消费上的特权，现代社会中一部分文化产品的特权也逐渐成为普通人的文化生活内容，后者属于现代社会中人自身的再生产的一部分，是培养现代社会的人必须具备的生存能力的过程）。于是，现代社会的生产力的发展开始以人文精神为先导、以科学技术为依托、以文化资源为基础、以文化产业为支撑、以文化观念产品的生产和消费为支柱，文化成为经济发展的强大精神力量并运用于人类经济生活的各个领域。两个方面的精神产品都表明，在现代社会中，文化越来越成为社会生产力的关键因素，不仅成为物质生产力突破性发展的关键因子，而且在满足人的精神需求和能力发展的意义上形成了文化生产力，直接构成了现实的社会生产力的重要一环。

---

① 中共中央编译局.经济学手稿（1857-1858）[M].北京：人民出版社，1998.

二、综合国力竞争的日益加剧彰显了文化软实力

进入 21 世纪后，国际竞争依然激烈。随着各国对资源和能源需求的增加，地球可利用资源和能源逐渐减少，国力竞争加剧。新时期的国力竞争主要表现在对现在超出传统的狭隘领土权力的地球内外部全方位的空间争夺、对可再生新能源技术的控制权的争夺、对解决现实社会危机并率先实现持续和创造性的经济社会发展的"引领权"的争夺。

以上这些新时期的国力竞争的种种表现都离不开科学技术的支持，价值理念、制度规范等文化因素对一国的社会经济发展、政治制度规范、军事实力增强起到的促进和提升作用。人们逐渐认识到，国力竞争日益加剧，所以要有效整合国内各种资源，提高国民素质，这一切都离不开文化软实力作用的发挥。归根到底，现代社会的综合国力竞争加剧越来越表现为文化软实力的竞争日益加剧。

三、社会主义的健康发展呼唤加强文化软实力

20 世纪以来，社会主义发展可谓波澜壮阔，俄国的十月革命给全世界被压迫人民带来了社会主义革命成功的福音。第二次世界大战后的苏联一度发展为能够和美国抗衡的社会主义超级大国，为全世界社会主义国家树立了榜样。21 世纪后，资本主义国家的危机此起彼伏，但中国却是保持快速发展的势头，全面推进中国特色社会主义的各项事业。

种种迹象表明，改革开放以来，中国发展迅速，这一点得到了国内外的一致认可。从未来的趋势看，中国不会停止崛起的步伐，而且将继续向前迈进。首先，已有的发展成果为后续的发展奠定了良好的基础。其次，国家领导集团有较为清晰的、科学的战略思维来促进未来经济发展，明确未来政治体制改革发展的方向，符合中国的实际需要；清醒地认识社会的矛盾和问题，并且能够积极致力解决问题。再次，从国家制度层面上看，中国特色社会主义市场经济体制不断完善，民主集中制原则下的政治体制不断巩固。最后，从外部环境看，尽管各国之间的小型冲突和摩擦时有发生，但是在国际事务上，相互依赖要大于彼此对立，互利共赢的原则能得到大家的普遍认可，成为受到更多人支持的原则。中国正在逐步树立一个负责任的、和平发展的大国形象。通过文化传播和交流，国际社会对中国的正面看法逐渐增多。总而言之，中国还将继续崛起。在未来，中国崛起问题还将继续延伸，并成为一门国际关系领域的显学。中国需要世界，世界更需要中国。

第八章 "一带一路"倡议下中原文化建设与对外传播策略

第一节 加强中原文化的内容创新和教育传承

一、用科学发展观引领中原强省建设的内容创新

若想实现社会主义文化的整体繁荣和快速发展，就应该以科学发展观为基本理论来带动文化强省的发展，以全面协调可持续发展为基本要求来构建文化建设的蓝图，实施文化事业和文化产业共同发展。中原文化建设也要以科学发展观为指导，一方面要以经济全球化为中原文化建设大背景，进行谋划与思考，追求文化建设更广阔的大格局。另一方面，坚持以务实和创新为建设态度和精神，借助中原文化有利的竞争优势，使中原文化深入人心，深入群众生活中，满足人们日益增长的文化需求。以文化事业的繁荣为基础，注重文化产业的发展，促进中原地区先进、和谐文化的发展，使文化事业的公益性和经营性协调适度。此外，要具体问题具体分析，根据中原文化的实际情况作出判断，努力达到其可持续发展的状态。因时制宜，在文化建设上不能急功近利，要采取分步策略。因地制宜，依照具体地区的情况制订建设计划，走适合自己的路。具体来讲，在河南进行文化强省建设时，不能只注重规模，忽视内部发展，要在成本、效益方面适当发展，增强竞争能力，扩大市场份额，以此形成自己的产业优势。

二、中原文化建设要树立"以人为本"的教育理念

要想实现中原文化的繁荣发展，就要坚持以人为本，捍卫人民群众应有的基本的

文化权利，保障人民群众的文化权益，使群众共享文化发展成果，是我国发展社会主义文化的根本目标。第一，坚持以人为本，必须提升文化产品和服务的供给能力，满足人民群众不断增长的精神文化需求。将保障人民群众的文化权益放在第一位。繁荣文化市场，是文化建设的重要任务，并要巧妙利用现代科技手段，满足大众的新需求。第二，坚持以人为本，要尊重我国人民的主体地位，切实以人民为文化建设的主体和主要参与者。鼓励人民群众积极主动地参与到当地的文化建设中去，发挥他们的创造性。我们也要谨记，进行文化建设时应该靠近群众，依靠群众，从群众中寻找思路，寻找谋划的灵感。积极听取群众的建议和意见，让群众对发展成果作出真实判断。第三，坚持以人为本，还要注重了解人民群众的文化需求，以达到尽快并准确地解决现实中直接涉及群众利益的问题。

三、实现中原文化的大开放、大创新、大团结

推动中原文化大发展、大繁荣，就需要我们在文化建设时，坚持创新、团结和开放。把河南建设成一个文化强省不是一蹴而就的，要坚持进行创新，选择跨越式道路。我们必须把建设文化强省看成系统工程，在传承中原文化的同时，加强对先进文化、创业文化、创新文化、和谐文化的研究，在深化改革、拉动消费、培养人才、依托科技、打造品牌、创新政策等方面实现联动，推动河南文化的发展。坚持以文化创新推进文化建设，就需要我们总结前辈探索出来的文化建设经验，吸取失败的教训，完善工作体系，优化管理方式，用适合文化发展、适合艺术气息培养的方式进行文化建设，以提高文化建设的水平。要深化文化体制改革，支持公益性的文化产业，支持文化创新，创造良好的文化建设环境。发展文化产业，扩大文化市场，提高我国文化产业的核心竞争力。推进文化机制创新，同时助力各类创新活动。建立以文化企业为参与主体，以市场为导向，产学研相结合的文化创新体系。把企业发展成文化创新中的投入主体、实施主体，把文化与科技、产品和市场结合起来，以此满足人民群众新的文化需求。创新文化内容，丰富文化表达形式，促进各类艺术形式与文化活动相结合。主动借助声、光和电等工具提升传统文化表现力。学会利用新的科学技术手段开发更多的民间优秀文化资源。改造传统文化产业，催生新的文化业态，大力发展文化创意、文化博览、动漫游戏、数字传输等新兴产业，加快构建传输快捷、覆盖广泛的文化传播体系。

至今，工业革命还没能在我们这一代完全结束。我们有必要继续进行外向型经济发展，支持开放型文化建设。历史上有"文人相轻"一词，但是在现实生活中，我们

要发展中原文化，就必须做到"文人相重"。总之，就是要以科学发展观为统领，融入开放、创新与团结等重要因素，实现文化的发展和建设。河南的文化建设工作既要做到与时俱进，又要守住我国文化脉络，不负历史使命，建设中国特色社会主义文化。黄河翻滚着厚重的泥沙，但是没能掩盖古老的文明。时代向前，我们希望能在历史中留下足迹。我们坚信，河南提出的文化强省计划一定会带动河南周围文化以及文化产业的发展，助力中原崛起。

第二节　创新中原文化的传播途径

建设中原文化时，要格外注重文化建设的途径与内容，保证在途径上进行创新，以使内容深入人心，走向世界，走向未来。在全球化和互联网时代的影响下，人们的生活与工作在形式上都发生了很大变化。一些文化理念、价值观念通过这些现代信息手段悄无声息地渗透到网络世界里，对人们的精神世界产生了影响。在此背景下，我国政府更应重视互联网下文化传播的力量和影响。

一、大力加强规范网络文化建设

文化能够在无形之中对人们的思想观念产生影响。技术进步越来越快，舆论在文化传播中的作用越来越大。随着网络的普及，它已经成为新一代的输出文化的传播手段。目前，互联网这一现代技术对社会群体尤其是青少年的三观形成和认知理念改变有着不容小看的作用。人们可以通过网络获得各种各样的信息。在一定程度上，当今文化领域的较量是互联网上信息的有效传播。互联网已经成为生活中不能缺少的一部分，它没有国别、时间、空间甚至语言的限制，在进行文化传播时，有着快速、高效的传播特点，其中包括不同的文化传播方式。譬如，通过影视剧、游戏以及动漫等多种形式既能休闲娱乐，又能进行信息的传播，或多或少地改变了人们的思维和生活方式，使人们在思维、观点上发生改变，进而改变其世界观、人生观和价值观。

要使信息更快地在受众群体之间流转，既要有精准的定位与选择，又要紧跟传播模式的发展步伐，把形形色色的信息主动展示给群众，利用网络社会群体的强大影响力把信息推入更广阔的受众群体中去。此外，还要慎重地进行互联网信息的筛选。如今，越来越多的消极价值观进入网络世界，冲击着人们常规的认知，如拜金主义、个人主义、享乐主义等，让中华优秀文化的传播受到干扰。针对这一问题，我们有必要加强网络文化的规范建设，这是保证文化传播精准、安全的重要措施。任职文化产业的工作人员要想做好文化工作，第一步就是要增强个人的社会责任感，重视国家和民族的精神与利益，把互联网文化建设与传播中华文化统一起来。另外，要更加重视利用和开发互联网科技，提高设施质量，完善基础设施，将互联网带来的不良影响拒之门外，制定完备的法律法规，使网络文化治理有法可依，有法必依。确保优秀先进的中国文化在全球网络中发挥主导作用，提高互联网文化传播的质量、产量，增强互联网上具有中国特色的文化的吸引力。

二、增强媒介与政府的有效配合

文化传播往往带有明显的政治特点。文化交流或传播一般都需要党和国家的支持。增强媒介与政府的有效配合，能够使中华文化更快、更广泛地传播。首先，政府应该认识到文化及文化产业的重要影响。只有先具有了这种思维，才能在实践中做得更好。其次，各级政府部门要积极改善文化传播的物质条件，完善报纸、电视、广播、网站、各种文化中心、文化馆、博物馆等基础设施建设，营造良好的文化传播氛围。再次，在文化传播制度体系建设上，要坚持党提出的根本管理原则，按照信息产业发展规律和社会主义文化建设规律，完善文化传播发展机制，在一定范围里，助力政府职能转变。对原有的传统的执政方式进行优化，运用新的管理方式，做到有弹性地对文化活动进行管理。最后，管理文化传播媒介时，要依据不同的实际情况和影响要素，完善法律法规，加强行政监管，技术上不断进步，以提高对外信息传播质量，达到更好的传播效果。

三、重视微博、微信等新兴数字媒介对文化传播的重要影响

过去常规的传播媒介实现了跨越式组合，继而促进了新的适合当代社会的新媒介的产生，如平板电脑、智能手机的出现和应用。以这些现代科技产品为载体，随之有了微信、微博等更先进的数字媒介，这些文化传播载体超过了传统媒介的地位，受到群众的青睐。尤其是智能手机，它作为手机与互联网的结合，广泛应用于人们的生活中。我们不得不承认，这是科技对生活需求的再次突破。它所带来的强大传播能力和文化效益也不容忽视。人们利用智能手机去了解不曾得知的信息已经成为一种习惯、一种常态。不过，因为受众群体来自不同生长环境，或者具有不同的思维观念，所以文化传播效果也是参差不齐。因此，我们要在能确保国家和个人利益的前提下，紧跟

时代发展步伐，处理好文化受众群体与新型科技的关系，借助新兴科技工具的传播能力、大众文化传播体系，提高中华文化的吸引力。

第三节　受众接收机制下的中原文化对外传播策略

一、以受众分析为依据的双方互动策略

在文化传播过程中，受众与传播者互相影响、互相联系，这二者都是文化传播过程中重要的主体。文化传播如果没有了受众，那么无论多优秀的文化，传播渠道多灵活，都是无济于事的。如果文化传播里没有传播者，那么受众所在的文化环境注定是枯燥的，无论多长时间，都不会有进步。所以，在整个文化传播过程中，传播者和受众要合理定位，及时互动，才能达到理想的文化传播作用。

（一）多主体协调合作，完善传播者选择

文化传播不是只依靠国家或者某一类组织就能完成的，就算能够勉强完成，也不会有很好的效果。我们应该有文化自觉和文化自信，积极传播中华文化。

在海外受众看来，外籍专家提出的看法一般更容易被他们接受和认可，能够增强对外宣传的效果。所以，很多在华外籍人士以国际视角给中国媒体撰写文稿。因为他们熟悉自己居住地的人民群众的阅读习惯和听取方式，也熟知自己本国的思维方式，所以他们用受众最容易接受的描述方式叙述他们自己的看法，这就具体又生动地将一国文化传给另一个国家的文化受众，向一个群体展现了不一样的认知理念。譬如，《中国日报》就用这种方式刊登外籍人的文章，向读者传达他们的想法，形成不一样的阅读效果，在生活、工作或娱乐等方面给人们提供更多见解。

（二）围绕受众反馈，增强传播双方互动

对传播对象作层级划分，并且明确对外文化传播者类型，接下来就对两类群体如何有效互动以达到预期传播效果进行探究。主动和国外的受众群体进行交流，这样既能得知国外的受众群体新的文化诉求，又能更真实地感受他们的所知所想，继而根据这些真实反馈创造出更受欢迎的文化表达形式。

例如，在某项文化活动开始之前，举办方可以让一些当地的受众或学者参与其中，提出创新建议，然后根据他们的看法找到更加适合当地人认知的演出方式。可以利用互联网工具，在活动前的资料搜集和准备阶段，整合大家的建议和想法，借鉴他

人经验，提前避免因文化差异而造成的误会或者不愉快。另外，还可以联合当地的文化团体一起为活动出谋划策，集合优势，达到更好的文化传播效果。

除了这些，我们还可以在活动过程中多设计一些与群众互动的环节，活跃现场气氛，加强群众体验。例如，在 2014 年的一次中国文化交流活动中，主办方就主动邀请了一百多位民间艺术实践者到美国参加史密森民俗节。我国为这场民俗文化展览活动带来了一百多种具有我民风民俗特色的表演。自从我国开始了这些活动，不少人都慕名而来，演出场地挤满了人，现场气氛热烈，人头攒动。很多美国家长带着孩子来到不同的主题专区，亲身体验中国文化的独有魅力。完成此次活动以后，积极听取受众的建议和意见，和他们进行交流，接受反馈，这也是文化传播与交流的重要步骤。除了直接采访，还可以收集当地媒体的报道，在网站上寻找群众的体验感受。在中国传媒大学广播电视研究中心进行一项针对不同职业外国精英了解中国的信息渠道排序调查中，大部分公务员、新闻从业人员都是通过社交媒体传播的信息来了解中国的人情风俗、公共事务等。所以，传播方就要利用好这些媒介，接受受众的建议，总结经验，避免失误，为以后的文化活动打好基础。

除了通过具体活动与国外受众交流，我们还可以借助国外受众通常使用的社交软件来进行沟通交流。例如，我国人民网在脸书上的账号直到现在大概已经有 61 万人关注，《中国日报》的美国账号已经有了 51 万人关注，并且其美国推特账号的关注度高达 26 万，遥遥领先其他的亚洲媒体账号。人民网还在俄罗斯的社交网站开设了账号，主动和当地受众群体互动，展开沟通。

由此看出，积极与受众沟通和互动并不是一种活动口号，更应该表现为一种行动，并且要根据具体的活动情况和表现内容采取不同的措施，不能一味地只采用一种形式，或者照搬其他国家的模式。只有将与受众积极互动交流真正作为文化传播活动的重要内容，才会真正找到适合不同对外文化交流活动的互动契机，让国外受众更真切地体会到中国文化的博大精深。

二、以受众需要为标准的内容选择策略

根据"休眠效果"理论，信源的可信性对信息的短期效果具有极为重要的影响。中国形象的构建、中国国际地位的提升，都为我国的文化对外传播创造了良好的契机，但从长期效果来说，起决定作用的仍是内容本身，那些令受众迷惑的、感兴趣的、与受众利益密切相关的信息往往可以得到更多的关注。长达 5 000 年的中华历史文化给中国蒙上了一层神秘面纱。从古至今，不乏外国人士来中国探秘。并且，如今

中国的国际地位不断提高，政治经济实力都增强了很多，更是吸引了很多外国人士的关注，他们慢慢被中国古老的文化所折服，惊叹于中国数十年来的经济和科技发展。他们研究中国的经济、科技和人文风情。总而言之，在每个领域都有国外受众的兴趣点。

（一）以物质文化和艺术文化搭载思想文化

如果用一艘驶向各地的轮船来比喻中国文化，那么物质文化与艺术文化就是托起这艘船的水。从我国古代丝绸之路到今日出访国外的各类文物展览，不难看出，物质文化方面的传播一直是我国对外文化交流的重要部分。无论是物质文化还是艺术文化，都具有多种多样的表现形态。国外受众可以通过丰富的文化表现形态了解其中内涵。虽然物质文化与艺术文化是重要的思想文化表现形式，但终究是要以思想文化为核心内容。我们应该将思想文化作为多种文化表现形态的核心。国外受众只有从心里接受了一个国家本质的思想文化，才能完全接受这个国家带来的物质文化和艺术文化的表现形式，了解其深层内涵。所以，我们要建构以思想文化为主体、以物质文化和艺术文化为两翼的文化传播系统。

因为物质文化和艺术文化的表现形式更容易让人接受，理解起来也更有趣，所以这两种文化形式是不可或缺的，但也要注意突出其思想内涵，在进行文化传播的过程中，要解释中国价值观与受众所在国价值观的共通性。每个文化传播工作者都应该思考怎样让文化表演形式更深入人心，怎样让这些文化精髓引领受众日后的行为，真正达到"随风潜入夜，润物细无声"的效果。

总之，物质文化和艺术文化固然有丰富的表演形式，但是倘若忽视了其文化内涵，就和一般的艺术表演、文化展览没什么区别了。虽然中国的思想文化可以通过外在的具体形式来传播，向世界推广和展示简单意义上文化的外显模式，但不是真正有效而深远地对外传播中国文化。因为文化传播不仅是一种语言的传播或精美瓷器的流水生产线，中国文化特有的核心价值观念才是关键，这些精神元素的对外传播才是真正意义上的国家软实力的体现。

（二）以传统文化继承为基础构建现代文化

马克思哲学认为，事物都处在不断的发展变化中，文化也不例外。时代一直进步，即使是之前风靡一时的文化潮流，现在也不得不随着人们思想和行为方式的转变而慢慢退出人们的视线。那些符合当前时代的文化因子开始活跃起来，所以一种文化要想保持持久的生命力和广大的传播范围，就要得到大量传播，需要传播主体的多次主动表达，以此传递给更多的主体，形成良性循环，这就要求文化内容与传播主体所在环境相协调，具有与时俱进的实用性。从国际视角来看，无论哪种文化都有其独特的文化内涵，体现了不同的民族特征，表现了时代性。对文化来说，民族性是其始终保持不变的特征，不会随时代变化而变化。文化的时代性体现了社会实践活动发展的阶段程度和人类本身的发展程度。在文化传播过程中，只注重民族性就会导致人们误读文化，阻碍了文化正常传播。所以，我们从两个视角探讨如何以传统文化为基石，构建符合时代的现代文化。

第一，中国文化要根据我国不断发展的国情作出转变。例如，儒学作为我国传统文化中的经典，也随着时代的变迁几经转变，由重士转向重民，由不能容忍世俗价值转向重视民众的世俗愿望与要求，由专注正面指导人生转向积极关注人生的负面问题。对于中国文化对外传播来说，要想高效率、高适应性地将中国文化传播到国外群体中去，就要制订详细的策略。例如，有相关的文化从业人员将"天人合一""和谐"等思想传播给国外友人，但是往往达不到理想的效果。深入分析，主要是因为生活环境不同，他们难以准确理解其内涵，或者无法运用到实践中。只有经过现代化的提炼，文化价值观才能与人们的生活联系起来，才能真正产生国际影响。因此，在对外传播我国的儒学思想观念时，可以尝试实现儒家思想的现代化转型，增强儒家文化的对外吸引力。

第二，传播文化时，我们不能只靠一成不变的兴趣点吸引受众。因为国际受众对中国文化符号关注的视域是处在不断变化发展中的。据调查，最近几年，中国的戏曲、民间食物在国外的关注度已经没有原来那么高了。但是，他们对中国城市及处于转型时代的中国人的关注度越来越高。很多国外受众对中国现代文化的接触成为引发对中国国家形象的认识和评价的重要因素。所以，在对外文化传播中，应揭示中国当下的发展成就和文化，对这些问题的阐释能够有的放矢地回应国际对中国发展道路的关切和好奇，但是中国现代文化在世界上的传播和影响远远比不上传统文化。

总的来说，我们现在所看到的各种类型的文化都是顺应时代的结果。只有那些跟得上时代步伐、主动适应社会环境、满足人们多层次和多元化的文化诉求的文化才能一直被利用，一直流传下去。取其精华，去其糟粕不是对原来文化的否定，而是文化发展的一种动力。亨廷顿曾经提出，中国丰富的历史文化资源是中国现代化发展的重要资源。如果中国人懂得融会贯通，将传统文化运用到现代实践活动中去，就必将开创更宏伟的文化格局。

（三）以受众需求为导向突出中国文化特色

中国文化走向世界就要找准国外受众的主要需求。近几年，中国在国外举办了很多文化活动，其确立的主要目标是提高作者在中国的知名度。这些文化活动往往在中国被主办方刻意炒作，但是在国外举办时却热情大减，无人问津。因为这类活动的选题、方案、推广每一个环节都不曾注意到国外受众的文化诉求。所以，不难推断出，这种缺乏灵魂的活动不会引起当地群众的关注和热情，没有将宣传中国文化落到实处。

在国外进行我国的文化宣传时，要学会抓住国外受众兴趣点，最大限度地吸引他们关注。例如，我国在德国举办的西藏文化周，有大概 300 多名德国人参观了这场文化展览。其中的西藏艺术团展演受到了德国群众的较高评价。这成为中德文化交流会的一次成功案例。此次举办的富有浓厚的西藏风味的文化周通过各种各样的西藏式演出活动和德国民众进行了亲切的交流，向德国民众展示了西藏的精神风貌、文化风貌、社会风貌等，为德国友人走近西藏提供了良好的文化环境。此次活动的成功举办不仅在于西藏千百年一直保持着原有的文化素养和文化底蕴，还在于独特的高原生活环境中养成了普遍的淳朴向上、积极乐观的性格特点，使西藏文化更具有吸引力。所以，要想在传播西藏文化过程中达到良好的宣传效果，这类日常文化交流无疑是最好的选择。通过这种方式，不仅满足了外国群众对西藏的好奇心，还为西藏文化找到了一个好的"走出去"的窗口。

德国旅游业专家克里维特针对这次活动作出如下评价。在德国，大多数人没有去过西藏，对西藏的认知存在着"传说中的西藏"与"现实中的西藏"的巨大反差。他们对西藏的了解终究是迷茫的。然而，通过这次西藏文化周，为德国人近距离、真实地了解西藏提供了一条便利的途径，这让德国人能够用自己的视角去了解西藏、感受西藏。作为成功在德国举办个人西藏主题美术巡展的美术家韩玉刚的经纪人贝尔科夫妇也认为，巡展的成功离不开欧洲人当时的艺术兴趣热点。当时，欧洲人对西藏文化十分感兴趣，尤其是面对欧债危机，他们急迫希望能够从西藏文化中找到一些灵魂舒适感，寻找到一种精神的归属感。另外，欧洲人对那些常见的过于追求自由、过度宣泄的艺术作品感到审美疲劳，反而开始喜欢那些实实在在的写实艺术展览。恰巧韩玉刚的作品出现在他们的视野中，满足了他们潜在的文化愿望。

总之，在开展文化交流活动时，为了达到更好的宣传效果，我们有必要深入了解受众的潜在文化需求，并以此为目标，制订宣传方案，确定宣传内容和展演方式。例如，把展演确定为哪种类型、哪种层次，选择什么样的表现手法，如何协调传统文化和现代文化。只有妥善解决好这些问题，才能最大限度地满足群众多方面的文化需求，并且在活动过程中促使其产生新的文化诉求。

三、以受众接受心理为参照的形式创新策略

在跨文化交流中，出现一些难以理解的现象是很正常的。这些现象的出现是由于国与国之间不同的语言文化、思维特征、价值取向和生存环境等。这些因素也在很大程度上决定了文化交流的成功与否。这些不同国家之间存在的文化因素的空缺和差异被定义为文化空缺。文化空缺和差异的存在是一种必然，每个民族都有自己独特的发展历史和成长环境，他们互相之间有着不同的认知差异，所以文化空缺是无法避免的。模因论在缓解文化空缺方面被赋予了很大的希望，人们希望通过它创新文化传播形式。模因是模因论的核心术语，它最早出现在 1976 年出版的《自私的基因》中，这个词最开始是用来阐述文化传播方式的。在道金斯看来，模因论是用来解释文化传播的社会因素的，如语言、行为、观念。它受历史背景、社会经济发展程度、地理特点等多种因素的影响，内容丰富，生命力顽强，遇到合适的机会和传播媒介便会大范围扩散传播。从模因论的角度分析，一个国家将自己的文化传播到其他国家，就是一项把文化模因传播到不同的文化环境中的活动。经过在被传播的文化环境中的优胜劣汰，对传播的文化模因进行创新与改变，以达到文化的跨国际生存。

综上所述，文化产业不仅是一种产业，还能体现一国文化软实力的强弱。如果没有文化内容，娱乐、旅游和工业产品的附加值就会减小。我国正处于经济转型的重要阶段，更应该注重知识产权、品牌和创新对文化产业的推动力，以此减少文化贸易逆差。从文化传播的角度看，文化企业在进行境外贸易时，出口的产品同时具备了文化特殊商品以及一般商品的双重属性。所以，跨国文化产品贸易推动了中国文化的传播，使中国的部分文化模因能够获得更好的外部生存环境。我国可以依靠模因集群带来的综合效益提升我国文化异环境适应能力，让国际友人加深对我国文化的了解，树立我国良好的国际形象。

由上可知，在对外文化交流与传播中，我们要格外重视文化的世界性及全人类性这两个特点，做到互相尊重，友好交流，找到我国文化与世界上其他文化的相同之处和连接点，方便进行两种文化之间深入的交流，取长补短，共同进步。在选择文化展演类型，选择传播途径时，要根据文化的具体内涵以及当地居民的兴趣点作出判断，选择他们更容易理解的方式，增强中华文的吸引力。模因理论在跨文化交流中有较强的应用性。当模因生存在异环境中时，它会主动进行自我创新，继续完成文化传播的任务。在这个过程中，它还能帮助人们预防、消除、尊重和理解异文化中存在的不对应现象，用不一样的方式弥补文化空缺。

四、以拓宽受众接触面为目标的渠道整合策略

一国文化要想完成真正意义上的对外传播，就要既注重质，又注重量。在对外文化传播过程中，对自身文化进行精心拷贝，分析当地民风民俗，制订合适的传播方案，提高受众的认可度。我们必须依靠多种途径来传播文化，才能最大限度地得到受众的认可。从本质上讲，文化传播就是复制与模仿。无论处在哪个传播阶段，文化都需要合适的传播渠道被关注、被表达。此外，传播渠道是否畅通也直接影响该地区被传播文化的生存状态、发展速度。

目前的跨界文化交流状态表明，不同文化之间的媒介报道是全球各群体相互了解、相互认识的最普遍的渠道，而媒介是文化交流的重要载体。从某一角度而言，与其说是受众选择信息，不如说是他们选择媒介。传播渠道有各自的背景，这也是影响受众选择的重要因素，这些因素体现出了不同的价值观。这些因素也会影响到受众对媒介所传播信息的认知、情感和行为。直到现在，很多中国文化产品都没找到适合自己的传播渠道，不知道如何让境外群众更好地了解和接受。所以，我国文化对外传播存在传播方式单一、缺乏整合的缺点。要想在世界范围内提高我国文化的竞争力，占据全球文化主动地位，就要构建多层次的传播渠道，树立多元化媒介观念，注重量的积累，并长期努力以达到质的飞跃。

综上所述，进行对外文化传播，能保证达到良好的传播效果的一项重要举措就是做到传播渠道多元化。首先，更多的传播渠道就意味着更多的信息选择和更广阔的传播范围。其次，不能只是依靠政府或某些组织机构来进行文化传播，而是需要每一个公民都要有民族自豪感和文化自信，主动肩负起文化传播的责任。

参 考 文 献

[1] 中共中央宣传部.习近平总书记系列重要讲话读本（2016年版）[M].北京：人民出版社，2016.

[2] 中共中央文献研究室，新华通讯社.毛泽东新闻工作文选[M].北京：新华出版社，1983.

[3] 梁岩.中国文化外宣研究[M].北京：中国传媒大学出版社，2010.

[4] 刘继男.国际传播现代传播文集[M].北京广播学院出版社，2000.

[5] 韩方明.公共外交概论（第二版）[M].北京：北京大学出版社，2012.

[6] 赵启正.公共外交与跨文化交流[M].北京：中国人民大学出版社，2011.

[7] 鲁芳.十大民居[M].北京：中国人民大学出版社，2008.

[8] 金开诚.中原文化[M].吉林：吉林文史出版社，2011.

[9] 王保国.中原文化遗产及其当代价值[N].中国文化报，2008-06-28（3）.

[10] 徐雯.汉族传统服饰图案的统一性特征分析[J].装饰，2012（6）.

[11] 邹德侬.中国现代建筑论集[M].北京：中国机械工业出版社，2002.

[12] 郑泰森.走进河南[M].北京：中国旅游出版社，2001.

[13] 耿瑞玲.民间居住[M].郑州：海燕出版社，1997.

[14] 张形.整体地区建筑[M].南京：东南大学出版社，2003.

[15] 张复合.中国近代建筑研究与保护[M].北京：清华大学出版社，2001.

[16] 李红光，刘宇清.河南民居初步调研和价值初探[J].中国民族建筑研究会，2007(11).

[17] 胡智锋.电视文化新论[M].北京：中国社会科学出版社，2015.

[18] 徐光春.中原文化与中原崛起[M].郑州：河南人民出版社，2007.

[19] 苏全有，刘桂兰.中原文化与和谐社会建设[M].郑州：中州古籍出版社，2008.

[20] 单万里.纪录电影文献[M].北京：中国广播电视出版社，2001.

[21] 欧阳宏生.纪录片概论[M].成都：四川大学出版社，2004.

[22] 任远.电视纪录片的界定和创作 [J].中国广播电视学刊，1991（5）.

[23] 王沪宁.作为国家实力的文化：软权力 [J].复旦学报（社会科学版），1993（3）.

[24] 陈玉聃.论文化软实力的边界 [J].现代国际关系，2006（1）.

[25] 何建平，赵毅岗.中西方纪录片的"文化折扣"现象研究 [J].现代传播，2007（3）.

[26] 邢勇.《河之南》：河南精神的追根溯源 [J].新闻爱好者，2008（3）.

[27] 梁岩.中国文化外宣研究 [M].北京：中国传媒大学出版社，2010.

[28] 王娟，柯惠新.对外传播受众调查与效果评估 [J].采编纵横，2010（5）.

[29] 王威.对外宣传受众分析及传播策略 [J].采编纵横，2010（5）.

[30] 郭可.我国对外传播中国际受众心理研究 [J].新闻与传播评论，2002（1）.